科技金融：创新与实践

徐 璐 著

南开大学出版社

天 津

图书在版编目(CIP)数据

科技金融：创新与实践 / 徐璐著. —天津：南开
大学出版社，2023.1
ISBN 978-7-310-06366-6

Ⅰ.①科… Ⅱ.①徐… Ⅲ.①科学技术－金融－研究
－中国 Ⅳ.①F832

中国版本图书馆 CIP 数据核字(2022)第 231967 号

科技金融：创新与实践
KEJI JINRONG：CHUANGXIN YU SHIJIAN

南开大学出版社出版发行
出版人：陈　敬
地址：天津市南开区卫津路 94 号　　邮政编码：300071
营销部电话：(022)23508339　营销部传真：(022)23508542
https://nkup.nankai.edu.cn

河北文曲印刷有限公司印刷　全国各地新华书店经销
2023 年 1 月第 1 版　　2023 年 1 月第 1 次印刷
230×170 毫米　16 开本　13.25 印张　248 千字
定价：68.00 元

如遇图书印装质量问题，请与本社营销部联系调换，电话：(022)23508339

前　言

我国自改革开放以来利用人口和资源红利，维持了多年的高速增长，创造了世界经济发展的奇迹，已成为世界第二大经济体。然而近年来中国经济增长出现回落，2019 年国内生产总值（Gross Domestic Product，简称 GDP，下同）增速降至 6%，出现自 1992 年市场经济改革以来的历史最低点。一些地区的传统支柱产业出现产能过剩，出口企业也出现亏损、倒闭及向外转移等现象，当前中国经济正处于结构调整和转型升级的关键阶段。贸易保护主义也进一步制约了我国企业的国际竞争力。我国经济发展进入新常态，传统发展动力不断减弱，粗放型增长方式难以为继，要破解这一困局，必须依靠创新驱动打造发展新引擎，培育新的经济增长点，提升经济发展的质量和效益，实现经济中高速增长和产业迈向中高端水平"双目标"。

2006 年，我国制定了《国家中长期科学和技术发展规划纲要（2006—2020年）》，对我国的科技工作进行了整体部署。2010 年，为了实施这一规划及其配套政策，促进科技和金融结合，加快科技成果转化，并培育发展战略性新兴产业，科技部等多部门联合发布《促进科技和金融结合试点实施方案》，分别于2011 年和 2016 年确定首批 16 个地区和第二批 9 个城市作为促进科技和金融结合试点地区。各试点地区推动科技金融创新实践，探索融合创业投资、银行信贷、多层次资本市场、科技保险等多元化金融资源支持科技创新发展的有效方式，形成了一系列经验和创新做法。

2012 年，党的十八大提出实施创新驱动发展战略，强调科技创新是提高社会生产力和综合国力的战略支撑，必须摆在国家发展全局的核心位置。习近平总书记把实施创新驱动发展战略提到决定中华民族前途命运的高度，指出没有强大的科技，中国梦这篇大文章也难以顺利地写下去，我们也难以从大国走向强国。2016 年，为了加快实施国家创新驱动发展战略，中共中央、国务院印发了《国家创新驱动发展战略纲要》，提出我国科技创新"三步走"战略目标，规划了我国以创新支撑和引领现代化建设和中华民族伟大复兴的路径和方案。

2018 年，《"十三五"现代金融体系规划》将发展完善科技金融作为有效支持实体经济的金融服务体系的重要手段。自此，我国的科技金融生态发生了深刻的变化。随着全国不断推进科技金融改革创新试验区建设，各地纷纷结合自身禀赋特征，围绕科技金融多方面开展创新探索，形成了各具特色的科技金融发展模式，为我国科技金融体系的完善提供了可复制、可推广的实践经验。

科技创新具有风险高、收益波动大、回报周期长的特点，创新活动往往需要大量资金长期持续投入，且融资需求具有很强的时效性，相当一部分科创型企业在成长初期由于资金缺乏而陷入"死亡陷阱"。而金融体系具有筹集资金、风险管理、信息生产功能及公司治理与监督功能，在一定程度上能够帮助投资者应对收益性和流动性风险，通过沟通投资者和科创型企业，从而推动科技创新活动的开展。从这一角度来看，完善的金融体系能够为科技创新插上资本的翅膀，助其飞速进步。然而科技与金融的结合也存在重重障碍：科技创新的时效性、高不确定性以及信息不对称性，为逆向选择和道德风险提供了温床；科创型企业尤其是中小企业往往以无形资产为主，难以提供抵押品消除信息不对称和风险分担问题带来的融资障碍；此外，科技创新活动普遍具有正外部性，导致创新投入不足。上述系列问题决定了任何单一金融业务、单一金融机构都不足以独力承担科技金融的重任，科技金融终将发展成一个以市场化为主、政策性为辅的综合金融服务体系。

因此，科技金融要承担起为科技创新型企业提供全生命周期服务的重任，以"有效市场"为基础：需要整合证券、银行、基金、保险、担保、租赁、信托、评估、审计等多个金融机构和第三方服务体系的服务；"有为政府"的参与也必不可少：需要财税政策、引导基金、产业政策、地方经济政策、企业信用体系、对接服务平台等相互配合。唯有如此，才能构建完善的科技金融体系，有效地发挥金融的力量，推进科技创新及其产业化。我国各行业面临的市场环境、现有的技术水平以及金融市场的特点均与国外不同，因此从我国各地区开展的金融创新实践中总结出符合中国国情的经验，对于各地区构建完善的科技金融体系具有重要的指导意义。

基于此，本书在分析我国区域技术创新现状的基础上，按不同金融市场类型，分别探讨了商业银行、多层次资本市场、股权投资市场等在支持技术创新，尤其是科创型企业融资面临的理论和实践困境，结合典型案例分析我国各省市的金融机构和政府开展的金融创新探索，提炼各地区形成的特色模式中可推广的经验，探讨如何结合"有效市场"和"有为政府"完善科技金融体系，为各地区科技创新活动，尤其是科创型企业的发展提供金融支持。

天津市是我国典型的制造业立市的地区，处于借助科技创新开展新旧动能转换的关键发展节点，在科技创新方面面临的问题在我国各省市中具有一定的代表性。天津市尤其是滨海新区也是较早在科技金融方面进行实践探索的地区，早在 2008 年，天津滨海新区就设立了创业风险投资引导基金；同年，天津市成立了我国第一家区域性股权市场——天津股权交易所；2015 年，天津市滨海新区率先成为国家自主创新示范区，从多维度开展先行先试；2016 年，滨海新区成为首批投贷联动试点地区；2022 年，滨海高新区成为全国科技金融创新服务"十百千万"专项行动首批实施单位；多个金融机构及政府从多个层面，针对科技金融体系建设进行了全面和前沿的探索，这使得天津市科技金融体系构建中存在的问题具有一定的代表性和前瞻性。因此，本书以天津市科技金融体系的构建为例，提炼我国各地区科技金融实践中存在的共性问题，最终为构建完善的科技金融体系，制定相关的创新政策提供参考。

本书是教育部人文社会科学研究规划基金项目"发挥有效投资对优化供给结构的关键作用研究"（19YJA790025），天津市教委科研计划项目"天津市科技金融激励技术创新的现状及完善对策研究"（2018SK170）的成果。本书在写作过程中得到了众多同仁的帮助，感谢张庆梅在汇总天津市商业银行的科技信贷产品方面做出的贡献，感谢李丽在天津市创新能力分析方面开展的收集数据工作，感谢编辑对本书进行的认真校对。在此，还要感谢家人的无私支持和关爱，让我能心无旁骛地专心思考。本书的写作分析过程涉及大量的数据指标，而笔者囿于自身能力，难免存在失之偏颇之处，请诸位读者斧正。

目 录

第一章　科技金融相关概念、理论及文献综述

在我国经济进入新常态的背景下，创新驱动是发展形势所迫。中国推动自主创新，实现创新型增长的意义愈发重要。我国为应对经济转型，将创新驱动发展提升到前所未有的国家战略地位。科技金融是实现创新驱动发展战略的重要支撑。本章首先将研究中涉及的主要概念进行界定，并对相关理论进行梳理。

一、科技金融的概念

"科技金融"一词最早是作为"科技"与"金融"的缩写出现，是 20 世纪 80 年代顺应我国经济发展形成的概念。改革开放初期，我国经济发展处于起步阶段，科技创新方面存在诸多问题，如科技投入不足、投入结构不合理、成果转化率低、科技与经济脱节等。在此背景下，政府主导推动科技与金融相结合，进而解决相关问题：通过引入金融资金弥补财政拨款不足；通过金融资金的还本付息压力强化科技主体的资金使用责任，促进科技创新与经济活动紧密结合；此外，通过培育经济效益良好的科技创新型企业，也可以解决银行面临的企业技术水平低、贷款回收困难等问题。由此，推动科技与金融相结合成为我国经济发展的工作方向，许多相关项目也开始采用"科技金融"这一表述。

（一）科技金融的定义

"科技金融"这一表述最早出现于理论研究中，王志超（1987）探讨了建立地方科技金融机构的相关问题，在实际操作层面对如何统筹管理地方的科技开发经费进行深入分析。马希良、刘弟久（1988）提出了对我国科技金融市场的新体制的设想，将科技金融的内涵分解为科技银行、科技风险投资公司、科技保险公司。1992 年，为了促进科技与金融深度结合，推动我国建设有利于科技成果转化的金融环境，中国科技金融促进会成立，"科技金融"一词在我国首次被国家级社会团体提出。1993 年，我国第一部科学技术领域的基本法《中华人民共和国科学技术进步法》通过，"科技金融"作为专门词汇首次在法律中提

出。1987 年河南许昌出现了我国第一个科技金融组织——科技信用社，同年沈阳市也建立了地方性科技金融组织——沈阳市科技开发银行，而后各类科技信托投资公司、科技风险投资公司以及科技信用社层出不穷。伴随着实践推进和理论研究的丰富，"科技金融"一词在学术及实践领域频繁出现。

梳理现有科技金融的相关研究可以发现，作为科技创新活动与金融产业在发展过程中紧密结合的产物，科技金融涉及的层面十分广泛，因此难以从理论上对科技金融形成明确的统一定义。不同文献和组织根据关注的侧重点，形成了侧重于政府行为、科技行为或金融行为的不同角度的多种定义。

中国科技金融促进会将科技金融定义为借助创新主体、金融市场和政府之间的联系网络，通过高成长型科技企业投资孵化，科技创新成果转移转化，新技术与新模式扩散，新业态与新产业培育以及区域产业集群的发展，推动新技术的产业化和规模化应用。可见这一界定偏重实践领域，较为宽泛，侧重于科技金融的目的和渠道。国家"十二五"科学和技术发展规划定义为：通过创新财政科技投入方式，引导和促进银行业、证券业、保险业金融机构及创业投资等各类资本，创新金融产品，改进服务模式，搭建服务平台，实现科技创新链条与金融资本链条的有机结合，为初创期到成熟期各发展阶段的科技企业提供融资支持和金融服务的一系列政策和制度的系统安排。

赵昌文等（2009）提出的定义外延较为宽泛，也是目前较权威的定义，即科技金融是促进科技开发、成果转化和高新技术产业发展的一系列金融工具、金融制度、金融政策与金融服务的系统性、创新性安排，是由为科学与技术创新活动提供金融资源的政府、企业、市场、社会中介机构等各种主体及其在科技创新融资过程中的行为活动共同组成的一个体系，是国家科技创新体系和金融体系的重要组成部分。汪泉、史先诚（2013）认为科技金融实践属于金融活动而不是科技活动，将科技金融定义为以促进科技创新活动为目的，以组织运用金融资本和社会资本投入科创型企业为核心，以定向性、融资性、市场性和商业可持续性为特点的金融活动总称。李心丹、束兰根（2013）提出科技金融是金融资源供给者依托政府科技与金融结合的创新平台，通过对金融资源进行全方位的整合创新，为科创型企业提供贯穿整个生命周期的创新性、高效性、系统性的金融资源配置、金融产品设计和金融服务安排。

对比上述对科技金融的不同定义，可以发现由于科技金融的内涵十分丰富，当关注的侧重点和角度不同时，表述也会有所差异。然而发展科技金融的目的、核心服务对象十分清晰，所涉及的主体也并无不同，不存在本质冲突。

（二）科技金融的发展目的及相关主体

从微观层面来看，科技金融的发展目的一方面是为创新主体尤其是科创型企业的科技创新活动提供必需的金融服务，解决其融资难的问题；另一方面为金融资本的供给者"打通将科学技术孵化为财富创造工具的通道"。从宏观层面来看，科技金融的发展目的是借助金融创新，用市场化手段，带动各类生产要素向科技创新聚集，从而让科技创新成为具有比较优势的发展模式，为我国经济发展的转型升级提供源源不断的内生动力（郑南磊，2017）。

科技金融涉及的主体分为以下几类：

其一，科技金融的服务对象，即科技金融市场的资金需求者和利用金融市场进行风险管理的需求者。包括：科技创新的主体，如科创型企业、科研院所、高等院校、孵化器、高新区等；需要融资和金融服务的环节等。企业是科技创新活动的主体，因此科技创新型企业，尤其是科创型中小企业是科技金融的核心服务对象。科创型企业作为科学技术创新的重要主体，是科技金融的主要资金需求方，畅通企业筹集资金的渠道，是推动企业进行技术与产品创新的重要一环。

其二，科技金融的服务体系，即科技金融市场的资金供给者和金融中介。随着金融体系的不断完善，我国科技金融的服务体系已从最初单一由银行提供科技贷款，发展成为多种主体并存的较完备的金融服务体系，包括私募股权基金、风险投资、多层次资本市场、银行、保险、租赁、信托、担保公司、互联网金融、第三方服务机构等，为科技创新主体提供融资、中介服务、风险管理及评估担保等第三方服务。

其三，政府作为科技金融的参与主体，通过财政资金直接干预市场或制定相关金融政策来弥补科技金融市场失灵，并且构建科技金融基础设施，一方面引导金融资金投入科技金融领域；另一方面通过监督与规范各个主体行为，维护市场秩序的稳定；此外，还肩负着构建地区或国家创新体系的宏观规划作用。鉴于科技创新活动的特点，政府在科技金融中具有举足轻重的作用，推动科技与金融相结合的相关政策措施，既包括设立投资引导基金、产业发展基金、直接融资费用补贴基金、贷款贴息和风险补偿基金、担保基金等资金投入，也包括建设企业信用信息平台、投融资对接平台、综合产权交易平台、组织企业评优、组织企业路演等平台建设和专项服务。此外，政府的职责还包括营造良好的科技金融环境，包括政策环境、经济环境、文化环境、信用体系等，良好、稳定的科技金融环境是科技与金融结合的外部条件，也是促进科技金融快速发展的必要条件。

二、企业创新活动及科技金融的特点

（一）企业创新活动的特点

从实践来看，企业的研究与试验发展需要大量资金的长期持续投入，如果资金投入不足会导致研发活动中断难以继续，制约企业科学研究与试验发展（Research and Development，简称 R&D，以下同）投入的因素多种多样，创新活动本身的特点是导致创新投入面临较强约束的根本原因。创新活动的主要特点可归结如下：

1. 创新投入大，融资需求时效性强

技术创新是一个从无到有的复杂过程，需要经历几个阶段，每个阶段都需要大量资金的支持。研发创新阶段是核心阶段，新产品的研发需要投入大量的人力、物力和财力，具体表现为基础和应用研究的设备、实验费用等，这些过程中间的产出，一般都是以论文、专利、图纸、技术文件等形式存在的知识，很难形成实际回报。生产销售阶段是技术创新活动的实现过程，必须投入大量的宣传费用。一旦新产品得到市场认可就会进入扩大生产阶段，新工厂建设、新设备投入等依然需要高额的提前投入，部分产品需要进行技术改良，也会涉及大量的资金投入。

从实践经验来看，研发阶段、成果转化阶段、大规模生产阶段所需资金的比例大致为 1：10：100。经济增长由要素投入驱动转向创新驱动，可以相对节省实物资源和环境资源，但不能节省资金投入。与传统产业相比，高新技术产业对自然资源和低端劳动力的依赖程度较低，对金融服务和知识型工作者依赖程度则较高。同时，融资需求时效性强，原因在于，在当今经济全球化时代，科技资讯高度丰富、科技人才和生产资料快速流动、产业配套便利可得，技术传播、模仿和扩散速度越来越快，技术生命周期越来越短。特定技术需在领先优势尚存的时期内获得融资，迅速进入市场，及时获取用户反馈，不断改进并赢得用户黏度，否则将很快被淘汰。因此，科技创新型企业资金需求的时效性很强，对科技金融体系的响应速度要求较高。

2. 风险高、收益波动大、回报周期长

一项技术创新从实验室到市场，连续击败众多竞争性创新，最终占据较大比例的市场份额和超额利润，是一个小概率事件。风险投资市场实践表明，一项新技术一旦能够成功投入市场，占据一定市场份额，则极有可能获得较高的超额利润，给投资者带来高额收益。由于事先难以预测一项科技创新最终能走到哪一步，对科技创新的投资蕴含着极高的风险，投资收益也具有较高的波动性。虽然科技创新伴随着多重风险，但其潜在的高收益仍能吸引金融资本。

此外，技术创新是一个连续的过程。从新思想的产生开始，技术创新活动要经历构思到产品商业化。从研发到转化，涉及不断的试错、纠正，需要耗费大量的时间。从工厂投入到产品形成销售的扩散阶段，产生利润回报也需要一个较长的周期。以我国股权投资市场为例，据清科数据显示，近年来，我国风险投资支持的首次公开募股（Initial Public Offering，简称 IPO，以下同）企业中，投资至 IPO 的时长大多为 1—5 年，其中 3—5 年的占比超三成且不断上升。2021 年，获得超 50 倍回报的案例投资期平均超过 7 年。

3. 技术创新具有专业性和保密特征

技术创新是一项新技术的首次商业化应用，专业性较强，公开的相关信息非常少，因此关于创新活动的信息，在创新者和投资人之间是严重不对称的。技术创新活动的不确定性也与创新的阶段有关，随着技术创新活动的推进，新技术有关的信息不对称会逐步缓解。研发阶段，新技术需要保密；到了转化阶段，新技术通过市场化，被逐步公开；最后通过创新扩散，会不断披露新技术的信息。

同时，科技创新的前期投入主要是货币资金、专用设备、无形资产和人力。科创型企业普遍缺少厂房、机器设备、存货、车辆、有价证券、货币资金等传统抵质押品，不能形成有效的抵质押能力，因此难以通过提供抵质押品消除信息不对称和风险分担问题带来的融资障碍。

鉴于企业创新活动的上述特征，在实践中，内部融资往往是科创型企业研发投入的首要资金来源，因为相比外部融资，内部融资不需要抵押，不存在信息不对称和道德风险，因而不会形成逆向选择问题。然而，过度依赖内部融资为创新项目融资，往往难以满足科创型企业面临的创新机会所需资金，导致企业错失良机。同时，创新需要长时间的稳定投资，而内部资金往往并不稳定，所以获取外部融资对于企业创新投入相当重要。

（二）金融体系对技术创新的作用

完善的金融体系使得市场可以迅速寻找到优良的投资项目并为之提供资金，从而可以有效缓解投资的融资约束问题。诸多理论研究表明一个较为完善的金融体系可以调动储蓄（Saint-Paul，1992；Bencivenga and Smith，1991），能够有效地配置资源（Greenwood and Jovanovic，1990），能够做到分散风险（张一林等，2016），从而有效缓解创新活动面临的资金困境。罗津等人（Rajan and

Zingales，1998；Demirguc-Kunt and Maksimovic，1998）研究发现金融深化对企业融资渠道具有积极影响，从而促进了外部融资依赖性行业和企业的成长。克莱森斯等人（Claessens and Laeven，2003）认为一国的金融发展水平影响企业获取外部融资的渠道，决定了投资可获得的资源，因此影响了企业成长。

大量实证研究也表明，企业的研发行为与外部融资呈现显著的正相关关系（Ayyagari et al.，2011；李汇东等，2013），金融发展能显著刺激企业研发（解维敏等，2009）。大量研究关注了不同的金融机构在推动创新活动中的作用，有的研究关注了银行在推动技术进步中的作用（Amore et al.，2013）；有的研究关注了股票市场对科技创新的影响，钟腾等（2017）发现股票市场能够显著推动企业创新；科特姆等（Kortum and Lerner，2000）发现风险资本对企业创新的正向作用。

随着我国金融自由化和制度变迁，我国的金融中介不断深化、占主导地位的银行业不断发展，为我国企业提供的信贷融资服务也日趋市场化。此外，我国的非银金融体系正日趋完善，多类型金融机构快速成长，资源配置的效率取得显著进步。完善的金融体系有助于创新主体顺利开展创新活动，能够有效推动技术进步。其影响机制表现在以下几个方面：

1. 为技术创新提供资金支持

金融中介的一项基本功能就是动员、汇聚零散的储蓄为大规模、长期的投资提供融资。企业投资项目需要大量的资金来完成技术创新周期，而社会公众手中有大量的资金，他们需要通过金融体系来实现资金的保值和增值。金融体系则提供了交易手段和交易场所，同时满足了两者的需求，实现了资金的有效配置。

具体来看，金融体系能从投资者和技术创新企业两个角度进行资源配置。从投资者的角度来看，金融体系通过提供信息分析、处理功能，使闲散资金流向具有投资前景、能够给投资者带来安全性和收益性的投资项目；从技术创新企业的角度来看，由于潜在投资者对不同技术创新项目的未来收益有不同的预期，潜在投资者之间的竞争能够使技术创新能获得更加优质的买者，使技术创新项目能够获得更高的收益。金融机构的发展，尤其是银行业的发展能够为创新活动带来资金供给的增加，使得资金供给变得更充分。

此外，金融机构还通过创造多种类的金融工具为家庭提供了持有分散化组合、投资更有效率规模的企业、增加资产流动性的机会（Levine，1997）。许多创新项目需要大量的、持续性的、远远超过个人所能够提供的资金，而更好的储蓄汇集功能能够改进资本配置，为企业 R&D 投入提供资源支持。在缺乏有助于投资者持有分散化投资组合的金融安排时，投资者将回避高收益、高风险的项目，而金融体系使得投资者能够持有一个风险性项目的多元化投资组合，从而推动储蓄向高收益的冒险行为的再分配（Acemoglu and Zilibotti，1997）。

2. 为投资者提供信息引导

金融体系具有信息生产功能，即各类金融机构产生配置资金所需的信息，帮助投资者甄别项目，提高资源的配置效率。技术创新活动由于专业性强，在投资者和创新主体之间存在信息不对称，因此阻碍了技术创新的资金配置。金融体系的信息生产功能可以一定程度上缓解技术创新活动的信息不对称，让投资者能够获取与技术创新活动相关的信息。

具体来看，技术创新的难度高，因而存在较大的不确定性，技术创新项目的风险也会比一般项目大。但是对于大多数投资者来说，没有大量时间和精力进行信息搜集，而且涉及的商业机密增加了搜集信息的难度。这导致大多数情况下投资者并不清楚哪些项目是值得投资的，即信息不对称问题，从而阻碍资金流向技术创新。由于金融机构设置了专业部门和人员进行调研，能够更好、更全面地与企业进行沟通，因此降低信息的搜集难度，节约信息处理成本，推动资金流向更有价值的技术创新项目。同时，金融机构通过与其他投资者共享信息，能够对其他投资者进行信息引导，帮助他们进行投资选择，这也能帮助技术创新企业获得更多的资金支持。

3. 为技术创新分散风险

技术创新是一个复杂的系统工程，要经历研发创新、产销、扩大生产和技术改良等多个阶段，其中隐含着较大的不确定性，因此具有很高的流动性风险和收益性风险。但是大多数投资者属于风险厌恶类型，他们更愿意将资金投资于那些专业程度不高、风险相对较小的项目，这导致那些专业程度较高、风险较高的项目面临资金不足的障碍。

金融体系具有风险管理功能，即金融机构能够利用各种金融工具和机制进行风险管理，帮助投资者应对所面临的各种风险。金融体系能通过投资于多种不同标的资产、不同期限和不同收益率特征的多样化证券投资组合，转移和分散风险，降低投资者投资技术创新时面临的收益性风险；通过流动性创造功能解决创新投资者面临的流动性风险。金融体系的风险管理功能使一些风险高但前景好的项目得到足够的资金投入，从而在整体上促进技术创新投入的增加，并改善创新资金的配置效率。

4. 为技术创新提供激励和约束机制

除了融资和风险管理，金融体系还具有公司治理与监督功能，对科创型企业形成激励和约束机制。具体来看，虽然技术创新项目的收益较高，但是由于不确定性较大，与其他项目相比风险也相对较高。除了前文提到的流动性风险和收益性风险，创新企业也可能依据之前的投资成功案例盲目地做出错误的创新决策，这种由于经营者的主观决策而产生的问题也是科创型企业的主要风险之一。技术创新活动的信息不对称，导致投资者对创新者监督上的困难，而金融体系在提供资金的过程中，对融资方提供事前、事中、事后的监督，能够有效减少由于经营者主观决策而产生的风险。可见，通过金融体系的公司治理与监督功能，可以对融资企业提供正向的激励，提高外部投资者对技术创新主体的激励和约束，最终提高创新资金的使用效率，并保证投资人的权益。

此外，合约的不完备和信息不对称，可能引发事后的道德风险问题。企业在筹集到资金之后，管理层可能选择无效的项目来发展企业，或者选择高收益低成功率的项目来追求私人收益，从而降低向银行还款的可能性，损害投资人的利益（Dela and Marin，1996）。对此，金融合约、金融市场和金融中介除了能够降低事前获取信息的成本，也能够降低事后的即完成融资行为之后的信息获取成本、监督企业管理层和实施控制的执行成本。金融中介代表个人储户对企业进行监督，这种"委托监督"安排避免了搭便车问题并节约了总监督成本（Diamond，1984）。随着金融中介和企业长期关系的建立，会进一步降低信息获取成本。

综上，完善的金融体系通过发挥筹集资金、风险管理、信息生产功能及公司治理与监督功能，帮助投资者应对所面临的收益性风险和流动性风险，克服与创新主体之间存在的信息不对称，规避道德风险，从而增加技术创新投入，提高资金配置和使用效率。因此，完善的金融体系能够有效推动企业的技术创新。

当然，实践中金融体系的发展往往并不完善，不同类型企业的创新行为受金融发展影响也有所不同。金融发展之所以能推动企业创新投入，主要在于为企业提供了金融资本，因此创新投入受限于融资约束的企业，会从金融发展中获益更多。从理论上讲，与大企业和成熟企业相比，小企业和初创企业虽然在技术创新方面更具灵活性优势，但由于自身积累有限，缺乏资源优势，更依赖地区金融发展情况，往往容易面临融资约束，从金融体系中获得创新投入资金的难度更大，因此在构建科技金融体系时，需要格外关注如何服务科创型中小企业。

（三）金融成长周期理论

企业类似于一个生命有机体，存在从出生到死亡的不同阶段。国内外的诸多学者对此进行了详细的研究和探讨，提出了多种企业生命周期模型。威斯顿等（Weston and Brigham，1979）在研究企业融资时认为企业的行业属性、资产负债结构、经营效益等是影响企业融资结构的关键要素，并在此基础上根据企业生命周期理论提出了企业的金融成长周期理论。他们最早将企业的金融生命周期分为初创期、成熟期和衰退期三个时期，并指出不同时期企业的融资特点。博格等（Berger and Udell，2005）运用信息经济学理论研究企业融资行为，发现信息不对称、企业资产负债规模、资金成本收益等约束条件均会对企业融资结构变化产生很大影响，且在企业不同发展阶段差异明显。

金融成长周期理论认为，信息约束条件、企业规模和资金需求是影响企业融资结构的基本因素，它们会随着企业成长周期而发生变化，企业的融资渠道和结构也会随之改变。其基本规律是：处于成长阶段越早期的企业，外部融资约束越强，渠道也越窄；反之亦然。因此，企业要顺利发展，就需要一个多样化的金融体系满足其不同成长阶段的融资需求。

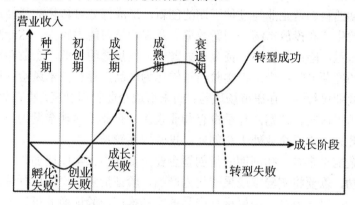

图 1-1　科创型企业成长阶段示意图

金融成长周期理论从长期和动态的角度较好地解释了企业融资结构的变化规律，在一定程度上解释了科创型企业的发展路径。科创型企业的生命周期理论通常将科创型企业成长阶段划分为种子期、初创期、成长期、成熟期和衰退期五个阶段，如图 1-1 所示。由于科创型企业自身具有高科技含量、强创新能力、高风险和高收益等特点，在生命周期不同阶段表现出区别于其他企业的特点并形成了对应的融资需求特点，具体如下：

1. 种子期

种子期的科创型企业尚未形成完整的企业组织体系，组织架构简单、人员数量较少、业务活动单一，甚至只停留在创意阶段。此时资金主要用于产品研发的实验室阶段，资金需求相对较小。由于资产规模小，往往缺乏规范的业务记录和财务审计，企业信息封闭，与投资者之间存在极强的信息不对称。同时呈现出多种风险并存，各类风险均较高的风险特征：企业尚未形成规模，资金实力薄弱，信息透明度低，企业存活率低，存在较大的经营风险，此外还面临着技术风险、市场信息不对称风险和资金投入不确定风险等。

上述特点决定了此阶段的企业主要依靠内部融资，极少的企业可以寻求早期投资及政府扶持资金。种子期的企业很难从商业银行获得资金，也不易获得风险投资，企业主要依靠所有者的资本投入，只有极少部分可以通过寻求天使投资机构获取资金（以 2021 年我国股权投资市场为例，据清科数据显示，投资种子期企业的案例数和投资金额占比分别为 15% 和 9%）。在国家鼓励"投早、投小、投科技"的背景下，政府引导基金和扶持资金是此类企业融资的重要来源，政府主要从产学研合作、创新创业服务、孵化载体平台等方面对其加以支持和培训。

2. 初创期

初创期的科创型企业经过种子期的创新，形成部分可转化的科技成果和产品，并开始生产和投放市场，创新效率、意识和学习能力较强。这一阶段的企业仍面临多重风险：规模小，资金实力薄弱，信息透明度低，企业存活率低，存在较大的经营风险；尚未将实验结果转化为产品，存在技术风险；尚未检验是否具有商业可行性，存在市场风险；尚未形成企业管理制度，存在管理风险；资金主要用于研发、营销，几乎没有营业收入，企业的净现金量为负，存在财务风险。此外，由于企业处于初创期，投资周期较长。

从资金需求来看，初创期的科创型企业资金支出大幅度增加。一方面，实验取得成功，需要将实验室成果转化为产品，验证批量生产的可行性，研发费用明显增加；另一方面，需要进行产品的市场推广，验证商业可行性，增加了营销费用的支出。此时，内源性融资已经难以满足企业的融资需求，需要大量的外源性融资补充。

由于高风险、无资产或少资产、投资周期长的特征，初创期的科创型企业通过银行贷款、公开发行证券融资的难度较大（虽然我国科创板放宽了对科创型企业上市的要求，使得部分初创期企业也可以上市融资，但能通过这一渠道获取融资的企业凤毛麟角），部分佼佼者能够吸引到早期投资或风险投资等股权投资。股权投资可以在企业发展的不同时期分期注入资本，获得一定股份或认股期权，从而降低了融资的风险和成本。然而，从整体来看，初创期企业获取股权投资的可能性并不大，股权投资对该阶段企业的投资意愿较低，以 2021 年我国股权投资市场为例，据清科数据显示，投资初创期企业的案例数和投资金额占比仅为 22% 和 13%。除了股权投资基金，由财政直接出资设立的国家、地方科创型企业天使基金等政府引导基金是该阶段企业的主要外源性融资来源。

3. 成长期

处于成长期的科创型企业，部分技术、产品和服务已经得到市场检验，产品实现了批量生产，同时开始小规模的市场销售，得到了一定程度的市场认可，盈利水平持续提高，主要面临扩大规模、提高产品质量、降低生产成本、引进科技人才等问题。扩大生产规模等导致生产投入增加，扩大市场占有率导致营销投入增加，使得企业具有极大的融资需求。从风险来看，处于成长期的科创型企业的各类风险均有所下降，但整体风险仍然偏高：随着规模壮大，信息透明度有所提升，资金实力逐步增强，企业存活率提升，经营风险有所下降；需要进一步拓展市场，存在市场风险；管理制度尚需完善，存在管理风险；虽然已产生营业收入，但是营销费用不断增加，大部分企业的净现金流量仍然为负，存在财务风险。

成长期的科创型企业的资金需求激增，融资难度降低，虽然内部融资占比仍较大，但外部融资渠道也得以扩展。随着资产规模扩大，抗风险能力增强，相比初创期，企业能够提供更多抵押品，而且业务记录和财务会计信息较完备，信息透明度进一步提高，辅以完善的信用评价体系，这一阶段的企业更有可能获得银行贷款。此外，该阶段企业的高成长性，使其成为股权投资基金的热门投资对象，以2021年我国股权投资市场为例，据清科数据显示，股权投资基金的投资案例和投资金额近半数集中于成长期企业，对其表现出了明显的偏好。政府则需要从完善企业信用体系、建立企业融资和信息披露的科技金融对接平台、通过政府引导基金撬动早期投资和风险投资、加强科技人才引聚等方面给予支持。

4. 成熟期

科创型企业在进入稳定增长的成熟阶段后，经营和管理方面已经较为规范，业务记录和财务制度趋于完备，产品成熟，盈利模式和水平趋于稳定。部分企业为了扩大市场份额而进行新产品研发，融资需求大幅增加。此阶段的科创型企业具备一定规模，经营状况稳定，信息透明度较高，即使开展新产品研发导致一定技术风险，但总体风险明显低于初创期和成长期。此时，企业具备能利用多层次资本市场和股权投资市场的能力，债务融资的比重下降，股权融资比重上升。

处于成熟期的科创型企业的融资渠道较为丰富，内外部融资趋于平衡：由于前期积累了大量利润，内部融资能提供有效融资支持；同时，外部融资难度大大降低，可以通过银行贷款、公开发行债券及股票、获取股权投资等途径满足资金需求，外部融资不仅渠道扩大，比重也进一步增加。成熟期科创型企业也是股权投资市场较为偏好的投资对象，以2021年我国股权投资市场为例，据清科数据显示，虽然仅有 15% 的投资案例是投向成熟期企业，但其投资金额占比高达 30%，仅次于成长期企业。

（四）科技金融的特点

不同阶段的科创型企业具有不同的成长特点和融资需求，决定了其所能获取的融资渠道。因此，政府及各金融机构需相互配合，构建多层次的科技金融体系，为处于不同生命周期阶段的科创型企业提供多样化的融资及金融服务。这也决定了完善的科技金融体系具有以下特点：

1. 有效市场为主，风险中性投资策略

科技创新的时效性、高不确定性以及信息不对称性，为逆向选择和道德风险提供了温床，使得科创型企业融资市场普遍呈现"柠檬市场"的特性。具体来看，银行和股权投资基金等金融机构与科创型企业间的信息不对称问题十分严重，尤其科创型中小企业及处于成长早期的企业信誉度低的"柠檬"企业太多，导致资金供给方对企业的选择十分苛刻，实践中，绝大多数科创型企业，尤其是成长早期的企业难以获取外部融资。大银行起主导作用的正规金融市场对科创型企业的排挤滋生了逆向选择问题，所挤出的企业为继续生存，会流入非正规金融市场，一定程度上助长了短期拆借、地下钱庄等非正规金融，企业不得不承担高利率，进一步加剧资金困境。这种现象大量存在于我国科创型企业的融资过程中，使其发展受到严重制约。

在"柠檬市场"特征的影响下，即便监管机构对金融机构实施多种压力或通过政府补贴、引导基金等财政资金加以引导，上述情况也不会从根本上改善。为此，科技金融体系要实现市场化运行，要充分发挥有效金融市场对技术创新的推动作用，就必须提高金融机构的业务能力，使其能够并且愿意承担相应的风险责任并获得相应的超额收益，从而依靠市场机制将科创型企业纳入正规金融市场的服务范畴，以避免逆向选择带来的"柠檬市场"问题过度盛行。

科创型企业的创新活动具有高风险，也缺乏实物抵押品，但也能对等地为投资者带来较高收益。如果金融机构的投资策略为低风险低收益，那必然会把科创型企业排除在服务范围之外。因此，以市场化运作为主的科技金融体系难以采用传统的、基于抵押担保的风险厌恶型金融技术，而必须采用基于风险共担、利益共享的风险中性型金融技术。需充分运用现有法律法规和相关政策，结合科创型企业的特点，创新金融产品，提升自身风险识别和承受能力，承担较高风险，同时获取较高收益。

2. 需配套完善的金融基础设施

导致逆向选择和"柠檬市场"问题的根源在于科创型企业与投资者之间的

信息不对称，这也是影响科技与金融有效结合的主要障碍。要破除这一障碍，就必须配套评估、担保、公证等第三方服务，对科创型企业的信用及风险进行客观中立的评价。能否建立一个专业化、有公信力的第三方服务体系，是科技金融能否获得突破性发展的关键。

实践中，我国金融体系成型于要素投入驱动发展时期，因此也更擅长于服务实物资源密集、重资产、抵质押能力较强的企业，如何对智力和信息密集、轻资产、抵质押能力较弱的科技创新型企业进行尽职调查和风险管理暂时还不是我国金融体系的强项。不仅银行存在这一问题，在股权投资日益专业化、细分化、越来越倾向早期投资之后，风险投资机构也会遇到科创型企业信息搜集成本高、实时性差、准确率低等问题；试图收购科创型中小企业的大中型企业，同样也会遇到并购标的信息获取难的问题。信息不对称问题的解决，既需要银行、股权投资机构不断提高自身能力，开展金融创新，也需要建立一个覆盖范围广、时效性强、有一定公信力的信用体系，以及科技金融服务对接平台，为科技金融业务的开展提供必需的金融基础设施支持。

3. 有为政府的支持必不可少

科技金融中政府支持必不可少的主要原因在于：其一，现代技术创新通常是以科学研究为源头的创新，涉及基础研究、产学研结合等多个环节，常常超出单个企业的范围，需要动员多个投入主体，因此政府的组织协调和制度建设工作必不可少。其二，针对创新的经典研究普遍认为创新活动具有正外部性，创新成果具有公共物品的属性，尤其在面对激烈的技术研发竞争时，技术创新对提高区域产业竞争力的意义也更加重大，正外部性更加突出。此外，政府还承担着提供科技金融基础设施、进行产业规划布局的宏观调控等诸多职责。因此，完善的科技金融体系除了需要以有效金融市场的力量为基础，还需要有为政府的介入，进行必要的资金投入和基础设施建设，保证技术创新获取必要的资金和金融支持。

科技金融的上述特点决定了任何单一金融业务、单一金融机构都不足以独立承担科技金融的重任，而是需要财税金融政策紧密协同，积极整合社会各方力量。完善的科技金融终将是一个有效市场为主、有为政府为辅的综合金融服务体系[①]。要承担起为科技创新型企业提供全生命周期服务的重任，需要结合

---

① 2016年颁布的《国家创新驱动发展战略纲要》中提出多渠道增加创新投入，作为实施战略的保障条件之一。科技金融的相关内容包括："探索建立符合中国国情、适合科技创业企业发展的金融服务模式。鼓励银行业金融机构创新金融产品，拓展多层次资本市场支持创新的功能，积极发展天使投资，壮大创业投资规模，运用互联网金融支持创新。充分发挥科技成果转化、中小企业创新、新兴产业培育等方面基金的作用，引导带动社会资本投入创新。"

证券、银行、保险、担保、租赁、信托、评估、审计等多方金融机构的力量，并且要与政府的财税政策、产业政策、地方经济政策、社会政策相互配合，才能有效地推进技术创新及其产业化。

科技金融主要涉及以下几个方面：其一，金融市场和金融机构，包括商业银行、主板—中小板—创业板—全国中小企业股份转让系统（新三板）—区域性股权交易市场（四板）—券商柜台市场（五板）的多层次资本市场，早期投资、风险投资及私募股权等股权投资市场；其二，科技保险、融资担保等第三方服务机构，以及沟通科创型企业与金融服务提供机构的科技金融对接平台等；其三，政府系列支持政策，如在金融方面普遍采用的孵化器、政府引导基金、贴息与担保基金等。本书将围绕上述几方面，从多个金融机构和政府的角度，对我国各地区开展的科技金融创新实践进行总结，最终提炼出符合我国国情的构建科技金融体系的经验。

三、文献综述

（一）金融发展对技术创新的影响

一些研究工业革命的学者最先注意到了金融对技术创新的影响，巴杰特（Bagehot，1873）认为金融在英国工业革命中发挥了重要的作用，它为许多工业投资提供了资金支持，促进了技术的变革。希克斯（Hicks，1969）认为工业革命是金融革命的结果，金融是直接促进工业革命发生的重要因素，许多工业革命过程中被广泛使用的技术，早就已经存在，只是金融体系发展到了一定程度，它们才得以大规模商业应用。格林斯潘（2014）认为金融体系在市场经济中的最终目的是把一个国家的储蓄加上来自国外的借款转变为对工厂、设备和人力资本的投资，给资本带来风险调整后的最大收益率，并促进这个国家的人均小时产出率的最大提升。后续大量研究也表明了金融对技术创新发挥的重要作用。

国内外的大量研究探讨了金融影响技术创新的具体机制。金等（King and Levine，1993）指出金融体系支持企业家进行技术创新活动的主要功能是：评估最有可能创新成功的企业家；动员储蓄并为最有前途的创新项目提供资金；揭示技术创新活动的潜在价值；分散技术创新活动的风险等。部分研究（孙伍琴，2004；梁琳，2017）认为金融体系能够为技术创新提供风险管理功能和信息处理功能，分散投资者对技术创新的投资风险；为技术创新活动动员储蓄并提供资金，并能够更有效地进行资源配置；通过便利交易促进社会分工的细化，进而促进技术创新活动。部分研究（李连发等，2009；庄毓敏等，2020）认为金融发展伴随着更健全的会计、信息披露制度和更好的公司治理，因而可以发挥缓解信息不对称问题，降低企业外部融资成本，解决企业外部融资过程中存在的逆向选择和道德风险问题，从而促进企业增加研发投入。黄宇虹等（2019）发现小微企业主的金融知识显著影响了小微企业的创新意识与创新活力。

大量实证研究关注了中国金融市场对技术创新的影响，提出了金融市场发展促进技术创新的证据和观点。部分实证研究（庄毓敏等，2020；解维敏等，2011）发现随着我国银行业市场化改革的推进，地区金融发展对企业研发投入具有明显的促进效应。康志勇和张杰（2008）发现市场导向的金融结构与自主创新能力的提升存在正向关系，而我国目前以商业银行中介为主的金融体系有利于发展低风险的传统产业，并不利于高创新、高风险的战略产业发展。何国华等（2011）认为长期以来我国的金融体系以银行为主，导致金融市场发展对技术促进作用不明显，因此银行融资对企业自主创新的支持作用强于市场融资。姚耀军等（2015）则发现银行中介与金融市场的比例构成以及金融发展水平都未与中小企业融资约束形成稳健的联系。此外，方福前等（2017）还关注了金融发展对技术进步模式关系的影响，提出可以通过加大金融资源对自主创新的偏向性支持，引导我国的技术进步模式转化为以自主创新为主。

大量研究将金融体系细分为由银行主导的间接融资体系（即银行主导型）和以资本市场与风险投资为代表的直接融资体系（即市场主导型），分别研究不同的金融结构对技术创新活动的影响机制，也有部分研究对比了这两种融资体系在促进技术创新方面的效率。

（二）商业银行对技术创新的作用

众多研究关注了商业银行主导型的金融体系对技术创新的作用机制，发现商业银行对技术创新具有积极作用。部分研究（Boyd and Prescott，1986；Grosfeld，1997；Leland and Pyle，1997；Allen and Santomero，1997）强调了银行在克服信息不对称方面的优势，提出银行是一个有效的信息生产机制，它们的主要工作是在大量的经济主体中进行借贷活动，通过企业开设的账户，可以观察企业资金的收支情况，从而掌握借款人的经营状况以及财务现状，并提供关于投资项目的信息，提高资源配置效率。此外，银行通过自己的规模优势和专业优势，在信息评估方面比单个投资人有规模优势，可以降低整个社会的信息评估成本。部分学者（Diamond，1984；Dela and Marin，1996）关注了银行在公司治理和监督方面的优势，认为外部人对创新者的监督是不完全的，而且需要花费一定的成本，银行通过"受托监管"，避免了储蓄者的重复监管，不仅可以提高监督效率，还可以节约监督成本。同时，通过与企业建立长期关系，帮助企业或项目进行管理和投资决策，改善资本的配置和使用效率。因此，银行通过更好地分担风险，更密切地实施监督，提高了技术创新活动的水平。

还有一些研究提供了银行发展促进技术创新活动的实证依据。贝克等人（Beck，Levine and Loayza，2004）的实证研究表明银行的发展促进了全要素生产率的增长，进而也有利于经济增长。阿莫尔等人（Amore et al.，2013；Yu and Phan，2018）利用美国数据研究发现银行贷款对企业技术创新活动产生了显著的有利影响，特别是对于高度依赖外部资本的企业，表明金融发展在技术进步中起着关键作用。缇等人（Tee et al.，2014）利用东亚国家的数据研究发现，总体上金融体系的发展，包括金融部门的规模和银行、股票市场的整体活跃度的提高，对专利申请产生了积极的影响，而银行业在支持东亚国家创新活动中发挥着比市场更加重要的作用。王朝晖和孙伍琴（2009）则比较了不同金融体系国家的金融发展对技术创新的影响，发现以银行为主的金融体系相对于市场为主的体系更加有利于技术创新。

也有部分研究发现商业银行在促进技术创新方面的负面作用。如拉詹等人（Rajan and Zingales，2001）认为市场融资是距离型融资，而银行融资是关系型融资，在关系型融资的条件下，银行在资金配置过程中，会更多地关注熟悉或者有关系的企业，而不是关心公开市场上的价格信息，因此，关系型融资会导致资源配置的扭曲，一些好的项目无法得到所需的资金。另外，他们还指出，关系型融资带来的"租金分享"会降低企业家投入人力资源进行技术创新的动力。巴等人（Bah and Dumontier，2011）通过对美国高科技企业的研发强度与企业杠杆比率关系的研究发现，企业的负债与研发强度呈显著的负相关关系，表明高科技企业较少使用债务方式为创新活动融资。阿吉翁等人（Aghion et al.，2004；Singh and Faireloth，2005）的研究也发现美国企业的负债水平和研发投资负相关。张等人（Zhang，Wang and Yan，2013）利用中国上市公司数据研究表明，银行贷款融资比率与研发强度之间存在负相关关系，主要原因是企业占用的大部分是短期债，银行提供的长期债务仍相对短缺，影响了对企业技术创新投入的支持作用。

关于我国商业银行对技术进步作用的实证研究也十分丰富。部分研究发现商业银行对我国技术进步具有积极的促进作用。解维敏、方红星（2011）通过我国企业微观数据研究发现，银行业的发展促进了企业研发投入的增长。温军等（2011）提出以银行贷款为主的关系型债务对企业的研发投资是一种有效的治理机制；研发投资密度越高的企业，关系型债务在总债务中的占比越高，较高的占比提高了企业的研发投入效率。吴勇民等（2014）研究发现，我国技术进步与间接金融体系具有良好的协同效应，而与直接金融体系之间的良好协同机制尚未形成。鞠晓生等（2015）发现，由政府控股和银行主导的银行体系能够强化企业预算约束并降低风险的选择和培育企业创新。孙晓华等（2015）对我国企业融资约束与企业研发投资关系的研究发现，金融深化增强了银行贷款对企业研发投入的促进作用。杜传忠等（2017）的研究表明，银行贷款和政府补贴对新兴产业上市企业成长均具有显著的正向促进作用。也有部分研究发现银行对企业研发投入的影响为负面或者不显著。如张杰等（2012）对我国企业研发投入的融资渠道研究发现，银行贷款对企业的研发投入有负面影响，银行贷款只是国有企业研发投入的融资来源。肖仁桥等（2012）对我国高技术产业创新绩效的研究发现，银行贷款在支持高技术产业的创新方面效率不高。

此外，部分实证研究探讨了我国商业银行的竞争程度、所有制等因素对技术创新的影响。蔡竞等（2016）实证分析发现，银行业竞争性的市场结构对企业研发创新行为具有积极作用，该作用在中小企业表现更加显著；同时，相比国有商业银行和城市商业银行，股份制商业银行能更好地促进企业的研发创新行为。唐清泉等（2015）以上市公司为样本研究发现，银行业竞争性的市场结构有助于缓解企业研发投资的融资约束，该影响分别在民营、高科技、小型企业中表现更加显著。姚耀军等（2015）基于中小企业样本公司数据研究发现，由中小银行发展所推动的银行业结构变化显著缓解了中小企业融资约束。盛天翔等（2020）的实证研究结果表明，推动银行增加小微企业信贷供给时，存在最优银行业市场结构，而金融科技有助于促进银行小微企业信贷供给。

（三）资本市场对技术创新的作用

众多学者探讨了资本市场主导型的金融体系促进技术创新的机制。塞因特（Saint-Paul，1992）认为如果没有金融市场，投资者为了控制自己的投资风险，会选择专业化程度和生产率较低的技术和项目，金融市场的发展使投资者可以通过多元化的投资来分散风险，专业化和高生产率的项目也因此更容易获得投资。格林伍德等人（Greenwood and Smith，1997）研究了金融市场提供的流动性如何影响投资者的投资行为，结果表明，投资者的风险厌恶程度越高，银行用于资本投资的资金越少，而金融市场的出现克服了这种情况，投资者面临流动性冲击时，可以通过金融市场出售自己的股票，避免较大的损失，提高投资人参与高风险项目的积极性。艾伦等人（Allen and Gale，1999）比较了金融市场和金融中介为新产业和新技术提供融资方面的效率，认为在项目信息多元、信息成本相对不高的情况下，投资者会倾向于通过金融市场进行投资，而通过金融中介进行投资可以减少每个投资者所承担的信息成本。孙伍琴（2004）认为金融市场提供了价格信息以外的交易量、并购企图等多元审查机制，使投资者能够表达对项目或企业的不同意见，专业化程度较高、相关信息较少，且存在多种多样观点的新技术和新产业通过这一机制，能借助金融市场获得更加全面和客观的评价。陈志武（2014）认为通过金融市场交易项目的示范作用，可以推动投资人投资创新项目的热情，推动技术创新活动的整体发展。

1. 股票市场与技术创新

现有研究对股票市场在技术创新中的作用存在分歧。部分研究发现股票市场对于技术创新具有正向作用。如布朗等人（Brown et al.，2009）关于创新融资的研究发现，美国企业，特别是新成立的高新技术企业主要通过内部融资以及股票市场为研发活动筹集资金。布朗等人（Brown et al.，2013）通过分析 32 个国家的企业数据得出，对股东权益保护以及市场融资便利易得会导致更高的长期研发投入水平。有些研究人员（HsuPo-Hsuan et al.，2014）使用全球 32 个发达和新兴市场国家的数据研究显示，金融市场尤其是股票市场的发展程度对企业进行研发投资有非常关键的影响，股权市场发达的国家企业的研发投入水平也较高。夏冠军、陆根尧（2012）利用我国上市公司的数据研究发现，资本市场的资金配置功能有效缓解了上市企业的融资约束，能促进企业研发投入，特别是对于缺乏资金的小规模企业效果更加显著。张劲帆等（2017）发现企业通过在股票市场 IPO 能够显著增加创新产出，提出缓解企业融资约束，促进企业创新人才队伍建设是 IPO 增进创新的重要渠道。

但是也有研究认为金融市场支持研发投入的作用不是非常明显。卡明特等人（Carpenter & Petersen，2002）在研究美国高新企业的融资约束与研发投入关系时发现，小型高科技企业的股权融资和研发支出显著正相关，而整体上股权融资对研发支出的影响并不显著。孙晓华等（2015）发现我国的资本市场在缓解企业融资约束方面没有发挥明显作用，说明我国资本市场的融资功能还不完善，尚未真正成为企业技术创新融资的有效渠道。周铭山等（2017）运用创业板上市公司面板数据研究了企业创新投入与股票市场表现之间的关系，发现在我国创业板市场上，投资者对创新的关注使得高创新投入伴随着低股价崩盘风险和高投资收益，理论上有利于鼓励企业创新，然而管理层机会主义行为导致创新投入成为创业板上市公司管理层吸引投资者关注并借机减持的手段，实际上不利于创新。

部分研究关注了融资融券制度、卖空威胁等对我国上市公司创新行为的影响，认为此类制度对促进企业创新具有负面作用。如郝项超等人（2018）研究了融资融券对我国上市公司创新数量与质量的影响，发现融券促进了创新数量与质量的同步增加，而融资却导致创新数量与质量同步下降。在以融资交易为主的情况下，融资的负面影响超过了融券的正面影响，从而使得融资融券总体上阻碍了企业创新。林志帆、龙晓旋（2019）研究了卖空威胁对中国企业创新的影响，发现卖空威胁使实用新型和外观设计两类"短平快"低质量专利的申请和授权显著增加；虽然使发明申请显著增加，但通过实质审查的授权增长很少，表明卖空威胁迫使企业以策略性专利活动来释放伪利好信号，恶化了授权专利的类型结构并使发明申请质量下降。

2. 风险投资与企业创新

部分研究表明资本市场促进创新很大程度上源于风险投资（VC）的介入和支持，风险投资能有效激励和提升企业创新能力。科特姆等人（Kortum and Lerner，1998）对美国的实证研究发现，风险投资活动数量较多行业的创新活动也比较高。成思危（1999）认为风险投资专业性极强，通过认真筛选、分散风险、加强管理、及时兑资等手段，既支持创新者创业，又帮助投资人获取利益。吕炜（2002）通过对不同体制下既有企业组织结构技术创新效率不足的比较分析，指出企业内源性技术创新在解决现代高科技成果商业化开发的诸多方面存在机制障碍，而近几十年来大量出现的风险投资企业以新的合约方式从外部组合资源，其组织结构在突破技术创新障碍方面的有效性已得到了广泛印证。霍尔（Hall，2002）指出，在全部的资本市场工具中，风险投资对技术创新的促进作用远高于其他资本市场工具。布鲁诺等人（Bruno and Romain，2004）认为风险投资通过创新和吸收能力这两个主要渠道促进经济增长，实证结果表明风险投资的社会回报显著高于企业或公共部门研发投入的社会回报。米哈洛普洛斯等人（Michalopoulos et al.，2009）的研究表明，风险投资基金等直接股权投资的机构对技术创新具有明显的促进作用。霍尔等人（Hall and Lerner，2010）的研究指出，风险投资是一种比较好的研发投资融资方式，尤其是对小型创新企业而言，能够在一定程度上缓解企业的外部融资约束。

部分针对我国的实证研究也支持风险投资能够激励技术创新这一论断。陈治、张所地（2010）研究发现风险投资的效率要高于传统研发投资的效率。龙勇、杨晓燕（2009）的研究证实，风险投资对于以专利申请量和高技术产品出口额衡量的技术创新均有正向的相关关系。郭等人（Guo and Jiang，2013）考察了风险资本投资对中国创业公司的贡献，发现在盈利能力、劳动生产率、销售增长和研发投资方面，风险投资支持的公司优于非风险投资支持的公司。

但也有研究认为风险投资家本身就会选择创新型的企业作为投资对象，风险投资对技术创新的作用并不明显，甚至存在负面影响。恩格尔等人（Engel and Keilbach，2007）对德国公司的研究发现，有风险投资的公司比对照组有更高的专利申请数。而在风险投资之前，这些公司的创新产出本身也比较高。在投资之后，企业专利的数量不再显著不同，但增长率更高，表明有风险投资的公司创新性较高是由于风险资本家在融资之前的选择过程，而不是由于风险投资本身，风险投资在将现有创新商业化和企业成长方面具有优势。部分针对我国的实证研究也发现了风险投资对技术创新的负面影响。如方世建、俞青（2012）发现我国风险投资对技术创新的促进作用远不如传统的研发投资，并指出其原因在于我国风险投资内部管理体制和外部的市场体制还不够完善。温军、冯根福（2018）基于深圳中小板和创业板公司 IPO 前数据进行的实证研究表明，风险投资整体上降低了中小企业的创新水平，只有高声誉风险投资对企业创新具有积极影响，低声誉风则不然。赵静梅等（2015）对中国上市公司研究发现风险投资总体上并没有改善企业的生产效率。

除风险投资和股票市场之外，许多文献研究了资本市场的某些机制对创新的作用。如风险分散和风险管理机制（Tadesse，2002；Levine，2005）、股权激励机制（徐宁，2013；孙早等，2015）、人力资本价值实现机制（邓乐平，2001；赵登峰等，2015）、企业并购机制（李井林等，2019）、资本市场与创业投资的相互联动机制（蔡金汉，2009）等。此外，值得关注的是，近年陆续有文献对股权众筹进行研究，普遍认为作为"互联网+"时代金融创新的重要形式和资本市场的有机组成部分，股权众筹对促进创新创业具有积极作用（唐士奇等，2015；郑海超等，2015；辜胜阻等，2016；郭菊娥等，2016；岳中刚等，2016；洪银兴，2016）。

（四）多种金融结构和融资工具推动技术创新的对比

1. 不同金融结构推动技术创新对比

关于何种金融结构（银行主导型还是市场主导型）更有利于我国的技术创新，现有的实证研究文献仍有争论。部分研究认为商业银行主导的间接融资更有利于技术创新，如孙立梅、高硕（2015）利用省域面板数据进行研究发现：银行和金融市场的发展对技术创新效率均有促进作用，而银行比金融市场更能促进技术创新效率的提高。贾俊生等（2017）基于上市公司数据实证发现，信贷市场对创新有显著的促进作用，但资本市场融资功能的不完善限制了其作用的发挥。也有诸多研究发现资本市场主导的直接融资更能够促进技术创新，如何国华等（2011）研究了企业融资结构对技术创新的影响，结果则表明股权融资的总体效率高于债务融资。钟腾等（2017）对比了不同融资模式对企业创新产出的影响，发现股票市场相比于银行业更有利于促进企业专利创新，特别是对创新含量较高的发明专利影响更为显著。在知识产权保护程度更高的地区，股票市场对创新的促进作用更加显著。

相对于大量何种金融结构更有利技术创新的争论，还有诸多研究认为何种金融结构更有利于技术创新取决于某些经济因素，这两类金融结构在支持技术创新活动方面都没有绝对优势。其中部分研究强调了金融体系整体发展水平和法律制度环境的重要性。贝克等人（Beck et al.，2000）的研究结果显示，金融结构对行业扩展和新企业的形成并无显著影响，相对而言，金融发展对于上述过程有更重要的作用，只有较高的金融发展水平和完善的法律环境才能帮助企业家打破融资约束，促进技术创新活动。贝克等人（Beck and Levine，2002）认为，金融发展水平与合约执行效率的提高加快了新公司的设立，改善了资本的配置效率，而金融结构对新企业的成立速度和 R&D 密集型行业的增长影响并不显著。张一林等（2016）分析了银行贷款和股权融资支持技术创新的不同机制，提出依靠当前我国银行主导的金融结构，技术创新较难得到有效的金融支持；而发挥股权融资对技术创新的重要支持作用，必须构建优良的制度环境，充分保护投资者的权益。

另一类的观点则强调了一国的技术、产业和经济发展状况等因素的重要性，这些因素各异时，不同金融结构可能各有优势。王莉（2004）认为金融结构对技术创新的辅助作用很大程度上取决于技术创新的性质、创新所处的阶段、创新的程度以及企业的规模等因素，金融市场对于那些具有不确定性和更大风险的创新具有特别的优势。德米尔古克-肯特等人（Demirguc-Kunt et al.，2011）认为在技术进步主要依靠引进和吸收模仿阶段，银行体系能够有效克服信息不对称等问题，是更加有效的融资渠道；随着技术进步主要依靠自主创新和产业结构的升级，此时资本市场更有利于促进创新。林志帆和龙晓旋（2019）也得出了类似的结论，金融结构对技术进步的影响取决于一国与世界技术前沿的差距，在差距较大时，偏向于银行部门的金融结构对技术进步具有正向影响，但差距缩小时变为负向影响，因此能否适时实现金融结构调整是技术进步持续的关键。魏玮和郝威亚（2017）利用 85 个国家的数据实证分析表明，在高收入国家偏向于金融市场的金融结构更有利于技术创新。

2. 多种融资工具对技术创新的影响

大量学者从融资工具性质的角度，将现实中的各种融资工具区分为权益型融资工具和债务型融资工具，认为二者在风险管理和融资成本上存在区别，导致了在支持技术创新方面的不同效果。

国内外大量研究表明，融资性质的差异会导致对技术创新的不同影响。基于研究对象不同，研究结论也存在差异。早期的研究几乎一致认为，权益融资相对于债务融资来说更加适合于创新项目，银行贷款等债务融资更加适合于常规项目。布朗（Brown，2009，2013）分别对美国和欧洲企业进行实证研究发现，股票市场的发展在缓解公司研发投资面临的融资约束中具有重要作用，研发投资的特性使得债务融资很难替代权益融资。李汇东等（2013）利用中国上市公司的数据研究发现：内源融资、外源融资对公司创新投资均存在显著的正向影响，但外源融资对创新投资的促进效应大于内源融资，其中，政府补助最能够显著提高中国上市公司创新投资，股权融资的影响次之，债权融资则不明显。部分学者对这一观点提出了质疑。阿亚加里等人（Ayyagari et al.，2011）基于新兴市场的研究发现，由于新兴市场股权市场发展缓慢，债务资金为企业创新提供了更多的支持，银行融资的可用性或成本将影响企业创新的速度和性质。宋献中、刘振（2008）对我国高新技术企业技术创新融资效率的研究表明，负债融资、权益融资和政府补贴资金与自主创新能力之间显著正相关。

（五）政府对技术创新的影响

大量学者关注了政府补助对技术创新的影响。部分研究发现政府补助能够显著促进技术创新。如白俊红（2011）采用中国大中型工业企业数据进行实证研究，结果发现中国政府的研发资助显著地促进了企业的技术创新。李汇东等（2013）利用中国上市公司的经验数据对股权融资、债权融资、政府补助三种外源融资对公司创新的影响进行实证研究，发现政府补助最能够显著提高中国上市公司创新投资。政府补助对债权融资与公司创新投资之间的关系存在显著的调节效应，政府补助可以"刺激"上市公司通过债权融资提高公司创新投资。陆国庆等（2014）对我国政府对战略性新兴产业的补贴的绩效进行研究发现，政府对战略性新兴产业补贴的绩效是显著的，创新的外溢效应也是显著的。张一林等（2016）研究发现，政府在为技术创新提供金融扶持时，直接为企业提供研发资助，比为金融机构提供风险担保更具效率。苗文龙等（2019）认为政府为推进本国技术创新而发生的财政支出对企业创新行为具有重要影响。政府技术创新支出是企业技术创新支出增加的主要外在推动力，对企业创新具有显著的助推作用。也有部分研究并未发现政府补助对技术创新显著的促进作用。如张杰等（2015）实证研究发现我国政府创新补贴对中小企业私人研发并未表现出显著的效应。陈映希等（2016）对金融发展对我国技术创新的影响进行了实证分析，研究表明，我国金融发展对技术创新具有显著的正向促进作用，但我国的政府干预对技术创新的作用则不显著。

还有部分研究认为财政政策对企业创新的影响并非单纯的正向或负向，视区间范围而不同。如许治等（2012）认为政府研发投入会产生杠杆效应带动企业自身研发投入，但企业对政府研发投入的过度依赖则会因挤出效应对企业自身研发投入产生负面影响。李苗苗等（2014）利用我国战略性新兴产业上市企业的数据研究发现，财政政策对企业研发经费投入和企业技术创新能力具有较复杂的影响，存在某一特定的财政政策区间值，在区间内财政政策对企业创新能力是积极的，区间外则具有抑制作用。

部分研究认为政府对技术创新的影响取决于某些其他经济因素，如人力资本价格、企业自身的知识存量、企业规模、行业技术水平、公司治理状况、知识产权制度等。安同良等（2009）探讨了企业获取研发补贴的策略性行为及研发补贴的激励效应，当企业与研发补贴政策制定者之间存在信息不对称，且用于原始创新的专用性人力资本价格过于低廉时，原始创新补贴将产生"逆向"激励作用。白俊红（2011）实证研究发现中国政府的研发资助显著地促进了企业的技术创新，而企业自身的知识存量、企业规模、行业技术水平及产权类型等因素均会对资助效果产生不同程度的影响。许治等（2012）认为市场集中度、项目风险改善程度及行业技术特性可能是影响政府研发投入和企业自身研发投入二者关系的重要因素。陆国庆等（2014）对我国政府对战略性新兴产业的补贴的绩效进行研究发现，公司治理与财务风险状况对政府创新补贴绩效有显著影响。张杰等（2015）认为知识产权保护制度的完善程度，会影响到中国情景下政府创新补贴政策对企业私人研发的作用效应，在那些知识产权保护制度完善程度较弱的地区，政府创新补贴政策越能促进企业私人研发的提升。苗文龙等（2019）认为政府对企业创新具有显著的助推作用，但具体效果还取决于企业创新投入情况，当创新企业技术投入率达到一定界值时，政府技术创新支出的效率会更高。叶祥松、刘敬（2018）认为政府对创新的影响，需将研发活动细分为科学研究与技术开发两类加以讨论，政府行为对不同类别的研发活动具有不同的影响效果与作用机制。

还有大量研究关注了除补贴投入外，政府的其他调控行为对企业技术创新的影响。部分研究关注了政府在企业获得银行贷款中的积极作用。如柳春等（2020)利用中国企业层面调查数据研究了地方政府在私营企业向银行申请贷款过程中所起的作用，结果表明，地方政府提供贷款帮助可以显著提高私营企业获得贷款的可能性和贷款规模。但也有研究表明政府行为对企业贷款有负面影响。如张杰等（2015）认为贷款贴息类型的政府创新补贴政策对企业私人研发造成了显著挤入效应，在金融发展滞后的地区，贷款贴息类型的政府创新补贴政策对企业私人研发的挤入效应较强。刘畅等（2020）探讨了地方政府融资平台成立对县域中小企业贷款的挤出效应，研究发现地方政府融资平台成立将会显著降低国有大型商业银行发放的中小企业贷款，但不会影响农村金融机构的中小企业贷款。黎文靖等（2016）则探讨了中国产业政策对企业创新行为的影响及其内部机理，发现国企和非高新技术行业中受产业政策激励的公司，专利申请显著增加，但仅限于非发明专利显著增加，表明选择性产业政策的财税手段使企业为"寻扶持"而进行策略性创新，只增加创新"数量"，创新"质量"并没有显著提高。

第二章 区域技术创新现状及存在的问题

当前，以智能技术为核心的新一轮科技革命和产业变革正在改变经济社会的形态。从微观到宏观各领域新兴技术和颠覆性创新不断涌现，科技创新范式加速变革，新技术、新产品、新赛道、新业态层出不穷。而当前经济全球化和科技全球化遭遇逆流，供应链要实现安全稳定，区域经济更需要科技创新为产业赋能，推进产业基础高级化和产业链现代化，为促进区域经济高质量发展提供源源不断的动力。在此轮技术变革的背景下，科技创新成为我国区域发展的核心动力。北京、上海以及粤港澳大湾区正在建设国际科技创新中心，城市群创新成为区域协同发展的重要支撑，区域内创新廊带节点、科学城、园区、街区等创新微中心形成发展新动力。国内新一轮区域创新格局正在加快调整，一批区域创新中心迅速崛起，一批综合性国家科学中心加快建设，大型科学基础设施和国家实验室等加快布局。区域间的科技创新形成了"不进则退、慢进亦退"的严峻竞争局面。

区域间经济发展的不均衡逐步加大，大量研究和实践表明区域创新能力在区域经济发展过程中扮演着越来越重要的角色。区域创新能力能够有效提高全要素生产率，促进高技术产业的发展，进而推动地方经济持续发展。因此，区域经济发展应该以创新为起点，在区域创新体系内塑造多种创新驱动能力来提高区域创新能力。进一步地，现有诸多研究认为区域创新能力受到研发投入、政府、金融发展等因素的影响。面对上述新机遇和新挑战，各地区想要在全国区域创新格局中占据一席之地，塑造发展新优势，通过科技创新支撑自身现代化建设发展格局，就必须发挥自身产业创新优势，融入国家创新战略布局，优化科技创新投入，提升自身技术创新水平。这一部分将以天津市为例，分析地区及企业技术创新现状，提炼出区域技术创新存在的典型问题，为后续分析不同金融市场支持技术创新的实践情况提供基础。

一、我国整体创新投入情况分析

根据郑世林等（2019）的估算，1990—2017 年间，我国科技进步对经济增长的年均贡献率高达 48.97%。可见，科技进步对我国经济增长具有举足轻重的作用，而要提升一国的创新能力，需要在研发上持续地进行投入，唯有加大科学研究与试验发展（R&D）的投入才能促进科技进步。

（一）整体研发投入强度

如图 2-1 所示，从全国整体来看，我国自 2000 年以来研发经费与国内生产总值之比逐年上升，2000 年这一比重仅为 0.89，至 2021 年则上升为 2.44，研究与试验发展经费投入强度增长迅速。据《全国科技经费投入统计公报》和国家统计局披露，2019 年我国研发经费投入总量首次突破 2 万亿元，2020 年为 2.4 万亿元，2021 年则达到 2.79 万亿元，比上年增长 14.2%，增速比上年加快 4.0 个百分点，延续了"十三五"以来两位数的增长态势，连续 6 年实现两位数增长。按研发人员全时工作量计算的人均经费为 46.6 万元，研发经费投入强度再创历史新高。

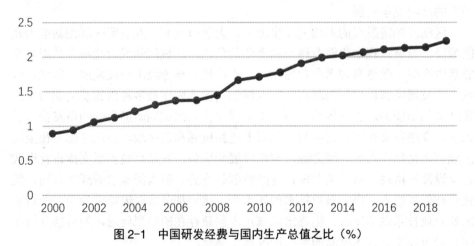

图 2-1　中国研发经费与国内生产总值之比（%）

数据来源：中国科技部、中国国家统计局。

然而，从横向对比来看，我国整体的研发投入强度相较于世界其他国家仍有一定差距。如图 2-2 所示，2019 年世界部分国家的研发经费与国内生产总值之比差异明显，我国为 2.24%，而美国、丹麦、德国、日本、瑞典等国这一指标已在 3% 左右，韩国最高，近 4.5%，对比之下我国仍存在较大的提升空间。

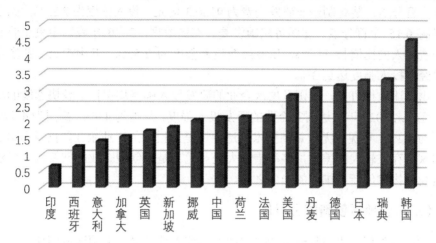

图 2-2　2019 年世界部分国家研发经费与国内生产总值之比（%）

数据来源：中国科技部、中国国家统计局。

2021 年我国研发经费与国内生产总值之比再创新高，达到 2.44%，已接近经济合作与发展组织（OECD）国家疫情前 2.47% 的平均水平。世界知识产权组织 2021 年发布的全球创新指数（GII）显示，我国科技创新能力在 132 个经济体中位列第 12 位，较上年再提升 2 位，稳居中等收入经济体首位。自 2013年起，我国排名保持持续稳定上升势头，9 年间提升了 23 个位次。但与世界科技强国相比，我国研发经费投入在规模、结构和效能等方面仍有不足，需进一步加快推进科技政策落实落地，完善多元化投入机制，为实现高水平科技自立自强提供有力支撑。

（二）企业研发投入强度

从活动主体来看，2020 年，我国各类企业研发经费支出为 18673.8 亿元，比上年增长 10.4%；政府属研究机构经费支出为 3408.8 亿元，增长 10.6%；高等院校经费支出为 1882.5 亿元，增长 4.8%。企业、政府属研究机构、高等院校经费支出所占比重分别为 76.6%、14.0% 和 7.7%。可见，企业是科技创新的主体，是国家创新体系的核心环节，只有提高企业的自主创新能力才能从根本上提高国家整体的竞争力。

从企业层面来看，企业研发投入强度可以用企业研发费用占销售额的比重来衡量。根据《全国科技经费投入统计公报》，2020 年我国规模以上工业企业研究与试验发展经费总额为 1.53 万亿元，研发投入强度为 1.41%。分产业来看，

2020 年高技术制造业研发经费为 4649.1 亿元，投入强度为 2.67%，比上年提高 0.26 个百分点；装备制造业研发经费为 9130.3 亿元，投入强度为 2.22%，比上年提高 0.15 个百分点。据国务院国资委公布的数据，2020 年我国中央企业研发经费投入同比增长 11.3%，研发经费投入强度为 2.55%，其中中央工业企业研发经费投入强度达到 3%。

由上述数据可见，我国各层次企业的研发投入强度均保持了较快速度的增长，但对比 2020 年发达国家企业的研发投入强度，美国为 4.9%，德国为 4.5%，法国为 4.2%。可见，无论是高技术制造业还是规模以上工业企业，我国相比发达国家仍存在较大的差距，多举措加大企业尤其是科创型企业的创新投入已然成为我国构建创新型国家的当务之急。

（三）各地区创新能力对比

对区域创新能力进行评价的研究中最具代表性的是《中国区域创新能力评价报告》[①]，以省、自治区、直辖市作为区域单位对区域创新能力进行研究，将区域创新能力分解为知识创造能力、知识获取能力、企业创新能力、创新环境和创新绩效 5 个维度，并通过企业研发投入、设计能力、制造和生产能力、新产品销售收入 4 个指标对 31 个省、自治区、直辖市的区域企业创新能力进行了单独评价。

2021 年，我国各省市创新能力综合排名情况如图 2-3 所示，广东的区域创新能力排名第 1 位，北京、江苏分列第 2、3 位，与前两年均保持一致。从历年创新能力提升情况来看，广东自 2016 年以来创新能力的提升步伐明显快于其他省市，领先优势持续扩大。安徽、四川等提升步伐也相对较快，排名靠前的北京、江苏、上海、浙江等地区创新能力提升基本持平。而部分地区，如江苏、天津提升速度则有所放缓。

地区间创新能力差异明显。从图 2-3 可看出，创新能力排名靠前的省市（广东、北京、江苏、上海、浙江）主要分布在东部地区，但同时湖北、安徽、四川、陕西等西部地区增长势头迅猛，创新追赶步伐加快，使得东西差距逐渐缩小。然而从南北方对比来看，排名前 20 的地区中，南方省市占据 13 席，南方地区创新能力提升步伐明显快于北方。

---

① 在科技部支持下，由中国科技发展战略研究小组联合中国科学院大学中国创新创业管理研究中心编写的《中国区域创新能力评价报告》已连续发布 21 年，是国内权威的区域发展评价报告。该报告建立了四级指标体系作为主要评价方法，其中一级指标 5 个（知识创造、知识获取、企业创新、创新环境、创新绩效）、二级指标 20 个、三级指标 40 个、四级指标 138 个，反映了企业创新、基础研究与原始创新、成果转化、创新格局等。

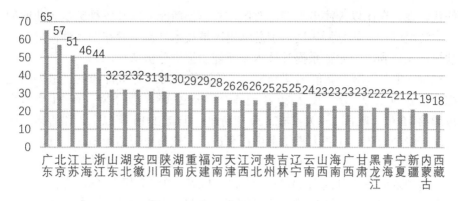

图 2-3 2021 年中国区域创新能力综合排名

数据来源：《中国区域创新能力评价报告》，2021 年。

各地区发挥比较优势，多中心区域创新体系逐步形成，科技金融体系各具特色。我国已经基本形成了多个创新集聚区：北京拥有大量科研机构、高校和企业总部，具备较强的知识创造能力和资源聚集能力，形成了以北京为中心的京津冀创新集聚区；科技金融方面，发挥政策优势，形成了创新先行的中关村模式。上海外资经济发达，长三角城市群具备强大的制造能力和完善的产业体系，形成了以上海为中心的长三角创新集聚区；发挥上海的金融中心作用，形成了政府推动、银行主导的科技金融特色。广东创新活跃，珠三角电子信息产业基础雄厚，产业链齐全，形成了以广东为中心的珠三角创新集聚区；科技金融方面形成了以深圳的系列政府引导基金构建全周期科技金融服务体系为特色的"深圳模式"。此外，中部地区也形成了以合肥、成都、重庆、武汉、西安等城市为中心的创新集聚区，探索出了引导性股权投资构建全产业链的"合肥模式"等特色科技金融体系。上述各地区的科技金融创新探索，均为其他省市构建完善的科技金融体系提供了可借鉴的实践经验。

二、区域创新能力分析

天津市是我国典型的制造业立市的地区，长期以来，主要依靠装备制造、石油化工、汽车工业等技术含量不高的传统产业，近年来，着力发展信息产业、生物医药、新能源和新材料等战略性新兴产业和高技术产业，以此实现产业升级，为地区经济赋予新动能。可见，天津市当前正处于借助科技创新开展新旧动能转换的关键发展节点，在科技创新方面面临的问题在我国各省市中具有一定的代表性。在此以天津市为例，对区域整体创新能力以及各种类型企业的创新能力情况进行具体分析，进一步总结出区域技术创新中存在的共性问题，为后续探讨如何利用金融体系提升技术创新能力提供分析依据。

根据《中国区域创新能力评价报告》的评价，2021 年天津市的区域创新能力综合得分为 26.94 分，较 2020 年的综合得分 27.08 有所下降，在 31 个省市中位居第 15 位（见图 2-3），与 2020 年持平，但自 2015 年以来天津市排名一直呈现下滑的趋势，在四大直辖市中排名最后。从该报告衡量地区创新能力的 5 个一级指标来看，2020 年天津市的知识创造、知识获取、企业创新、创新环境、创新绩效效用值分别为 21.79、22.28、25.72、25.32 和 38.54，全国排名分别为第 20、8、16、14 和 13 名。由此可见，衡量创新能力的系列指标中，除了知识获取外，其他排名都不容乐观。而据该报告测算，天津市上述 5 个一级指标的提升潜力排名均处于倒数后三位，据此天津市未来创新能力的提升速度也会落后于其他省市。

在企业创新能力的评价方面，衡量企业创新的系列指标主要侧重于规模以上工业企业的研发经费投入、发明专利、研发人员等情况；衡量创新环境的系列指标则重点关注了科技企业孵化器、金融机构贷款支持企业研发、高技术企业等情况，2020 年天津市的这两个指标排名分别为第 16 和第 14 位。从横向对比来看，天津市企业的创新能力不容乐观，而企业所处的创新环境相比其他省市也相对落后。下面将从创新投入、创新组织和创新产出三个方面，具体分析天津市整体的技术创新情况。

（一）科技创新投入情况分析

1. 研发经费投入情况

近年来，天津市的科学研究与试验发展（R&D）经费投入金额如图 2-4 中折线所示，自 2014 年以来，天津市的研发经费投入较为稳定，在 500 亿元左右波动，并无明显的逐年上升或下降趋势。从研发经费投入强度（与地区生产总值之比）来看，自 2014 年以来，天津市的研发经费投入强度也呈现出有升有降的走势，2017 年研发经费投入强度达到最低点 2.47%，近几年呈现出逐年上升的趋势，据 2020 年全国科技经费投入统计公报披露，2020 年这一指标上升到 3.44% 的新高点。

从横向对比来看，据 2020 年全国科技经费投入统计公报披露，我国 2020 年研发经费投入超过千亿元的省市有 8 个，分别为广东（3479.9 亿元）、江苏（3005.9 亿元）、北京（2326.6 亿元）、浙江（1859.9 亿元）、山东（1681.9 亿元）、上海（1615.7 亿元）、四川（1055.3 亿元）和湖北（1005.3 亿元）。天津市的研发经费投入为 485 亿元。研发经费投入强度（与地区生产总值之比）超过全国平均水平的省市有 7 个，分别为北京（6.44%）、上海（4.17%）、天津（3.44%）、广东（3.14%）、江苏（2.93%）、浙江（2.88%）和陕西（2.42%）。可见，天津市研发经费投入金额并未进入千亿队伍，但研发经费投入强度居全国各省市的第三位，相对领先。

从研究与试验发展经费支出的活动类型来看，如图 2-4 所示，试验发展①是天津市研发经费的主要支出，占支出的 80% 以上，自 2017 年以来，这一投入比重逐年上升，2019 年升至 84%；应用研究占总支出的 15% 左右，自 2017 年以来占比逐年下降，2019 年占比为 11%；占比最小的为基础研究投入，2019 年占总支出的 5%。

图 2-4　天津市研发经费支出总额及活动类型分布（亿元）

数据来源：历年《天津科技统计年鉴》。

从研究与试验发展经费支出部门来看，近年来天津市工业企业作为试验发展活动的主体在研发支出中占绝对比重，然而其占比自 2014 年以来呈现逐年下降的趋势，2014 年占比 69%，降至 2019 年的 46%。与之相对，其他类型企业的研发投入占比呈现逐年增长的趋势，从 2014 年的不足 10%，至 2019 年已升至 31%，表明工业企业之外的其他类型企业已成长为天津市技术创新的不可忽视的主体。

---

① 基础研究是指为了获得关于现象和可观察事实的基本原理的新知识（揭示客观事物的本质、运动规律，获得新发展、新学说）而进行的实验性或理论性研究，它不以任何专门或特定的应用或使用为目的。应用研究是指为了确定基础研究成果可能的用途，或为达到预定的目标探索应采取的新方法（原理性）或新途径而进行的创造性研究。试验发展是指利用从基础研究、应用研究和实际经验所获得的现有知识，为产生新的产品、材料和装置，建立新的工艺、系统和服务，以及对已产生和建立的上述各项作实质性的改进而进行的系统性工作。

从研发经费支出来源来看，企业作为研究与试验发展活动最重要的主体，企业资金是天津市研究与试验发展经费的主要来源，在研发经费中占绝对比重，其占比维持在 70% 以上，自 2017 年以来呈现出上升的趋势，从 2017 年的 70% 上升为 2019 年的 78%；政府资金是仅次于企业资金的另一重要来源，近年来政府资金在研发经费中占比在 20% 左右波动，自 2017 年以来，呈现出下降趋势，从 2017 年的 23% 下降至 2019 年的 17%。政府资金和企业资金二者占比的相对变动表明天津市近年来政府在研发活动中的活跃程度下降，企业作为市场主体在研发活动中的积极性逐步提高。

2. 研发人员投入情况

人力资本是科技创新活动中重要的投入要素，研发投入不仅包括经费投入，还包括人员投入。从图 2-5 可以看出，自 2015 年以来天津市研究与试验发展人员的数量呈现逐年下降的趋势，表明天津市吸引研发人才方面仍存在欠缺。从人员结构来看，研发机构的人员数量稳定在 1 万人左右，工业企业的研发人员占全部人员投入的绝对比重，但自 2015 年以来也呈现逐年下降的趋势，2015 年工业企业的研发人员数量为 11.72 万人，2019 年下降至 6.63 万人，人员流失 46%，占全部人员投入的比重也跌破 50%，为 46%，这也是天津市整体研发人员数量逐年下降的主要原因。相比之下，自 2015 年以来高等院校和其他企业的研发人员数量都呈现逐年上升的趋势，二者累计占比逐年上升，至 2019 年已超过工业企业，占比为 47%。

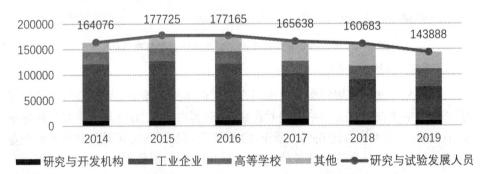

图 2-5　天津市研发人员按执行部门分布（单位：人）

数据来源：历年《天津科技统计年鉴》。

综上可见，近年来，天津市研究与试验发展的投入金额有升有降，并无明显的增长趋势，但投入强度逐年上升，在全国排名靠前。企业资金是研发投入的主要资金来源，试验发展所占比重逐年上升。然而，近年来天津市研发活动投入人员呈现下降趋势，其中工业企业投入的研发人员数量大幅度减少，并且无论从研发经费投入占比，还是从研发人员占比来看，工业企业所占比重都呈现逐年下降趋势，其主导地位岌岌可危，表明天津市工业企业在研发活动投入中的吸引力逐年减弱。

（二）技术创新组织情况分析

有研究认为，某一区域的技术创新是一个系统活动。在政府推动和组织协调下，各行为主体能够对技术创新要素进行互动与优化，并最终促进科研合作及科技成果商业化或产业化。区域技术创新体系是国家技术创新体系的子系统，是一个多部门、跨领域的社会协作体系，因此可以从对技术创新要素进行组织整合，推动创新主体开展创新活动，以及最终创新成果市场化情况等角度对某一区域的技术创新组织情况进行评价。

2019 年天津市规模以上工业企业开展研发活动情况如表 2-1 所示。从开展研发活动的企业数量占企业总数的比重来看，27% 的企业开展了研发活动，9% 的企业设立了专门的科技机构。根据《天津市统计年鉴》的数据，2020 年天津市规模以上工业企业共计 5118 个，其中有研发活动的企业数量为 1444 个，占企业总数的 28.21%，无论从绝对数量还是占比来看，相比 2019 年均有所提高。

表 2-1　2019 年天津市规模以上工业企业开展研发活动情况

类型	企业数（个）	有研发活动企业数	占比	有科技机构企业数	占比
大型企业	127	77	61%	48	38%
中型企业	465	222	48%	120	26%
小型企业	3673	950	26%	256	7%
微型企业	546	49	9%	9	2%
共计	4811	1298	27%	433	9%

数据来源：《天津科技统计年鉴》，2020 年。

由表 2-1 可以发现，从规模分布来看，工业企业中小型和微型企业的数量占绝对比重，占比 88%，但其中开展研发活动的企业占比相对较低，小型企业占比为 26%，与整体平均比重 27% 接近，但微型企业这一占比仅为 9%，远低于平均水平；小型、微型企业中设立专门科技机构的企业占比更低，分别为 7% 和 2%，均低于整体平均水平 9%。相比之下，大型和中型企业虽然绝对数量占比不高，但其开展研发活动的企业占比分别为 61%、48%，二者设立专门科技机构的企业占比分别为 38% 和 26%，远高于小微企业。

从分行业来看，开展研发活动的工业企业主要集中于制造业，表 2-2 列出了 2019 年规模以上工业企业中有研发活动企业占比超过 30% 的前八个行业。

可见，大多数行业属于高技术产业①，而且大多是天津市的优势行业②，其中医药制造业、仪器仪表制造业以及专用设备制造业中半数左右的企业都开展研发活动，这与其高技术行业特点有关，对于高技术行业来说，研发活动是关系自身生存空间的主要因素。

表 2-2　2019 年分行业看天津市规模以上工业企业开展研发活动情况

行业	企业数（个）	有研发活动企业数	占比	有科技机构企业数	占比
医药制造业	97	52	53.61%	31	31.96%
仪器仪表制造业	79	40	50.63%	13	16.46%
专用设备制造业	306	138	45.10%	37	12.09%
计算机、通信和其他电子设备制造业	232	89	38.36%	29	12.50%
通用设备制造业	395	149	37.72%	33	8.35%
电气机械和器材制造业	302	108	35.76%	35	11.59%
化学原料和化学制品制造业	307	103	33.55%	47	15.31%
食品制造业	111	37	33.33%	15	13.51%

数据来源：《天津科技统计年鉴》，2020 年。

从国家级高新技术企业数量来看，近几年天津市国家级高新技术企业数量维持了增长的趋势，2017 年至 2020 年企业数量从 4009 个增长至 7350 个；营业收入从 2017 年的 7204 亿元增长至 2019 年的 10043 亿元，突破了 1 万亿元。

综上，天津市规模以上工业企业的研发活动活跃度有所提升，其中大中型工业企业开展研发活动的比重远高于小微企业；而从国家级高新技术企业的数量和营业收入来看，近年来则维持了较高的增长，表明高新技术企业这一创新主体的活动较为活跃。

（三）技术创新产出情况分析

技术创新产出直接来看表现为专利，当创新成果应用到市场中时，表现为生产的新产品以及企业由此获得的利润，因此这一部分主要从专利授权、新产品开发两个方面对技术创新的产出情况进行分析。

---

① 高技术产业为全国统一标准，包括医药制造业，航空、航天器及设备制造业，电子及通信设备制造业，计算机及办公设备制造业，医疗仪器设备及仪器仪表制造业，信息化学品制造。

② 根据《天津市统计年鉴》，天津市优势产业包括电子信息产业、航空航天产业、机械装备产业、汽车产业、新材料产业、生物医药产业、新能源产业、资源循环及环保产业、石油化工产业、冶金产业、轻纺工业 11 个行业。

1. 专利情况

据《2021 年天津市知识产权发展状况白皮书》和《2021 年天津市知识产权保护状况白皮书》的数据，2021 年，天津市全年专利授权量达到 9.8 万件，同比增长 29.8%。截至 2021 年底，天津市每万人口发明专利拥有量达到 31.3件，同比增长 28.3%；有效专利达到 30.8 万件，同比增长 25.5%。其中，有效发明专利突破 4.3 万件，同比增长 13.8%；高价值专利拥有量达到 1.7 万件，每万人口高价值专利拥有量 12.4 件。2021 年商标注册申请 9.5 万件，同比增长11.7%；核准注册商标 6.8 万件，同比增长 32.9%；有效注册商标达到 35.3 万件，同比增长 22.1%，中国驰名商标达到 156 件。分行业来看，截至 2021 年底，天津市信息技术应用创新、生物医药、绿色石化等重点链条完成产业知识产权运营中心布局。

图 2-6 显示了天津市历年的专利申请授理量情况，可以看出 2016 年之前呈现了上涨趋势，2016 年申请量突破了 10 万件，之后申请量略有下降。其中发明专利的申请量较为稳定，除了 2016 年外，其余年份均在 2.5 万件左右；而实用新型专利申请量明显增加，2014 年为 3.5 万件，至 2019 年已增加到 6.5 万件。因此，从专利申请的类型分布来看，实用新型专利是申请量中数量最多的，近些年的占比逐年上升，2014 年占比 55%，2019 年占比提升至 67.5%；发明专利是占比第二位的，但其所占比重近年来有所下降，占比从 2014 年的 37%，下降至 2019 年的 26%。

图 2-6 天津市专利申请受理量（件）

数据来源：历年《天津科技统计年鉴》。

图 2-7 展示了近年来天津市的专利授权情况，可以发现与申请量的年度变化趋势不同，专利授权量呈现逐年上涨的走势，尤其是 2020 年专利授权量达到

75434 件，较前一年增长了 30.5%，增长速度也有了极大提高，结合每年的专利申请量并无明显的增长趋势，这表明天津市专利申请质量逐年提升，获批专利比例有所提高。据《2021 年天津市统计公报》的数据，2021 年天津市专利授权 9.79 万件，同比增长 29.8%，其中发明专利 7376 件，相比前一年的 5262 件增长 40.2%。

从专利授权的类型分布来看，可以发现实用新型专利授权的绝对数量呈现了逐年上涨的趋势，所占比重也逐年提高，2014 年这一类型授权量仅为 2 万件，占比 76%，2020 年授权量突破了 6.4 万件，占比也达到了 85%。相比之下，发明专利的授权量增长趋势并不明显，近年来均在 5000 件左右，占全部专利授权量的比重也呈现下降趋势，从 2014 年的 12.4%降至 2020 年的 8.7%。可见，近年来天津市的专利授权量较高的增长速度主要源于其中占比最大的实用新型专利的贡献，创新含量最高的发明专利增长乏力。

2020 年，天津市专利授权量的分布，专利申请量的分布与之类似，工矿企业获得专利授权近 6.4 万件，占比 89%，占据绝对比重；大专院校占比 8%，其余 3% 的专利主体为科研单位和机关团体。从有效专利数量来看，近年来天津市的有效专利数量也呈现出了逐年增加的趋势，从 2014 年的 8.4 万件增加到 2020 年的 24.6 万件，其中发明专利占比维持在 18% 左右，据《2021 年天津市统计公报》的数据，2021 年末有效发明专利 4.34 万件，增长 13.8%。2020 年，申请人性质分布情况与图 2-7 类似，工矿企业专利有效量为 20.63 万件，占比 88%；大专院校持有有效专利 2.09 万件，占比 9%；其余的 3% 由科研单位和机关团体持有。可见，工矿企业是持有技术创新成果的重要主体。

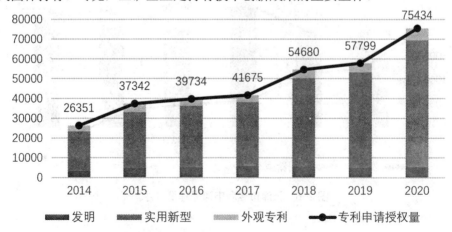

图 2-7　天津市专利授权量（件）

数据来源：历年《天津科技统计年鉴》。

2. 新产品开发情况

2019年，天津市规模以上工业企业新产品开发项目12714个，新产品开发经费支出共计212亿元，新产品销售收入3847亿元，上述指标基本与前两年持平，个别指标略有下降。从企业规模分布来看，2019年情况如图2-8所示，在新产品开发经费支出上，大型和中型工业企业投入基本相同，占全部经费支出的34%，略高于小型企业31%的比重。但从新产品销售收入来看，大型企业2019年为2196亿元，占全部收入的57%，中型和小型企业的新产品销售收入分别占比25%和18%，远低于大型企业。

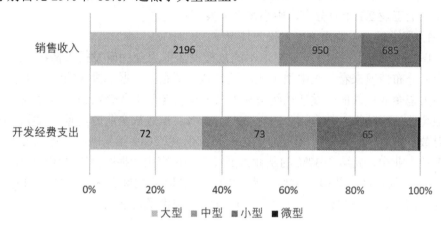

图2-8 2019年天津市规模以上工业企业新产品开发销售情况（亿元）

综上可见，从专利情况来看，近年来天津市的专利授权量保持了较高的增长速度，相比之下专利申请量并无明显增长趋势，表明专利申请的质量有所提升。从类型来看，专利授权的增长主要源于其中占比最大的实用新型专利的贡献，发明专利的绝对数量较为稳定；工矿企业是专利的主要所有者，占据每年专利授权量和有效专利数量的近90%，表明企业在创新活动中占据了绝对的主体地位。在新产品开发与销售中，大型企业占据了绝对主导地位，投入了全部经费的34%，获得了57%的新产品销售收入，相比之下，小型企业投入了全部经费的31%，但只获得了18%的新产品销售收入。

三、企业技术创新情况分析

从前文的分析可以发现，无论从技术创新投入还是创新成果产出来看，企业都占据了绝对比重，是技术创新的核心主体。这一部分将重点关注各种类型企业的创新能力发展情况，分别对工业企业、战略性新兴行业、高技术行业和国家级高新技术企业的技术创新情况加以分析。

（一）规模以上工业企业①技术创新情况

2021 年，天津市工业增加值为 5224.57 亿元，占 GDP 比重 33.3%，增加值在各省市中排名第 23 位，较广东（4.51 万亿元）、江苏（4.46 万亿元）、山东（2.72 万亿元）差距明显；占 GDP 比重排名第 12 位，体现了制造业立市的产业特征。其中大型企业增加值增长 6.3%；中小微型企业增加值增长 10.3%，快于规模以上工业 2.1 个百分点，中小微企业发展迅速。

1. 规模以上工业企业研发投入情况

图 2-9 显示了 2019 年天津市不同规模的工业企业的研发投入情况。从研发投入分布情况来看，大中型企业，尤其是大型企业占据了投入的绝对比重。其中大型企业投入的研发活动经费和人员分别占全部工业企业的 47% 和 42%，中型企业这两项投入的占比分别为 29%、26%。虽然从企业数量看，大型企业绝对数量很少，但其资产和资金规模十分庞大，以 2019 年为例，大型企业在全部工业企业中，吸纳了 37% 的从业人员（平均每家企业拥有员工 2817 个），以占比 46% 的资产，获得了 45% 的营业收入，赚取了 71% 的利润总额，可见充足的内部资金和利润为大型企业开展研发活动提供了资金来源。

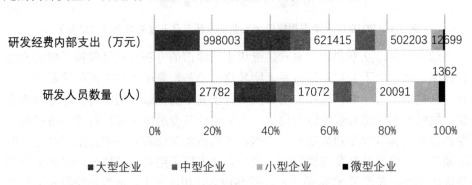

图 2-9　2019 年天津市规模以上工业企业研发人员及经费投入情况

数据来源：《天津科技统计年鉴》，2020 年。

相比之下，小微企业虽然在数量上占据绝对优势，但规模相对较小，以 2019 年为例，小型企业在全部工业企业中，吸纳了 35% 的从业人员（平均每家企业拥有员工 91 个），以占比 28% 的资产，获得了 29% 的营业收入，赚取了 16% 的

----

① 规模以上工业企业是指年主营业务收入 2000 万元及以上的工业法人单位。

利润总额。微型企业的上述指标占比则均低于 5%。因此，小微企业的研发投入占比相对较小，投入的研发活动经费和人员分别占全部工业企业的 24% 和 32%。

分行业来看，2019 年天津市工业企业研发经费投入排名前十位的行业如表 2-3 所示，按照研发经费投入从高到低排列。创新投入较高的前十个行业中，研发经费和人员投入排名靠前的行业大多为天津市的传统优势工业行业[1][2]：如黑色金属冶炼和压延加工业（1）[2]，汽车制造业（3），金属制品业（4），电气机械和器材制造业（6），化学原料和化学制品制造业（7），通用设备制造业（8），铁路、船舶、航空航天设备制造业（10），传统工业行业在工业总产值和营业收入上的绝对优势，为其带来了充足的研发投入支撑。相比之下，计算机、通信等电子设备制造业（2）、专用设备制造业（5）、医药制造业（9）等战略性新兴行业的研发经费投入则相对较弱，但研发投入强度则领先其他行业，同时相比经费投入所投入的研发人员数量更为可观，表现出较强的依赖智力资本的特点。

表 2-3　2019 年规模以上工业企业研发投入及新产品开发情况

行业	研发经费（万元）	研发经费占工业总产值比重	研发人员（人）	研发人员占全部人员比重	新产品开发经费支出（万元）	新产品销售收入（万元）	新产品开发项目数（个）	有效发明专利数（件）
黑色金属冶炼和压延加工业	303348	1.24%	6299	9.41%	193358	4122507	323	507
计算机、通信等电子设备制造业	282471	1.60%	8493	8.90%	339490	5350258	1078	1775
汽车制造业	180361	0.77%	3638	3.07%	120313	8061617	770	927
金属制品业	164322	2.28%	3720	6.15%	191808	1951459	936	863
专用设备制造业	160108	3.18%	6057	12.27%	184880	1696941	1506	2932

---

① 参考《天津科技统计年鉴》中列出的 11 个优势产业：电子信息产业、航空航天产业、机械装备产业、汽车产业、新材料产业、生物医药产业、新能源产业、资源循环及环保产业、石油化工产业、冶金产业、轻纺产业。

② 括号内数字为 2019 年该行业研发经费投入排名。

行业	研发经费（万元）	研发经费占工业总产值比重	研发人员（人）	研发人员占全部人员比重	新产品开发经费支出（万元）	新产品销售收入（万元）	新产品开发项目数（个）	有效发明专利数（件）
电气机械和器材制造业	151518	1.68%	4458	7.70%	194701	3073617	1102	1778
化学原料和化学制品制造业	144973	1.49%	3242	7.99%	116868	2815125	829	1463
通用设备制造业	106404	1.63%	3589	6.56%	133715	1541032	1193	2000
医药制造业	104610	2.04%	3970	9.01%	130579	1555398	787	2040
铁路、船舶、航空航天设备制造业	89891	2.22%	4826	12.03%	93011	1442639	874	866

数据来源：《天津科技统计年鉴》，2020年。

2. 规模以上工业企业创新产出情况

2019年天津市规模以上工业企业有效发明专利分布情况如图2-10所示，小型企业持有的有效发明专利数量最多，突破了1万件，占比50%；中型企业持有5017件，占比24%；大型企业则占比20%，微型企业占比6%。2019年，小型企业专利申请数为8944件，占全部申请数的57%；此外，小型企业还持有52%的注册商标。在新产品开发方面，小型企业开展了7250项开发项目，占比57%；新产品开发经费支出64.6亿元，大中型企业这一支出分别为72.5亿元和73.2亿元，考虑到总产值差异，小型企业的新产品开发经费投入强度远高于大中型企业。可见，小型企业虽然在创新投入上逊于大中型企业，但在创新成果方面表现出了十足的创新活力。

根据表2-3列出的研发投入经费占工业总产值的比重可以看出，专用设备制造业、医药制造业和铁路、船舶、航空航天设备制造业等战略性新兴行业这一比重较高，均已超过2%；从研发投入人员来看，这些行业研发人员投入的绝对数量，以及占全部从业人员的相对比重均高于其他行业，而传统的工业行业，尤其是汽车制造业、黑色金属冶炼和压延加工业的工业总产值均高于2000亿元，居所有行业的前两位，遥遥领先于其他行业，因此，虽然创新投入的绝对金额较高，但相对比重较低。

图 2-10　2019 年天津市规模以上工业企业有效发明专利分布（件）

数据来源：《天津科技统计年鉴》，2020 年。

　　从新产品开发情况来看，计算机、通信等电子设备制造业的新产品开发经费支出遥遥领先其他行业，其新产品开发项目数和新产品销售收入也相对领先。专用设备制造业、电气机械和器材制造业在新产品开发项目数量和开发经费投入上也较为领先。此外，黑色金属冶炼和压延加工业以及汽车制造业在新产品开发的投入和获得的销售收入方面也都表现出了强大的产值优势。

　　从有效发明专利的行业分布来看，专用设备制造业、通用设备制造业以及医药制造业的有效发明专利均超过 2000 件，遥遥领先于其他行业，计算机、通信等电子设备制造业以及电气机械和器材制造业持有的有效发明专利数量也接近 1800 件。与之相对，黑色金属冶炼和压延加工业、汽车制造业、金属制品业等传统工业行业持有的有效发明专利数量则相对较少。

　　综上可见，天津市工业企业的创新活动，从规模来看，大中型工业企业虽然绝对数量很少，但资产和资金规模十分庞大，因此占据了创新投入的绝对比重。然而从创新产出来看，无论从有效发明专利持有量、专利申请数、注册商标数等专利指标来看，还是从新产品开发项目数量、新产品开发经费投入强度指标来看，小型企业的占比均过半，上述指标均领先于大中型企业，占据了绝对的创新主体地位，表现出了良好的创新活力。从行业来看，研发经费和人员投入排名靠前的行业既有传统的工业行业，也有战略性新兴行业，黑色金属冶炼和压延加工业以及汽车制造业等传统工业行业在工业总产值和营业收入上的绝对优势，为其带来了充沛的研发投入，但其持有的有效发明专利数相对较少；相比之下，计算机、通信等电子设备制造业、专用设备制造业、医药制造业等战略性新兴行业的研发投入强度则领先其他行业，同时相比经费投入，还表现出较强地依赖智力资本的特点，所持有的有效发明专利数量也相对领先。

（二）战略性新兴产业①技术创新情况

"十三五"期间，天津市战略性新兴产业增加值占规模以上工业比重呈现了不断上升的趋势，从2015年的17.5%升至2020年的26.9%。2020年全市工业战略性新兴产业共有企业1587个，增加值较2019年增长4.4%。从增加值来看，主要分布在新一代信息技术产业、生物产业、新材料产业和高端装备制造产业。分行业来看，2020年占比最大的为新一代信息技术产业，占比6.4%；生物产业其次，占比5.9%；随后是新材料产业（4.5%）、高端装备制造产业（3.8%）、新能源产业（3.1%）、节能环保产业（2.2%）、新能源汽车产业（0.8%）、数字创意产业（0.1%）。

《天津市制造业高质量发展"十四五"规划》提出了天津市制造业的发展方向，即立足全国先进制造研发基地定位，壮大生物医药、新能源、新材料等新兴产业，巩固提升装备制造、汽车、石油化工、航空航天等优势产业，加快构建"1+3+4"②现代工业产业体系，推动冶金、轻纺等传统产业高端化、绿色化、智能化升级，打造制造强市。《2021年天津市统计公报》显示，2021年工业战略性新兴产业增加值增长10.3%，快于全市规模以上工业2.1个百分点，占比为26.1%。规模以上服务业中，新服务营业收入增长19.9%，战略性新兴服务业营业收入增长7.5%。新产品产量快速增长，服务机器人、新能源汽车、集成电路等产量分别增长170%、54.3%和53.2%。可见，天津市在信息技术应用创新产业、生物产业、高端装备制造产业三个方面形成了优势产业，产业增加值和营业收入实现了快速增长，均快于全市平均水平。

---

① 根据《国务院关于加快培育和发展战略性新兴产业的决定》的精神和国家统计局制定的《战略性新兴产业分类（2018）》标准确定，战略性新兴产业是以重大技术突破和重大发展需求为基础，对经济社会全局和长远发展具有重大引领带动作用，知识技术密集、物质资源消耗少、成长潜力大、综合效益好的产业，包括：新一代信息技术产业、高端装备制造产业、新材料产业、生物产业、新能源汽车产业、新能源产业、节能环保产业、数字创意产业、相关服务业等9大领域。

② 天津市围绕制造业立市，提出通过构建"1+3+4"现代工业产业体系引育新动能。其中，1是智能科技；3代表生物医药、新能源和新材料，为重点寻求突破的战略性产业和高技术行业；4是指航空航天、装备制造、石油化工、汽车工业，为天津市的传统优势产业。

（三）高技术产业①技术创新情况

近年来，天津市的高技术产业保持了高速发展。《2021 年天津市统计公报》显示，2021 年天津市高技术产业（制造业）增加值比上年增长 15.5%，快于全市规模以上工业 7.3 个百分点，占比为 15.5%，比上年提高 0.1 个百分点。规模以上服务业中，新服务营业收入增长 19.9%，高技术服务业营业收入增长 10.1%。高技术产业投资增长 38.2%，其中高技术制造业投资增长 22.5%，高技术服务业投资增长 57.5%。新产品产量实现快速增长，服务机器人、新能源汽车、集成电路等产量分别增长 170%、54.3% 和 53.2%。

1. 高技术产业研发投入情况

根据《天津科技统计年鉴》的数据，2019 年末，天津高技术产业共有企业 490 个，增加值占规模以上工业企业的 14.0%，资产 3278.1 亿元，营业收入 2719.2 亿元，获得利润 164.2 亿元。2020 年企业数量增加至 549 个，增加值占规模以上工业企业的 15.4%。从行业分布情况来看，无论是企业数量、从业人员数还是营业收入，电子及通信设备制造业占比最大，占比在 50% 左右；其次为医药制造业，上述三个指标的占比在 20% 左右；计算机及办公设备制造业虽然企业数量和从业人员数占比较低，但营业收入占比也在 20% 左右；医疗设备及仪器仪表制造业和传统的航空、航天器制造业贡献了不到 10% 的营业收入。

2019 年，高技术产业的整体技术创新投入比上一年有所减少。具体表现在：2019 年天津市高技术产业企业中有 230 个开展了研发活动，占比 47%，较上年降低 6%。投入研发人员 16814 人，较上年减少 4222 人；研发经费支出 63.3 亿元，较上年减少 15%；占主营业务收入比重为 2.33%，较上年的 2.85% 有所下降。新产品开发项目数 2870 项，较上年增加 308 项；投入新产品开发经费 62.5 亿元，较上年减少 9%。

2019 年天津市高技术行业中各细分行业的研发投入情况如表 2-4 所示。可以看出，五个细分行业中开展了研发活动的企业占全部企业的比重最低为 38.72%，最高为 63.64%，远高于同期规模以上工业企业 27% 的平均水平；研发人员占全部从业人员的比重也远高于 6.9% 的平均水平，表现出了高创新投入的行业特点。

---

① 高技术产业是指国民经济行业中研发投入强度（即研发经费支出占主营业务收入的比重）相对较高的制造业行业。根据《高技术产业（制造业）分类（2017）》，具体包括：医药制造，航空、航天器及设备制造，电子及通信设备制造，计算机及办公设备制造，医疗仪器设备及仪器仪表制造，信息化学品制造等 6 大类。上述产业的研究是开发投入高、研究开发人员比重大的产业，增长率高，对其他产业的渗透能力强。高技术产业具有智力性、创新性、战略性和环境污染少等优势，对社会和经济的发展具有极为重要的意义。

表 2-4　2019 年天津市高技术行业研发投入情况

行业	有研发活动的企业数（个）	占全部企业数比重（%）	研发人员（人）	占从业人员比重（%）	研发经费内部支出（亿元）	占营业收入比重（%）	新产品开发项目数	新产品开发经费（亿元）
电子及通信设备制造业	91	38.72	6523	6.90	21.75	1.60	1190	27.19
医药制造业	52	53.61	3970	9.18	10.46	1.83	787	13.06
计算机及办公设备制造业	13	54.17	3233	18.30	12.45	2.34	172	14.11
医疗仪器设备及仪器仪表制造业	60	53.57	1965	12.76	5.08	3.12	623	6.61
航空、航天器及设备制造业	14	63.64	1123	14.22	2.76	4.73	98	1.54

数据来源：《天津科技统计年鉴》，2020 年。

分行业来看，由于电子及通信设备制造业的行业规模最大，其创新人员投入、研发经费投入以及新产品开发项目数和经费等绝对数量指标都遥遥领先其他行业，但从创新人员占全体从业人员比重，以及创新经费支出强度这两个相对指标来看，该行业则落后于其他行业。航空、航天器及设备制造业的研发投入强度最高，为 4.73%；计算机及办公设备制造业的研发人员占比最高，为 18.3%，表现出了高人力资本依赖的行业特点。

2. 高技术产业创新产出情况

2019 年天津市高技术产业企业专利申请数为 3083 件，同比增长 25.4%；其中发明专利 1297 件，同比增长 21.33%，发明专利申请所占比重为 42.07%，远高于规模以上制造业平均水平；共持有有效发明专利 5540 件，较上年减少 14.82%，占规模以上工业企业全部有效发明专利的 27%；新产品销售收入 823.82 亿元，较上年减少 24%。

分行业来看，2019 年高技术行业的专利分布情况如图 2-11 所示。从专利申请情况来看，电子及通信设备制造业大幅领先于其他行业，占比超过 40%；计算机及办公设备制造业的专利申请中超半数为发明专利，这一比例高于其他行业和全部工业行业平均水平。医药制造业虽然 2019 年的专利申请数量占比不高，但所持有的有效发明专利数量超过 2000 件，占据全部行业 37% 的比重，表现出了技术密集的行业特点，也表明这一行业作为天津市优势高技术行业领先的技术水平。相比之下，传统的航空、航天器及设备制造业的专利申请和有效专利持有量则相对落后。

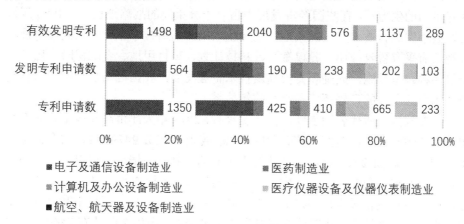

图 2-11　2019 年天津市高技术行业专利分布（件）

数据来源：《天津科技统计年鉴》，2020 年。

综上，2019 年天津市高技术行业整体创新投入较前一年均有所下降，但专利申请量有所上升。如图 2-12 所示，在创新投入方面，研发人员、资金投入强度远高于工业行业平均水平，在创新产出中，发明在专利申请中的占比也远高于行业平均水平，高技术行业持有全部工业企业 27% 的有效专利数量，表现出创新投入强度大、技术密集型的高技术行业特点。分行业来看，电子及通信设备制造业、医药制造业、计算机及办公设备制造业的经济规模较大，使得其在创新人员和资金投入以及新产品开发经费投入等绝对数量上，表现出了绝对的优势，由此在新产品销售收入上也领先于其他行业，其中医药制造业占据了全部高技术行业 37% 的有效发明专利，表现出优势行业领先的技术水平。

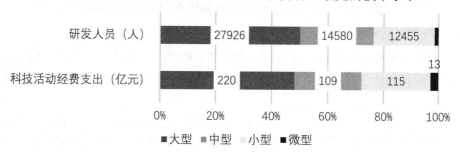

图 2-12　2019 年天津市国家级高新技术企业创新投入分布情况

数据来源：《天津科技统计年鉴》，2020 年。

（四）国家级高新技术企业[①]技术创新情况

高新技术企业是发展高新技术产业的重要基础，是调整产业结构、提高国家竞争力的生力军，在我国经济发展中占有十分重要的战略地位。自1988年旨在发展中国高新技术产业的火炬计划实施以来，高新技术企业受到高度重视，各地政府采取税收减免、股权激励、科技计划、项目用地、金融保险、出口信贷等多种政策措施，鼓励和支持高新技术企业发展，我国已初步形成了培育高新技术企业发展的良好环境和综合政策体系。

从专利情况所代表的创新产出情况来看，2019年天津市高新技术企业专利申请数32100件，占全部工矿企业的43%；专利授权数24291件，占全部工矿企业的50%。图2-13显示了高新技术企业的专利分布情况，可以发现，小型企业在专利申请和专利授权量中占据了绝对比重，占比50%左右；微型企业的专利申请量和授权量也远超过大中型企业，占比20%左右，可见小微企业表现出了强劲的创新活力。从有效发明专利持有量来看，小型企业持有7440件，占比36%，远高于其他类型企业。大型和中型企业占比分别为30%和25%，微型企业占比9%。

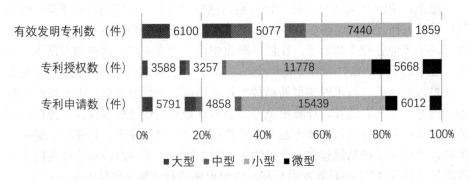

图2-13　2019年天津市国家级高新技术企业专利分布情况

数据来源：《天津科技统计年鉴》，2020年。

除了国家级高新技术企业外，天津市还采取梯次培育科技型企业，据天津市国民经济和社会发展统计公报显示，2020年末天津市国家高新技术企业累计

①科技部2016年印发的《高新技术企业认定管理办法》提出，高新技术企业是指在《国家重点支持的高新技术领域》内，持续进行研究开发与技术成果转化，形成企业核心自主知识产权，并以此为基础开展经营活动，在中国境内（不包括港、澳、台地区）注册的居民企业。其中，国家重点支持的高新技术领域包括电子信息、生物与新医药、航空航天、新材料、高技术服务、新能源与节能、资源与环境、先进制造与自动化八个领域。科技部、财政部、税务总局负责全国高新技术企业认定工作的指导、管理和监督。

7420 家，评价入库国家科技型中小企业、市级雏鹰企业、市级瞪羚企业分别达到 8179 家、3557 家和 385 家。2021 年天津市国家级企业技术中心累计达到 72 家，国家专精特新"小巨人"企业累计达到 130 家，国家科技型中小企业、市级雏鹰企业、市级瞪羚企业分别达到 9196 家、4974 家和 378 家，较上一年均有大幅提高。

综上，天津市国家级高新技术企业的经济规模和创新能力保持了逐年增长的趋势，在创新投入方面，大型企业基于资金优势，在创新投入上占据了绝对比重，小微企业创新投入占比较低；而从专利这一创新产出来看，小微企业在专利申请、授权数量上占比远超大中型企业，表现出了良好的创新活力。

四、区域技术创新的特点及问题

在实施创新驱动发展战略的系列规划的推动下，天津市技术创新取得了一定的进步。然而，对比来看，天津市技术创新仍存在以下问题，也是我国各省市中较为普遍的共性问题。

（一）整体创新能力提升缓慢，面临"慢进亦退"问题

据 2021 年《中国区域创新能力报告》测算，自 2015 年以来天津市排名一直呈现下滑的趋势，2021 年创新能力综合得分在 31 个省市中位居第 15 位。从衡量地区创新能力的 5 个一级指标（知识创造、知识获取、企业创新、创新环境、创新绩效）来看，2020 年天津市的全国排名分别为 20、8、16、14 和 13，其中企业创新能力的相关评价指标则位列全国第 15 名。可见，与其他省市横向对比，天津市区域创新能力进步缓慢，在当前各个省市抢占行业创新先机的竞争性局面之下，面临"慢进则退"的问题。具体来看：

在创新投入方面：从研发经费投入来看，天津市 2021 年的研发经费投入强度居全国各省市的第三位，相对领先。从绝对数额来看，自 2014 年以来，天津市的研发经费投入较为稳定，围绕 500 亿元左右波动，并无明显的逐年上升或下降趋势，并未进入千亿队伍，与发达省市差距较大。从研发人员投入来看，自 2015 年以来天津市研究与试验发展人员的数量呈现逐年下降的趋势，分机构来看，这一下降趋势主要源于占绝对比重的工业企业研发人员数量自 2015 年以来大幅下降，至 2019 年研发人员数量已流失 46%，表明天津市企业对于研发人才缺乏吸引力导致研发人员的大量流失。

在创新产出方面：从知识产权情况来看，近年来天津市专利授权量保持了

高速增长，结合每年的专利申请量并无太明显的增长趋势，表明天津市专利申请质量逐年提升，获批专利比例有所提高。2021 年，天津市商标核准量、专利授权量、有效专利数量以及有效发明专利量均同比保持了两位数的增长速度。然而分类型来看，近年来，发明专利的申请和授权数量无明显增长趋势，同时实用新型专利的申请和授权数量显著增长，使得发明专利的占比近年来不断下降。由此可见，近年来天津市专利授权量较高的增长速度主要源于占比最大的实用新型专利的贡献，创新含量最高的发明专利则增长乏力。

（二）工业企业研发投入乏力，传统优势行业占绝对地位

近年来，天津市工业企业研发活动活跃度有所提升，工矿企业在专利申请和授权中均占据了绝对比重。然而相较于其他类型的研发主体，工业企业在研发支出中占比自 2014 年以来呈现逐年下降的趋势，至 2019 年已降至 46%。与之相对，其他类型企业的研发投入占比呈现逐年增长的趋势，从 2014 年的不足 10%，2019 年已升至占比 31%，表明相较于其他类型企业，天津市工业企业的研发投入增长相对缓慢。此外，如前所述，自 2015 年以来天津市研发活动的人员投入不升反降，主要源于占绝对比重的工业企业研发人员数量大幅下降。可见，无论从研发经费投入占比，还是从研发人员占比来看，工业企业所占比重都呈现逐年下降趋势，其主导地位已岌岌可危，表明天津市工业企业在研发活动投入中的吸引力逐年减弱。

分行业来看，天津市一直以来致力于构建"1+3+4"现代工业产业体系。在相关政策扶持下，其中涉及医药制造业、仪器仪表制造业以及专用设备制造业的创新活跃度最高，行业中半数左右的企业都开展了研发活动。

从研发经费和人员投入绝对量来看，排名靠前的行业集中于天津市的传统优势工业行业，如黑色金属冶炼和压延加工业（1）[①]、汽车制造业（3）、金属制品业（4）、电气机械和器材制造业（6）、化学原料和化学制品制造业（7）、通用设备制造业（8）、航空航天设备制造业（10），传统工业行业在工业总产值和营业收入上的绝对优势，为其带来了强有力的研发投入支撑，但其研发投入强度偏低，除航空航天设备制造业外，均低于 2%，持有的有效发明专利数相对较少。

相比之下，计算机、通信等电子设备制造业（2）、专用设备制造业（5）、医药制造业（9）等战略性新兴行业表现出较强的依赖智力资本的特点，所持有的有效发明专利数量也相对领先。而从研发投入来看，虽然研发投入强度领先

---

① 括号内数字为 2019 年该行业研发经费投入排名。

天津市其他行业，但研发经费投入的绝对数量相对落后，与其他省市对比，也表现出投入不足的特点。

（三）小微企业创新产出占优，但创新投入不足

天津市工业企业中 88% 为小微企业，其数量占绝对比重，但小微企业开展研发活动的企业占比远远落后于大中型企业。从新产品开发情况来看，大型、中型和小型工业企业的新产品开发经费投入基本相同，但中小型企业的新产品销售收入占比远低于大型企业。大型企业投入了全部经费的 34%，获得了 57% 的新产品销售收入，相比之下，小型企业投入了全部经费的 31%，但只获得了 18% 的新产品销售收入。

从研发投入分布情况来看，天津市的大中型企业，尤其是大型企业占据了研发投入的绝对比重。以 2019 年为例，大型企业投入的研发活动经费和人员分别占全部工业企业的 47% 和 42%，而小微企业投入的研发活动经费和人员分别占全部工业企业的 24% 和 32%。主要原因在于，大型企业虽然绝对数量很少，但其资产和资金规模十分庞大，充足的内部资金和利润为大型企业开展研发活动提供了资金来源，因此占据了创新投入的绝对比重。相比之下，小微企业虽然在数量上占据绝对优势，但资产规模限制了研发投入。

从创新产出来看，无论是从有效发明专利持有量、专利申请数、注册商标数等专利指标来看，还是新产品开发项目数量、新产品开发经费投入强度等指标来看，小型企业的占比均过半，上述指标均领先于大中型企业，占据了绝对的创新主体地位。可见，小型企业虽然在创新投入上逊于大中型企业，但在创新成果方面表现出了十足的创新活力。

小微企业虽然创新投入不足，但创新能力强劲这一特点在天津市国家级高新技术企业中表现更为突出。具体来看，在创新投入上，天津市国家级高新技术企业中的大型企业基于其资金优势，在创新经费和人员投入上占比近 50%，占据了绝对比重，小微企业创新投入占比为 20% 左右；而从专利这一创新产出来看，小型和微型企业在专利申请、授权数量上占比分别在 50% 和 20% 左右，远超大中型企业，表现出了良好的创新活力。

（四）战略性新兴产业快速发展，区域内创新能力不均

"十三五"期间，天津市战略性新兴产业增加值占规模以上工业比重呈现不断上升的趋势，从 2015 年的 17.5% 升至 2020 年的 26.9%。分行业来看，2020 年占比最大的为新一代信息技术产业，占比 6.4%；生物产业其次，占比 5.9%；随后是新材料产业（4.5%）、高端装备制造产业（3.8%）、新能源产业（3.1%）。

在信息技术应用创新产业、生物产业、高端装备制造业三个产业方面形成了自身的优势产业，产业增加值和营业收入实现了快速增长，均快于全市平均水平，同时关键核心技术攻关成效显著，取得了一系列国内乃至国际领先的技术创新成果。

"十三五"时期，高技术产业（制造业）增加值占规模以上工业增加值比重达到 15.4%。2021 年，增加值比上年增长 15.5%，快于全市规模以上工业 7.3 个百分点，占比小幅提升至 15.5%。高技术产业的企业数量和主营业务收入有升有降，并无明显的逐年增长趋势；而从国家级高新技术企业的数量和营业收入来看，近年来则维持了较高的增长，表明高新技术企业的创新活动较为活跃。

在科技创新方面，2019 年天津市高技术行业整体创新投入较前一年均有所下降，但专利申请量有所上升；在创新投入方面，研发人员、资金投入强度远高于工业行业平均水平，在创新产出中，发明在专利申请中的占比也远高于行业平均水平，高技术行业持有全部工业企业 27% 的有效专利数量，表现出了创新投入强度大，技术密集型的高技术行业特点。分行业来看，电子及通信设备制造业、医药制造业、计算机及办公设备制造业的经济规模较大，使得其在创新人员和资金投入以及新产品开发经费投入等绝对数量上，也表现出了绝对的优势，由此在新产品销售收入上也领先于其他行业，其中医药制造业占据了全部高技术行业 37% 的有效发明专利，表现出优势行业领先的技术水平。

然而从区县分布来看，由于创新产业集群分布不均，导致天津市各区县创新能力差异较大。具体来看，天津市创新型创业集群主要分布于滨海新区，使得其创新能力表现遥遥领先于其他区域。从创新投入来看，滨海新区的研发人员和研发经费占天津市的比重分别为 43% 和 45%；西青区、武清区、东丽区、津南区和北辰区的创新投入差异不大，位列第二梯队，也相对领先于其他区。从专利情况代表的创新产出来看，滨海新区在专利申请量、发明专利申请量以及有效发明专利持有量三个指标上，占比分别为 26%、29% 和 29%，仍占据绝对比重。从发明专利申请数量和有效发明专利量来看，南开区仅次于滨海新区，所占比重分别达 19% 和 24%。北辰区、西青区、东丽区、武清区的专利情况也相对领先于其他区，表现出了较强的创新能力。

推广到全国来看，许多地区在产业结构调整过程中，也存在着大中型企业和传统优势行业基于资产优势，为创新投入提供了充足的资金支撑，无论是研发人员还是研发经费都占据了绝对比重；相比之下，小微企业或新兴行业虽然企业数量较多，但资产和利润规模远逊于大中型企业和传统优势行业，创新投入占比较低。同时，从有效专利持有量这一创新产出指标来看，小微企业尤其是高新技术领域的小微企业占据了绝对比重，表现出了良好的创新活力。由此可见，小微企业往往具有较高的创新活力和较强的创新能力，然而创新投入却受到种种制约而相对不足，这也部分限制了区域整体创新能力提升。因此，探讨如何充分发挥金融市场的融资和风险分担功能，为企业尤其是小微企业提供创新支持，具有十分重要的现实意义。

第三章 商业银行服务科创型企业的
创新与实践

我国金融市场中商业银行占据了绝大多数的金融资产，是金融机构的主导者，商业银行提供的间接融资是企业融资的重要渠道，也是科创型企业负债筹资的基础渠道。虽然理论上技术创新竞争激烈，是典型的高风险高收益领域，更适合股权融资，但实践中，能够得到股权投资青睐的科创型企业凤毛麟角，负债筹资仍是绝大多数企业外部筹资的主渠道。

2009 年，银保监会联合科技部发布了《关于进一步加大对科技型中小企业信贷支持的指导意见》，为商业银行建立支持科创型企业融资长效机制提出方向性指导。2017 年，小微企业贷款实现了"三个不低于"。2020 年，中国人民银行采取降低银行准备金率和再贷款的方式，多渠道补充中小银行资本金，提高对中小企业信贷投放能力。2021 年，银保监会制定印发《关于银行业保险业支持高水平科技自立自强的指导意见》，加强监管引领，督导银行保险机构加强科技创新金融支持。2022 年 4 月，为了引导金融机构加大对科技创新的支持力度，人民银行面向 21 家金融机构设立科技创新再贷款。系列文件的出台为商业银行服务科创型企业提供了良好和宽松的宏观环境。

一、商业银行服务科创型企业的主要障碍

商业银行在向科创型企业提供贷款及其他金融服务时，面临诸多不可避免的障碍，导致科创型企业，尤其是中小企业融资难成为一个普遍性的难题。

（一）科创型企业面临多重风险

科创型企业尤其是科创型中小企业自身的固有特征，使得其面临多种类型的风险，具体来说主要表现在以下几个方面：

其一，科创型企业高度依赖技术优势，极易受市场风险的影响。虽然科创

型企业具备技术创新的能力，但面临的市场条件发生变化、技术更新升级时，就会暴露其资本规模小、缺乏管理能力的劣势，因此科创型企业往往缺乏抵御风险的能力。科创型企业依赖核心技术这一特点是一把双刃剑，如果过于依赖技术创新，产品研发和盈利需要很长周期，优势极易变成劣势；如果市场技术水平发生突变，企业会面临淘汰危机，商业银行的信贷业务也会受到影响。

其二，科创型企业往往缺乏完善的内部制度。科创型中小企业往往采用家族式管理模式，大多缺乏现代化企业管理意识。这虽然能保证企业灵活运转，快速调整人员结构，并及时改变经营策略，但也会因此受到规模、人员素质和技术水平等因素的限制，降低风险应对能力。

其三，科创型企业财务制度匮乏导致信用风险。实践中，科创型企业往往未建立完善的财务制度，使得企业难以展示其真实财务状况，缺乏获取银行贷款的财务依据。银行对信贷客户要求较高，需要具备健全的财务制度和监察体系，而许多企业存在个人权力过大，无人监督决策过程的问题，甚至还存在构造虚假财务信息的情况。

（二）信息不对称、逆向选择和道德风险问题

银行与企业之间普遍存在信息不对称问题，相较于一般的企业，科创型企业的信息不对称问题更为明显。科创型企业的核心资产主要表现为无形资产、核心技术以及研发人员等，相关信贷产品的定价更难确定，对银行风险定价的要求更高。银行只能通过制定不同的利率价格来筛选对价格不同承受度的企业。因此造成愿意承担高利率价格的借款人才能获得贷款，但其信用风险明显高于无法承受对应价格的企业，信用风险较低的借款人因此不得不放弃贷款，从而产生逆向选择，导致面向科创型企业的信贷市场变成"柠檬市场"。

针对这一问题，实践中各地政府会对本地区科创型中小企业进行科技贷款补助，推出如贷款贴息、风险补偿、配套保险等政策，银行在发放科技贷款后能够获得贷款贴息和风险补偿金，从而愿意给风险等级较高的科创型企业发放基准利率的贷款，借助政府财政资金缓解科创型中小企业贷款的逆向选择问题。

科创型企业获得贷款之后随之而来的就是道德风险。由于商业银行与有融资需求的企业所掌握的信息存在不对称的现象，在发放信贷后，商业银行很难准确把握借款人对信贷资金的使用方式和流向，也无法及时了解企业最新的经营动态，借款人存在挪用信贷资金、违背原定用途使用借款资金的可能，这就导致了道德风险的发生，进一步降低了科创型企业获取银行贷款的可能性。

（三）银行服务科创型企业的风险和收益不匹配

近年来，我国 GDP 增长率与信贷增长率差异不断扩大，以往 1.5 元的信贷投放能够拉动 1 元的 GDP，2013 年后则需要 4 元的信贷投放，表明资本边际产出和信贷配置效率不断下降，金融低效运行现象较为严重。从企业全周期金融服务的角度看，产生这一问题的重要原因是金融资源在企业生命周期的非均衡配置，初创期和成长期企业研发新产品、开发新市场的资金需求难以满足，大量信贷资源沉淀和困顿于成熟期与衰退期企业的无效领域。现实中存在诸多因素阻碍信贷资金流向科创型企业，根本原因在于科创型企业高风险、高回报的特点与传统商业银行坚持"安全性、流动性、盈利性"的经营准则之间难以调和兼容。

商业银行不能直接从事权益融资，针对科创型企业发放的贷款在利率未完全市场化，基础存贷差仍较大，导致银行主动承担风险的动力被削弱。在发放贷款时，贷款利率或利率浮动方式通常已在合同中约定，银行不能像股东一样分享企业的成长收益，但企业经营失败，银行却须承担本金和利息损失风险。这种收益和风险的不匹配，使得商业银行往往选择不向高风险企业提供贷款以规避科技贷款中伴随的高风险。因此，如何平衡银行面向科创型企业发放科技贷款时的风险收益，就成为商业银行服务科创型企业的关键所在。

二、商业银行服务科创型企业的创新举措

银行必须克服前文分析的核心问题，才能获得与风险相匹配的收益，从而产生为科创型企业提供全方位服务的动力。近年来，随着我国科技金融的大力推进，商业银行往往会从以下几个方面寻求突破。

（一）通过外部增信，扩大抵押担保以降低风险

推动商业银行面向科创型企业提供贷款的突破点之一在于，通过扩大科创型企业的抵押、质押以及担保覆盖，降低科技贷款面临的高风险。实践中银行的做法往往是充分调动企业自身的信用资源进行质押贷款。

科创型企业大多是轻资产型的企业，知识产权和股权是科创型企业自有的信用资源，如果能被银行接受，可以大幅提高科创型企业贷款的可得性，因此知识产权和股权质押贷款是科技贷款的突破点。据中国政府网披露，从 2008 年开展知识产权质押融资试点工作以来，专利权质押金额累计达到 638 亿元，

年均增长 112%。2013 年全年专利权质押金额 254 亿元。国家知识产权局公布的数据显示，2019 年我国专利、商标质押融资总额达到 1515 亿元，同比增长 23.8%。可见，自 2008 年尤其是近几年以来，知识产权质押融资取得了飞速发展[①]。

然而，科创型企业进行知识产权和股权质押贷款存在固有缺陷，即企业股权及其核心知识产权的价值与企业的经营状况高度正相关。具体来说，当企业经营良好时，其股权和核心知识产权也有较高的市场价值，而此时企业也具有较高的还本付息能力，更容易通过质押得到贷款。反之，当企业经营困难时，更加需要资金支持，而此时难以证明其股权和核心知识产权的市场价值，反而难以通过质押获得贷款，质押就难以发挥风险抵偿功能。因此，想要通过知识产权和股权质押贷款在企业需要资金时发挥作用，关键在于能够为科创型企业的知识产权和股权提供公平估值和流转服务。

对知识产权和股权进行公平估值的理想情况是通过知识产权和企业股权交易平台，由市场供求双方对科创型企业的知识产权和股权[②]进行估值和流转，这就需要建设更为完善的金融体系。另一种途径是依靠专业对科创型企业的知识产权和股权价值进行信用增级的第三方评估机构，以自身的智力和资本为科创型企业的知识产权进行评估。在实践中，第三方和第四方的介入改变了传统的贷款模式，演化出多种新型科技贷款模式，如"评估+担保"、桥隧模式、统借统还等。

实践中，商业银行推出了"科技智慧贷""科技助保贷""知产贷"等产品解决轻资产的科创型企业面临的知识产权质押难题。此外，商业银行还积极与政府部门合作开发复合信贷产品，为科创型企业提供债权融资产品。无论是多渠道、多方式引入外部增信，还是接受更多类型的抵质押和担保等举措，本质上都是银行利用对可贷资金的垄断向各相关方转移风险，通过降低科技贷款的风险，与贷款利率收益相匹配，从而推动科技贷款的顺利发放。

---

① 2019 年 8 月，中国银保监会联合国家知识产权局、国家版权局联合发布《关于进一步加强知识产权质押融资工作的通知》。具体措施包括：鼓励商业银行在风险可控的前提下，通过单列信贷计划、专项考核激励等方式支持知识产权质押融资业务发展；鼓励商业银行在知识产权打包融资以及地理标志、集成电路布图设计作为知识产权质押物的可行性等方面进行探索；规定商业银行知识产权质押融资不良率高出自身各项贷款不良率 3 个百分点（含）以内的，可不作为监管部门监管评级和银行内部考核评价的扣分因素等。国家知识产权局还开通了网上办理专利质押登记业务通道，便利专利质押登记办理。

② 我国主要省市均设立了区域性股权交易市场，数万家企业挂牌。目前在证监会备案的区域股权市场运营机构共有 34 家。这一市场是比新三板层次更低的区域股权交易市场，本书将在多层次资本市场这一部分中加以详细分析。

（二）加强投贷联动①，提高服务科创型企业的收益

按照基本的风险与收益相匹配原则，要推动科技贷款的开展，除了降低风险的系列举措，还可以探索如何提高银行服务科创型企业收益的途径。提高收益能够激励银行变被动为主动，调动银行服务科创型企业的积极性。

前文所述的多渠道、多方式引入外部增信、接受更多类型的抵质押和担保等举措，是银行利用资金垄断向各方转移风险，并非银行主动提高自身业务和服务科创型企业的能力。从长远来看，银行自身平衡风险和收益的能力不提高，科技金融体系的整体服务效率也不易提高。为激励银行主动提高服务科创型企业的能力，除设法减轻风险外，更重要的是提高银行服务科创型企业的收益，让该业务成为投入产出比占优的业务。

股权投资收益是科创型企业金融服务最重要的收益。目前，我国商业银行还不能直接从事非金融企业股权投资，只能设法开展投贷联动。投贷联动的融资模式既考虑了科创型企业的发展特征和融资需求，股权债权相结合、资金持续供给；又充分发挥银行业金融机构在客户资源、资金资源方面的优势，通过构建风险收益相匹配的体制机制，有效增加科创型企业的金融供给。这一模式符合我国国情和金融体系的特点，是我国各地商业银行大力推行、积极探索的制度改革和创新。

2016 年，银保监会与科技部、人民银行联合印发了《关于支持银行业金融机构加大创新力度、开展科创型企业投贷联动试点的指导意见》，鼓励和指导银行业金融机构开展投贷联动业务试点②，有效防范风险，不断提升科创型企业金融服务水平。2019 年，我国银保监会出台的《中国银保监会关于推动银行业和保险业高质量发展的指导意见》中也提出鼓励银行业金融机构结合科技企业特点发展科技金融业务，稳妥开展外部投贷联动。上述政策的出台为商业银行开展投贷联动营造了良好的宏观政策环境。经过实践探索，银行投贷联动方式已从最初的与 VC/PE（风险投资/私募股权投资）等股权投资机构互荐客户，发展到银行主持构建综合金融服务平台，甚至通过选择权贷款等创新业务，自身

---

① 投贷联动是指银行业金融机构以"信贷投放"与本集团设立的具有投资功能的子公司"股权投资"相结合的方式，通过相关制度安排，由投资收益抵补信贷风险，实现科创型企业信贷风险和收益的匹配，为科创型企业提供持续资金支持的融资模式。

② 第一批投贷联动试点地区包括北京中关村国家自主创新示范区、武汉东湖国家自主创新示范区、上海张江国家自主创新示范区、天津滨海国家自主创新示范区、西安国家自主创新示范区。第一批试点银行业金融机构共 10 家，涵盖政策性银行、国有大型商业银行、股份制商业银行、民营银行、外资银行、城商行等多种类型，具体为国家开发银行、中国银行、恒丰银行、北京银行、天津银行、上海银行、汉口银行、西安银行、上海华瑞银行、浦发硅谷银行等 10 家。

间接从事股权投资。商业银行针对科创型企业开展的投贷联动主要有客户互荐、综合金融服务平台、指定投资权三种模式（郑南磊，2017）。

（三）与政府部门合作，平衡风险与收益

2011 年，科技部联合一行三会首次启动了包括北京中关村在内的 16 个"促进科技和金融结合试点地区"，2016 年又启动了第二批包括郑州市、贵阳市在内的 9 个"促进科技和金融结合试点地区"。在科技部的指导下，各试点地区的科技部门联合财政、金融部门，充分发挥财政资金的引导和放大作用，设立鼓励银行发放科技贷款的专项资金，采用风险补偿、贷款贴息、奖励补助等方式。2019 年，我国银保监会出台《中国银保监会关于推动银行业和保险业高质量发展的指导意见》，推动银行多方面开展科技金融业务，开发适合科技创新的金融产品，提出支持银行与国家融资担保基金、国家农业信贷担保联盟开展合作，明确风险分担比例，降低担保费用和企业融资成本。可见，利用政府财政资金分担贷款风险，为商业银行平衡科技贷款的风险和收益提供了一条可行之道。

实践中，全国各地政府纷纷推出贷款补偿机制，为银行面向科创型企业的贷款提供风险分担。商业银行通过与地方政府开展银政合作，获得政府的风险分摊支持，发放科技贷款后获得政府的贷款贴息或风险补偿，从而降低风险损失。政府专项资金为商业银行发放科技贷款所产生的损失进行补偿，以及按照同期贷款基准利率计算实际发生利息进行优惠补助。当科技企业发生不良贷款后，这笔资金会用来对实际发生的贷款损失进行补偿。

商业银行与政府机构的合作体现在多个方面，除了利用政府财政的贷款补偿机制和担保增信支持，商业银行还可以利用政府提供的关于企业的知识产权信息、纳税、工商、司法等众多信息，缓解与企业间存在的信息不对称，对企业的信用风险进行多方位评价。如建行广东省分行自主研发了技术流知识产权评估体系，利用国家知识产权局累积多年的全国企业专利数据，从专利数量、技术领先程度、公司科技创新实力等多个维度，动态地、持续地判断企业创新能力，为企业进行授信。后文将对政府在科技金融中的这一作用进行详细分析，在此不加以展开。

（四）扩展业务范围，提供全周期服务

当前我国银行业支持企业发展存在结构性失衡：对成熟期、衰退期企业供给过剩，对成长期、初创期企业服务不足。理论上，普惠金融的"长尾理论"认为，那些看似微不足道的客户将给银行带来更为丰厚的回报。初创期和成长期企业具有议价能力高、服务需求多、综合贡献大等潜质，是银行业服务实体

经济的战略蓝海。随着大数据和物联网等新兴科技发展、社会信用体系不断健全、投贷联动等业务模式创新，金融风险和收益对称的传统理论正在发生深刻变化，较低风险和较高收益的业务组合成为可能，银行服务初创期和成长期企业也因此具备了可持续性。典型代表为 2017 年微众银行推出的线上无抵押企业流动资金贷款"微业贷"，该贷款以大数据为风控依据，通过打通税务、工商、司法等方面的数据判断企业经营状况，结合企业主个人信用建立违约模型，基于大数据画像、AI（人工智能）与联合建模等技术创新解决中小微企业风险难判断、融资难问题，在实现迅速扩大覆盖面的基础上，有效提高了获客效率、降低了获客成本。[①]

　　近年来，商业银行的科技金融业务范围已超出贷款服务。银行具有客户覆盖范围广、融资能力强等优势，有条件去整合其他金融机构以及第三方服务机构的科技金融业务，共同为技术创新提供"一站式"综合金融服务。在我国，多家银行已尝试系统集成各项科技金融服务，从贷款人向融资组织者转型，通过与风投、中介机构以及政府部门合作，创新金融产品和服务模式，可以实现信息覆盖、精准定位、高效服务，实现为初创期和成长期企业提供金融服务，帮助科创型企业拓宽融资渠道，逐步走出一条中国式综合金融之路。

　　实践中，多家银行积极开展全周期金融服务探索。如宁波通商银行自 2015年开始布局科技金融，其特色即通过以服务培育初创期、成长期两个阶段的科创型企业为核心目标，深化"银、政、投"合作，实现科创型企业的全周期、多层次综合金融服务。根据科创型企业在不同发展阶段的经营特点、风险特征，以及细分的企业发展周期，采取差异化的授信策略，并进行产品创新。以天津市为例，部分商业银行也在服务不同阶段科创型企业方面进行了探索。如民生银行针对不同阶段科技型企业开发差异化授信产品，对初创型企业提供科创贷产品，对成长期企业通过新供应链产品捆绑优质企业信用，对成熟期企业给予信用贷款支持，开发交叉性金融产品，与创业投资、证券、保险、信托等机构合作开发跨行业、跨领域金融产品。如浦发银行针对专精特新中小企业创设了专属信贷产品"专精特新信用贷"，针对不同培育层次的专精特新企业，设置了不同的准入和授信金额；同时分别以"专精特新信用贷""上市贷""银税贷"满足不同梯度的专精特新企业的各项需求。

---

① 截至 2021 年第三季度，"微业贷"已辐射 29 个省市，累计服务小微企业超 240 万家，累计发放贷款金额超 8700 亿元，累计授信客户 81 万家（授信时约 60% 的客户无企业类贷款记录，为首贷客户，新增首贷户占同期小微企业客户增量的 28%），在深圳国家级高新技术企业中的服务覆盖率超过 35%。

（五）创新机构形式，发展专业化科技银行

除产品创新、业务创新外，建立长期专注服务科创型企业的科技金融专业团队，靠专业化分工提高科技金融业务能力，挖掘优质客户，更好地控制授信风险，是商业银行发展科技金融的另一思路。该思路的初级表现是在银行内部成立专门的科技贷款部门和专门业务团队，高级表现则是建立科技银行。

自 2009 年起，科技部和银保监会先后在成都、杭州、无锡、东莞等地高新技术产业园区内，依托原有的商业银行设立科技支行。根据银保监会公告，截至 2021 年底，全国银行业金融机构设立科技支行、科技特色支行、科技金融专营机构共 959 家，同比增长 14.4%。银行业金融机构科创型企业贷款余额较年初增长 23.2%，比贷款平均增速高 12.1 个百分点。银行业金融机构外部投贷联动项下科创企业贷款余额较年初增长 18.3%。

在相关政策的推动下，我国各地区的商业银行纷纷开展专业化经营服务探索。例如，苏州市政府支持辖内金融机构设立科技支行、科技特色支行、科技保险支公司等专营机构，鼓励金融机构总部在苏州设立"企业自主创新金融支持中心""科技金融产品研发中心""投贷联金融中心"等特色部门或功能性总部，提升科技金融服务能力。西安成立了"高新科技支行"，积极推进科创型小微企业服务的专营化，并为其配套了众多专项政策，如实行信贷资金差别定价，对科创型小微企业的信贷投放给予成本优惠。2022 年 6 月，浦发银行西安高新技术产业开发区硬科技支行在西安高新区成立，这是全国首家精准服务硬科技企业、促进硬科技技术发展的银行专业机构，该行将在计划管理、资源配置、信贷审批、考核评价、激励约束、不良容忍度等方面建立差异化政策，同时探索建立符合科技贷款业务特点的业务流程、风险控制、人力资源配置等机制。

三、商业银行服务科创型企业的特点分析——以天津市为例

（一）商业银行科技贷款概况

据《天津统计年鉴》显示，2020 年天津市共有 7108 家金融机构，其中银行类 3058 家，非银行类 4050 家。从数量上看，非银行类主要包括 1763 家租赁公司（1623 家外资融资租赁、128 家内资融资租赁、12 家金融租赁），995 家保险类机构（695 家保险公司、299 家保险中介、1 家保险资产管理公司），674 家保理公司，186 家证券经营机构，147 家小额贷款公司，130 家典当公司等。

可见，天津市金融市场中机构种类较为齐全，其中商业银行占绝对主导地位。

从天津市近 20 年的存贷款情况来看，存款余额从 2002 年的 3358 亿元增长至 2020 年的 34145 亿元，年均增长 13.75%；贷款余额从 2002 年的 2868 亿元增长至 2020 年的 38859 亿元，年均增长 15.58%。二者均保持了逐年增长的趋势，表明天津市商业银行融资规模不断提升。

从贷款结构来看，据《天津统计年鉴》数据，2020 年天津市贷款合计 37340.85 亿元，其中针对家庭的住户贷款占比 28.11%；非金融企业及机关团体贷款占比 71.78%，其中短期贷款占全部企业贷款的 23.46%，中长期贷款占全部企业贷款的 53.53%。2020 年天津市新增贷款 2801 亿元中针对企业发放的贷款为 1744 亿元，占比 62%。此外，结合天津市科技局数据，2020 年，在银行科技型企业贷款方面，银政合作助力科技型企业贷款达 1008 亿元，对比银行面向企业的贷款总额，仅占 3.76%，可见银行对科技型企业贷款的比重仍有待提升。

据《2021 年天津市国民经济和社会发展统计公报》显示，2021 年全市社会融资规模增量累计 3184 亿元。年末中外金融机构本外币各项存款余额 35903.09 亿元，比年初增加 1758.08 亿元，比上年末增长 5.2%。各项贷款余额 41054.17 亿元，比年初增加 2194.78 亿元，增长 5.7%；其中，制造业、高技术制造业、高技术产业中长期贷款分别增长 7.3%、17.1% 和 22.9%。可见，新增贷款占社会融资规模增量的 69%，表明商业银行是社会融资的主要渠道，证券市场、融资租赁、小额贷款及典当等在社会融资中起到辅助和补充作用。

2019 年人民银行天津分行组织了对工、农、中、建、交、邮储、浦发、平安及天津银行、金城银行等 32 家银行和 91 家科创型企业的深度调查，调查显示，截至 2019 年 3 月末，32 家银行共为 4414 家科创型企业授信，为 3542 家科创型企业放款，科创型企业贷款余额为 1791.7 亿元，较年初增长 10%；贷款加权平均期限为 23.8 个月，同比延长 1.8 个月；贷款平均利率 5.59%，同比下降 0.1 个百分点。2021 年，天津市国家高新技术企业达到 9198 家，科创型中小企业 9196 家，通过银政合作，创新优化金融产品与服务 37 项，助力科创型企业贷款突破千亿元，达 1096 亿元，同比增长达到 8.7%。可见，近年来，天津市科创型企业贷款余额增长、期限延长、成本下降，商业银行支持服务科创型企业发展取得显著成效。

至 2021 年底，天津市共有 27 家商业银行研发出的 132 种适用于科创型企业的信贷产品。表 3-1 对天津市商业银行针对科创型企业研发的部分特色信贷产品进行了汇总。

表 3-1　天津市商业银行针对科创型企业的金融产品

商业银行	金融产品
工商银行天津分行	网络循环贷款、网上小额贷款、网上票据池质押融资、线上供应链融资、专精特新贷
农业银行天津分行	科创贷、简式贷、微易贷、税银通等
中国银行天津分行	新三板通宝、税易贷、滨海高新模式等
建设银行天津分行	众创空间、小微企业综合金融服务方案、上市贷、科技创新贷款定价方案、科技信用贷等
邮储银行天津分行	新三板贷、政府采购贷、科技贷、厂房小企业双创精英贷按揭、创业英雄汇、担保公司担保贷、科技立项贷等
浦发银行天津分行	专利权质押贷款、科技企业集合票据、科技小额信用贷款、投贷联动贷款、科技人才贷、科技三板贷、高企天使贷、含权天使贷、文创天使贷、千人天使贷、税务天使贷、上市贷、科技立项贷等
招商银行天津分行	高新贷、股权小额直投、诚信纳税贷、政采贷、供应链自助贷、三板贷等
光大银行天津分行	三板贷、知识产权质押贷等
北京银行天津分行	智权贷、组合贷、科技立项贷、网速贷、认股权贷款、股改补贴贷等
中信银行天津分行	政府采购贷、政府风险补偿基金贷款、银税贷
光大银行天津分行	知识产权质押贷、三板贷、政采贷
天津银行	租金贷、专利权质押贷款、商标专用权质押贷款、应收账款质押贷款、投连贷、银税通、政采贷
天津农商银行	非上市公司股权质押贷款、上市公司股票质押贷款、商标专用权质押贷款、专利权质押贷款

资料来源：天津市科技局。

（二）代表性银行面向科创型企业的金融服务

1. 中国银行试点投贷联动、跨境撮合

中国银行是"投贷联动"首批试点入选的国有大型商业银行，设立多家投贷联动中心，率先成立"天津市科技企业跨境金融服务中心"，独有"信贷工厂+投贷联动+跨境撮合"三位一体的中小企业服务模式，提供银行信贷、股权投资、跨境对接、综合金融等全生命周期服务。针对中小型科创型企业的措施包括：其一，与中国出口信用保险公司、天津市进出口商会、中小企业协会等机构以及天津市各区科技金融平台合作开展对接活动，以拓宽融资渠道。其二，创新产品，推出"中银税易贷"线上贷款业务、"中银存易贷""新三板企业服务方案""中银接力通宝"等信用类产品。其三，优化适用小微企业的产品政策，缩短业务流程；降低融资成本，制定普惠金融业务贷款利率的上限，降低企业财务成本。

中国银行天津分行针对科创型企业的信贷产品如表 3-2 所示，中国银行根据中小微企业授信存在"短、小、频、急"的特点创新推行"中银信贷工厂模式"，根据中小企业的经营特点和融资需求，采用合理、简化、标准、端对端的工厂式"流水线"运作和专业化分工，为中小企业提供流程短、结构平、审批快的融资模式。针对天津市具有高成长性的高新技术企业专门推出"滨海高新模式"，为科创型企业放大授信额度。

表 3-2   中国银行天津分行针对科创型企业的金融产品

产品名称	面向企业类型	提供的金融服务
滨海高新模式	年销售收入达 1 亿元人民币以上，处于天津国家自主创新示范区内的科创型企业	提供最高 5000 万元人民币的授信及其他综合金融服务
税易贷	科创型企业	提供额度为年增值税纳税额 3 倍，首年最高 100 万元，续贷最高 200 万元的信用贷款，或在客户提供抵押物基础上给予一定信用放大
新三板通宝	营业收入 1 亿元（批发类 1.5 亿元）以下，在新三板挂牌或已在"创业板""中小板"上市的中小企业	在企业其他风险缓释手段覆盖原有授信额度的基础上，再给予 500 万元免抵押、免担保额度

在投贷联动方面，中国银行作为首批 10 家试点银行中唯一一家国有大型商业银行，积极探索"股权+债权"联动模式。具体来看，在科创型中小企业集中的滨海、北辰、武清等区成立了 7 家投贷联动专营支行专职负责科技金融及投贷联动业务的开展；联合中银集团内外优质投资机构及地方政府，共同搭建投贷联动综合服务平台，在客户聚集的地区、园区举办"投贷联动一站通"活动，为企业提供商业银行、投资公司、保险公司以及财务顾问等一站式综合金融服务；结合科创型中小企业特点推出专属创新产品"创投贷"，通过我投我贷、他投我贷等多种方式加快股权投资和信贷投放。

2. 浦发银行搭建科技金融平台

浦发银行天津分行提供的科技金融服务特点是集政府政策引导、股权基金投资、银行间接融资、中介机构等综合服务为一体，为科创型中小企业构建全方位、专业化、一站式的综合金融服务体系。该行创新开发了全市首单专利权质押贷款、科技企业集合票据、科技小额信用贷款、投贷联动贷款、科技人才贷款等诸多领先于同业的创新业务，逐步形成了面向科创型中小企业初创期、成长期、壮大期的全周期金融服务产品体系。

浦发银行天津分行成立了科技金融服务中心，专营科创型企业客户，对科技企业项目"专人专审专批"，服务科创型企业客户 3900 余户，占该行科创型企业数量的 58.3%，2018 年实现营业收入 1.07 亿元，多家科创型企业客户被培育为上市公司。逐步形成了具有自身特色的科技金融服务优势：借鉴硅谷银行模式，打造了全国第一家全方位、专业化、一站式科技企业金融服务平台——科技支行；搭建沟通政府、银行、投资、中介机构的科技金融生态体系；形成了一整套服务科技企业全程的"科创天使"指数专业产品体系。

表 3-3 列出了浦发银行面向科创型企业提供的多种类型金融服务，覆盖了多种类型的科创型企业。其中高企天使贷、含权天使贷和专利天使贷是浦发银行于 2018 年推出的服务科创型中小企业的三类特色产品。

表 3-3　浦发银行天津分行针对科创型企业的金融产品

产品名称	面向企业类型	提供金融服务
高企天使贷	注册在天津市的科创型企业	根据借款企业的经营状况，提供额度不超过 1000 万元的信用贷款
专利天使贷	拥有自主发明专利的科创型企业，所质押知识产权为企业核心知识产权	根据借款企业的经营状况、知识产权评估价值（评估价值打 4 折）以及企业实际需求，提供信用贷款
含权天使贷	针对注册在天津市的科创型企业，且企业进入新三板挂牌辅导或已经在新三板挂牌	根据借款企业的所属行业，成长性等指标综合评定，为企业提供的一种最长期限不超过 3 年，金额不超过 3000 万元的贷款
科技三板贷	新三板已挂牌或拟挂牌的科创型企业，所处行业属于国家鼓励发展的行业	建立标准化的客户准入条件，提升信贷投放效率，在一定的额度上限内，为客户提供快速、灵活、优质的金融信贷服务
投资天使贷	获得私募股权基金或风险投资机构投资的科创型企业	提供专属投贷联动产品，贷款额度根据企业自身需求和偿债能力进行测算
商标天使贷	合法拥有中国驰名商标和天津著名商标的科创型企业	根据借款企业的经营状况，商标评估价值（评估价值打 4 折）以及企业实际需求，提供信用贷款
文创天使贷	文化创意类科创型企业	具体额度需要根据企业实际需求和偿债能力进行测算

续表

产品名称	面向企业类型	提供金融服务
双创天使贷	进入天津创新创业大赛决赛的科创型企业	人民币贷款业务，贷款资金用于合法经营活动
房抵天使贷	有自有或企业主名下房产的科创型企业	给予抵押类贷款，期限为1年期，贷款额度根据企业自身需求和偿债能力进行测算
税务天使贷	科创型企业，正常经营且纳税的企业	根据其纳税额度给予企业最高不超过500万元的信用贷款
科创天使集合票据	2—10个具有法人资格的科创型企业	在银行间债券市场发行的一种融资产品，该产品适合有中长期融资需求的优质科创型企业

2017年底，浦发银行总行还开发上线了针对存量科创型企业客户的科技金融服务平台，建立线上科技金融生态圈，通过股债结合等手段，为企业和投资机构之间搭建了对接桥梁。在企业方面，打造科技金融企业项目库，帮助有融资需求的企业在平台上发布融资需求、提高品牌曝光度、对接PE/VC（风险投资/私募股权投资）合作伙伴库和科技金融专家库。在投资机构方面，协助与浦发银行天津分行合作的投资机构在线上发布投资偏好和需求，寻找合意的投资标的，依托于浦发银行全国各地的客户和合作机构资源，有助于解决科创型企业融资成本高、缺乏渠道对接、品牌曝光度不足、企业与投资人信息不对称的痛点。此外，为促进专精特新企业登录科创板、北交所，浦发银行天津分行还为企业持续提供券商对接、财务顾问等综合金融服务。

3. 招商银行探索全周期金融服务

招商银行天津分行的特色之一在于成立小企业贷款服务中心，从创新信贷政策、创新融资产品、创新私募股权合作等多方面服务科创型企业，提供全周期金融服务。通过推行科创型企业风险经理、客户经理、审贷官联动作业，进行信贷工厂模式化集中审批，提升科技贷款审批速度。招商银行支持科创型企业的信贷产品如表3-4所示。

表3-4   招商银行天津分行针对科创型企业的金融产品

产品名称	面向企业类型	提供的金融服务
高新贷	取得高新技术资格认证的科技成长型企业	在以信用贷款为主的基础上，利用政府优惠政策；引入了全新的标准化评审机制；专业科技经营团队对接，额度最高500万元

产品名称	面向企业类型	提供的金融服务
诚信纳税贷	连续缴税 1 年以上、税务等级 B 级以上的中小微企业	信用方式综合授信业务，授信品种包括流动资金贷款、银行承兑汇票、国内信用证等
三板贷	新三板拟挂牌企业和已挂牌企业	提供最高 500 万元的纯信用贷款，具有准入门槛低、审批时效快、综合利率优惠等优势
股权小额直投	具备一定技术的成长型企业，上一年度销售收入 3000 万元以上，净利润 500 万元以上	招商银行旗下公司提供股权投资支持，额度一般为 1000 万元左右

招商银行建立的"千鹰展翼"科创型企业综合服务平台，是以商业银行为主导的科技金融对接服务平台中的佼佼者。2019 年，招商银行推出"招募圈"线上平台，继续推进对接平台创新，强化对科创型企业的深度服务。该产品以招行优质融资标的为核心，围绕私募股权机构、股权融资企业、上市公司的投融资场景，构建起资本市场"朋友圈"和股权投资撮合平台。其前端是招行严格筛选后的优质股权融资标的和投资机构资源，通过"互联网+金融"，提供股权投资撮合服务，最终为被投企业输出一站式金融服务和全生命周期解决方案，陪伴企业发展壮大。"招募圈"以招商银行优质对公客户以及投资机构已投企业为基础，确保项目真实性和高质量；通过线下对接，发掘企业及机构真实投融资需求，层层筛选后上线，投融资需求真实可靠；同时依托招行完善的客户管理体系和客户经理管理体系，实现需求快速响应。

（三）商业银行开展科技金融创新典型案例分析

1. 浦发银行为康希诺提供全生命周期服务

浦发银行天津分行的特色之一在于为科创型中小企业打造了包括政府、银行、投资、中介机构的科技金融生态系统和一站式综合服务平台。依托总行平台，该行形成了"股、债、贷"一体化的科创金融生态圈服务模式，以此帮助符合国家战略、创新能力突出的科创型企业开启科创板上市之路。浦发银行凭借一系列金融创新，逐步形成了面向科创型中小企业初创期、成长期、壮大期的全生命周期的金融服务产品体系，通过这一全生命周期服务体系，浦发银行一路扶持康希诺从创业初期直至登录科创板。

康希诺生物股份公司于 2009 年注册于滨海新区，是由跨国制药企业高层管理团队回国创立的国家级高新技术企业，致力于人用疫苗研发、生产和商业化。康希诺生物拥有多项疫苗核心知识产权及专有技术，涵盖新型冠状病毒、埃博拉病毒病、结核病、脑膜炎、百白破、带状疱疹等一系列疾病的预防。2019年3月，康希诺生物在香港联交所主板H股上市；2020年8月，康希诺生物正式登录科创板，成为科创板开板以来首只"A+H"疫苗股。

作为生物疫苗研发生产企业，康希诺生物在成立初期存在研发投入大、研发周期长、研发期无收入等特点，面临自有资金有限、研发资金亟待补充、外部融资难度较大等问题。浦发银行天津分行结合天津市战略性新兴产业发展规划中对生物医药行业的未来发展定位，以及企业自身的上市规划，预判该行业及康希诺生物未来的发展前景，积极形成了适合康希诺生物各发展阶段的高质量金融服务方案。

2012年，浦发银行天津分行给予康希诺首笔800万元贷款用于研发，并持续跟踪研发进度。2016年，康希诺产品研发进入里程碑阶段，埃博拉疫苗产业化取得阶段性成果。同年康希诺完成新一轮的股权融资，浦发银行的金融服务也进行了升级，除贷款外还采用了投贷联动的方式，以股权直投增加对康希诺的股权投资，通过股贷联动进一步扩大对康希诺的融资支持。2017年，根据康希诺产品研发进度及产品生产产业化建设的需求，浦发银行为康希诺匹配了1.5亿元的长期项目贷款，专项用于产业化基地建设。2019年3月，康希诺登录联交所主板上市，2020年8月，康希诺登录上交所科创板，浦发银行天津分行均为企业上市提供了募集资金托管服务，并成为主要合作银行。2021年，浦发银行天津分行与上海分行协同联动，为康希诺在上海投资设立的新产业化项目提供资金监管与日常结算服务。

浦发银行天津分行关注企业的行业前景和团队优势，帮助企业通过股权融资度过了困难时期，并为其打造了项目贷款、流动资金贷款、上市募集资金与托管投标等专属融资方案，满足了企业在不同阶段的成长需求，为银行向科创型企业提供全周期服务进行了有益的探索。

2. 北京银行天津分行建立小微集群服务中心

天津市红桥区津港澳青年创业就业示范园（后文简称天津青年创业园）建立于2011年，是服务创新创业的青年创业园区，旨在为初创企业创造成本低廉、高效便捷的创业就业环境。截至2019年底，园区累计注册企业1765家，吸引5000余名青年创业，集聚企业多为文化创意、互联网、物联网、智能制造、新媒体等科技服务以及科技和文化融合的新兴领域。

为了解决部分初创企业缺乏与银行合作的经验，以及银行获客成本高，贷前审查工作量大，贷后监管难度大等问题，天津青年创业园与北京银行合作创新了利用大数据信息的融资模式，利用客户端"双创服务平台"沟通银行与创业者。具体来说，北京银行天津分行与作为园区运营、管理方的天津青年创业园管理有限公司合作，通过"天津青创 APP（手机软件）"，实时掌握在园区注册并经营的 2000 余家企业的生产经营、人员变化、政府补贴、专利注册、纳税申报、管理动态等信息，实现对企业生产经营及日常管理行为的大数据分析，从而筛选出有科技含量或文创实力、发展前景好、有融资需求的小微企业。

2019 年底，北京银行天津分行与天津青年创业园合作发起成立小微集群服务中心，标志着北京银行天津分行创立的首个普惠金融集群业务模式落地。按照传统的银行贷款标准，天津青年创业园区内轻资产的科技及文创型小微企业很难获得银行授信支持，但通过集群业务模式，通过企业及企业主个人征信、主动纳税申报、政府补贴申请等可以规范创业型企业的日常经营行为，从而便捷地实现驻区企业的融资需求。北京银行天津分行还为企业提供账户开立、日常结算、税务代缴、工资代发等一揽子服务，满足小微企业多元化的金融需求。

3. 天津农商银行探索专利权质押贷款

天津农商银行与华北知识产权运营中心、天津科技金融服务中心、天津市软件行业协会等单位开展合作，创新科技金融服务产品，对接天津市国家高新企业、专精特新企业、瞪羚企业、雏鹰企业等科创型企业，2022 年前 4 个月，该行通过"订单贷""信用贷""政采贷"等创新贷款产品为 85 户科创型企业投放贷款 16.1 亿元，累计为 354 户科创型企业投放贷款 133.30 亿元。其中最典型的是，天津滨海农商银行与华北知识产权运营中心合作开展专利权质押贷款[①]。

橙意人家是在天津经济技术开发区注册的科创型中小企业，专业从事呼吸慢病数字医疗领域技术研发工作，是国家高新企业、天津市高新技术企业、天津市瞪羚企业、专精特新企业，技术及服务已下沉基层 2000 余家医疗机构，服务患者 40 余万人次。企业属于轻资产运营、快速成长的高新技术企业，在 2021年末，企业正处于高速发展期，急需流动资金 500 万元用于扩大生产。华北知识产权运营中心服务团队进驻企业，通过系统评估并出具专利权质押生产力转化评价意见提交给农商行，15 日内企业获得了 500 万元专利权质押反担保信用贷款，解决了流动资金不足的问题。

截至 2022 年 4 月，华北知识产权运营中心与天津农商银行在滨海高新区、

---

① 专利权质押贷款是企业以其合法持有的发明专利权或实用新型专利权向银行出质，从银行取得贷款，并按约定的利率和期限偿还贷款本息的一种流动资金贷款。农商银行规定，专利权质押可以作为贷款的唯一担保方式，也可以与其他保证、抵押、质押等风险控制手段组合使用。用于质押的专利权仅限于发明专利和实用新型专利权。企业需按照农商银行对企业法人客户信用评级要求，即借款人信用评级 A（含）以上，且注册地位于天津市行政区划范围，成立时间须在 1 年（含）以上，有固定生产经营场所，员工队伍稳定。

经开区、北辰区、宁河区已完成 8 家科创型企业的专利质押贷款审批发放工作，知识产权质押贷款额近 5000 万元。与此同时，天津农商银行与天津科技金融服务中心、市软件行业协会等多家机构联合推出了芯片贷、软件贷等创新型金融贷款产品，助力天津市信创和集成电路等产业发展的同时，也为商业银行开展知识产权质押贷款探索出一条具有可行性的道路。

（四）商业银行开展科技金融的特点总结①

近年来，天津市商业银行业务规模不断扩大。经过多年的发展，天津市的商业银行在探索如何有效支持科创型企业方面取得了一定的进展，现结合前文的现状分析将其特点总结如下：

1. 优化政策环境，创新多元化金融服务

2018 年以来，人民银行天津分行先后印发《金融支持天津实体经济和高质量发展的指导意见》《关于进一步深化民营和小微企业金融服务的实施意见》《2019 年天津市货币信贷工作指导意见》等政策性文件，引导金融机构加大对科创型企业的支持力度，积极推广专利权、商标权、股权和应收账款抵押贷款等新型抵押贷款，推动银行提升对科创型企业信贷支持的针对性和有效性。此外，还通过加强政策引导、灵活运用再贴现等政策工具，培育和引导科技型业在银行间市场发债等方式，不断加强和改进对科创型企业的金融服务，为商业银行面向科创型企业提供贷款服务提供了宽松积极的政策环境。

在宽松政策的引导下，许多银行开展了探索，包括在发展战略上将小微企业列为重点板块；立足小微企业融资需求和特点改进授信审批流程和评价模型；安排专项经费，设置单独绩效考核指标并增加权重；明确不良贷款内部容忍标准，制定授信尽职免责实施细则，改进科技信贷业务激励机制等。

经过多年的探索，天津市商业银行根据科创型企业的特点和成长周期推出了众多特色化金融产品。如"小微快贷"等采取全线上流程，解决企业手续繁琐、流程繁杂问题；"智能贷""融易贷"等通过延长贷款期限，解决企业倒贷手续繁杂、资金链断裂问题；"知识产权质押贷款""智权贷"等提高知识产权质押贷款额度，缓解轻资产科技企业贷款融资阻碍；"含权贷""领军企业特色产品""科创贷"等通过与投资机构联动，解决企业股权、债权多种融资需求，多渠道支持科技企业融资。尤其是北京银行天津分行在青年创业园建立小微集群服务中心，改变了商业银行向企业提供贷款和服务时被动等待的做法，积极深入企业之中，主动获取初创期企业的信息，同时探索集群服务模式，提供多

---

① 本节数据如无特殊说明，均来自《天津统计年鉴》。

样化金融服务，是银行提升面向科创型企业的专业能力，服务科创型中小企业的有益探索。

2. 建立科技支行或科技金融部门，开展专营制度探索

天津市多家商业银行针对科技金融业务成立了科技支行，如天津银行、光大银行、浦发银行等。也有部分银行设立了专门的科技金融部门，如中国银行天津市分行成立天津市科技企业跨境金融服务中心。最具有代表性的为浦发银行天津分行于 2011 年 11 月成立的科技支行暨天津市科技金融服务中心。2012 年 5 月浦发银行天津科技支行正式营业，专营科创型企业客户，对科技企业项目"专人专审专批"，成为全国首家为科创型企业提供专业化服务的专营金融机构。科技支行围绕科技企业的需求建立了由政府、银行、投资机构、中介机构组成的综合服务生态体系，将投贷联动作为科技金融产品创新的主要思路。2016 年 2 月，科技支行更进一步，成立了总行直属的科技金融服务中心，集客户专营、审查审批、产品企划及综合管理多个板块于一身，专项设立了考核、风控、人员和评估等四项机制。

浦发银行天津分行为了保持科技金融服务中心对科技金融的专注度，在专营机制上也进行了先行先试的探索：其一，专营考核机制，单独对科技金融人员制定了专项考核机制，重点突出能够体现科技企业服务数量、质量和专注度的指标。其二，审查审批内嵌机制，把专业审查和审批团队嵌入科技金融服务中心，保证对科技企业的服务效率。其三，专业的人员培养机制，为了对科技金融服务做到更专更精，专门设立了生物医药、高分子材料、智能装备技术以及信息国产化四个专业行业团队，并招聘了具有相关工作背景的专业人士。其四，专项风险管理与评价机制，适度提高风险容忍度，不再对单一项目进行风险追责，以 3 年内超额收益覆盖整体风险作为该中心的整体评价机制，从而更好实现对科创型中小企业敢贷、愿贷。

3. 探索投贷联动和全周期金融服务

2016 年，天津滨海国家自主创新示范区成为国家首批开展科创型企业投贷联动试点的 5 个示范区之一。同年 9 月底，高新区颁布了《天津国家自主创新示范区支持投贷联动试点的六条政策（试行）》，由政府出资 2 亿元从信息平台、鼓励落户、投资奖励、风险分担①、信贷奖励、企业贴息 6 个方面着力，由财

---

① 天津滨海高新区出资设立一定额度的投贷联动风险缓释资金池，试点银行按照不超过资金池 10 倍的规模对科创企业发放贷款，对单个企业或单个实际控制人名下企业的贷款总额不超过 500 万元。当投贷联动业务出现贷款逾期时，试点银行将从"投贷联动风险缓释资金池"获得 50% 的逾期贷款本金代偿。同时，试点银行启动天津市中小微企业贷款风险补偿金申请及债权追偿等工作，风险补偿金和债权追偿所得总额的 50% 回补投贷联动风险缓释资金池。

政资金为开展投贷联动的银行进行风险分担和收益补偿。截至 2020 年末，共有中国银行、浦发银行、招商银行、天津银行、北京银行、大连银行等 6 家银行机构在天津开展投贷联动业务。如中国银行探索以"股权+债权"联动模式，设立投贷联动中心，联合中银集团内外优质投资机构及地方政府，共同搭建投贷联动综合服务平台；招商银行则通过设立"展翼投资基金"对高成长科创型企业进行股权投资，并与贷款产品组合形成投贷联动；北京银行通过投贷联动业务模式支持了 19 家企业成长，建设金融服务体系生态圈。

在提供全周期金融服务方面，工商银行、渤海银行等 8 家银行机构整合业务资源，以搭建"朋友圈"模式，对科创型企业拓展供应链融资、咨询顾问、委托贷款等综合业务，实现"贷+债+股+代+租+顾"的全公司金融服务。浦发银行于 2013 年与天津市科委共同启动"天津市科技金融综合服务平台"，设置了综合金融服务区、股权投资服务区、路演对接服务区 3 个特色服务区①，为科创型企业提供多类型的全面金融服务。招商银行天津分行推出"招募圈"、利用"千鹰展翼"科创型企业综合服务平台，成立了小企业贷款服务中心，从创新信贷政策、创新融资产品、创新私募股权合作等多方面服务科创型企业，提供全周期金融服务。

四、各地银行开展科技金融创新的实践经验

（一）广东省首创"技术流+能力流"评价体系

科创型企业在申请贷款时，银行现行评价指标往往以固定资产抵押物估值为主，缺乏对科创型中小企业科研实力、成长性的考量。针对科创型中小企业具备较强科技创新实力和轻资产的特点，广东在全国首创科技企业"技术流+能力流"专属评价体系。具体而言，广东省科技厅、建行广东省分行联合出台"技术流+能力流"评价体系，打破银行传统信贷评价模式，创新性地引入了反映科技企业创新能力等要素，推出可操作性较高的《小微科技企业创新综合实力评分卡》。

具体来看，利用大数据技术搭建的科技企业"技术流"系统分析平台，从

---

① 其一，综合金融服务区：科技项目管理机构、知识产权投融资服务中心、风险投资管理机构、融资担保机构、律师事务所与科技支行共同设立一站式服务窗口；其二，股权投资服务区：引入天创投、深圳创新投、达晨、软银、滨海财富等创投，银行择优提供投贷联动；其三，路演对接服务区：专门为项目评审、科技会议、投资机构项目路演、大型推介等活动设计。

创新成果含量、专利含金量、研发投入强度、研发投入稳定性、研发早慧度 5 个维度出发，将知识产权和团队研发能力转换成 10 多项可量化指标，从科技创新能力角度评价科创型中小企业。通过科技创新综合能力专属评价体系，降低了科技企业融资准入门槛，科学提高融资金额并配套给予差别化价格优惠，有针对性地建立差别化审批授权体系，实现将"技术流"和"能力流"转化为资金流。

在信息来源方面，广东省建设银行通过批量获取国家各部委发布的 10 余类科创型企业名录信息以及 400 余项 1600 多万条知识产权信息，从海量数据中挖掘企业持续创新能力，改变了以往主要依靠经验判断的作业方式。这一体系运用大数据、智能决策、数据可视化等技术手段自动生成评价结果。至 2021 年底，已覆盖全国 27.7 万户国家高新技术企业，建行客户经理在电脑、手机 APP 或微信企业号上就能"一键查询"评价结果。截至 2020 年 3 月，建设银行广东省分行已运用"技术流"专属评价体系，服务国家高新技术企业超 3 万家，授信超 1.2 万家，给予综合融资支持超 2200 亿元，国家高新技术企业信贷余额连续 5 年保持高速增长，5 年增长了超 700 亿元。

（二）创新知识产权质押模式探索

2006 年，国家知识产权局引导试行知识产权质押融资，上海、北京、武汉、广州等地成为首批试点区域。引入银企之外的第三方评估机构对企业知识产权进行评估，厘定知识产权的质押价值，是常见的知识产权质押贷款业务思路。如前文提到的天津农商银行借助华北知识产权运营中心对企业的知识产权进行评估而开展的知识产权质押贷款。贷款质押评估，实际上是对质押品未来价值的预测。评估结论正确与否事后才能确认，在事前需要保证：评估者利益中立，不产生主观有偏，评估者需承担一定风险，从而产生不断提高专业技能的动力。

在传统的质押评估模式中，评估机构通常是直接受企业委托，并按评估值的一定比例收取评估费。评估机构与作为评估报告使用方的银行缺少直接业务联系，也不承担贷款违约风险。为维护与企业的关系，评估机构倾向对知识产权质押价值进行较乐观的评估，提高企业能获得的贷款额。而银行往往不会采信评估结果。实践中，大部分知识产权质押贷款中知识产权评估价值并非银行贷款决策的决定性影响因素，不少案例是在银行已经认可企业第一还款能力或其他抵质押担保条件的情况下，将知识产权质押作为附加参考，提高贷款审批通过的可能性。

针对传统质押评估模式中存在的缺陷，连城资产评估有限公司①对知识产权评估传统业务模式进行了变革，为知识产权质押评估提供了创新思路。主要表现在：以贷款额而非评估值作为收费基准；不仅为委托企业提供评估，还为其获得的贷款提供担保；与银行签订战略合作协议，在连城"评估+担保"业务模式中，与银行的关系和与企业的关系同等重要，甚至更加重要。这一模式能较好地让评估机构做到利益中立并承担风险。以贷款额为收费基准，意味着评估值过高或过低都不符合评估机构的利益。为贷款提供担保则不仅让连城承担了评估偏差导致银行损失的风险，这种利益捆绑还将其与银行从一次性往来，升级为长期战略合作。该模式经过长期实践检验，得到业内广泛认可，成为全国多个省市金融机构开展知识产权质押融资的重要基石。

近年来，随着《国务院关于进一步支持小型微型企业健康发展的意见》（2012）、《关于加强知识产权质押融资与评估管理支持中小企业发展的通知》（2010）等系列政策文件出台，国家和地方政府均密集出台配套措施，积极引导知识产权服务机构、评估机构、担保机构和金融机构多方发力，集合多机构的力量开展知识产权质押融资。

在各地推广知识产权质押融资的长期实践中，逐步形成了以"银行+企业专利权/商标专用权质押"为特点的北京模式、以"银行+政府基金担保+专利权反担保"为特点的浦东模式②、以"银行+科技担保公司+专利权反担保"为特点的武汉模式为代表的三种运营模式。此外，全国其他地区也在积极探索适合当地情况的质押融资模式。例如，江苏省推出了将保险公司的险资直接用于知识产权质押融资的"政融保"模式，四川省推出了"银行贷款+保险保证+风险补偿+财政补贴"的便民融资模式，石家庄市推出了"政府风险补偿、财政补贴+银行贷款+保险保障+专业评估"的模式，天津市推出了"企业+银行+担保+回购"的四方模式。③

---

① 连城资产评估事务所是 1994 年由国家专利局（现国家知识产权局）创立的直属机构，是国内首家由国家机关创办的无形资产评估机构，是在国家市场监督管理总局注册，由国家国有资产管理局评估机构管理部门直属管理的中央级评估机构，于 2000 年改制为有限公司。

② 如上海银行与上海中小微企业政策性融资担保基金、上海浦东科技融资担保有限公司三方联合推出"知识产权保"专项金融服务方案，为科创小企业提供"结算+信贷+商业性担保+政策性贷款担保"综合金融服务。针对拥有核心知识产权的上海市科创小企业，由银行端提供流动资金支持、浦东科技担保提供核心知识产权担保、市担保中心为浦东科技担保的担保提供再担保，环环相扣，构成了上海银行服务拥有核心知识产权企业的雏形。

③ 2016 年，天津市华北知识产权运营中心金融分中心、天津市中小企业信用担保中心和企兴科易知识产权运营管理有限公司三方合作推出的"智保贷"采取了"担保+回购"模式，突破了传统的"企业+银行"两方模式，由天津市中小企业信用担保中心任担保方，企兴科易知识产权运营管理有限公司任回购方，形成"企业+银行+担保+回购"的四方模式。

在金融机构与各级政府、产业联盟、科技园区、服务机构等协同配合推进知识产权质押的实践中，培养了多形式的配套机制，形成一批知识产权金融服务机构和服务平台，如中关村知识产权投融资服务联盟（汇聚了技术交易所、评估公司、担保公司及银行等机构），建立起知识产权投融资快速通道和全流程服务体系。多机构合作推出了各具特色的金融产品：以北京为例，2016 年推出了"纯"知识产权质押融资创新产品"智融宝"（以贷先行、投贷联动），海淀区政府推出了"中关村核心区知识产权质押融资风险处置资金池"（为银行贷款提供全额的风险处置），2018 年推出了知识产权质押贷款担保模式，建立了"评—保—贷—投—易""五位一体"的知识产权金融服务体系。

此外，多家银行也在探索知识产权与金融创新的融合途径，尝试通过新的业务模式提供多样化的知识产权金融服务。以北京银行为例进行的创新包括：探索完善知识产权质物处置机制，尝试借助各类产权交易平台，通过定向推荐、对接洽谈、拍卖等形式进行质物处置，保障金融机构对质权的实现；完善知识产权质押融资风险管理机制，鼓励开展同业担保、供应链担保等业务，探索建立多元化知识产权担保机制。

（三）招商银行"千鹰展翼"开展投贷联动和全周期服务

2010 年，招商银行提出并实施"千鹰展翼"综合金融服务计划，集创新型成长企业客户开发、培育、服务于一体，一方面打造了总行级别的股权投资服务平台，另一方面创新债权融资产品，以此形成了直接融资与间接融资相匹配的金融服务体系，满足创新型成长企业全生命周期金融需求。至 2021 年，入库"千鹰展翼"计划的企业已超过 3 万家，累计培育 600 余家企业成功上市。招商银行已成为 IPO 企业的首选银行，2020 年境内 A 股市场 IPO 的 396 家企业中，在招商银行开立募集资金账户的有 167 家，市场覆盖率达 42.17%，遥遥领先于市场同业。

"千鹰展翼"为商业银行服务科创型企业带来的成功经验主要有以下三方面：

第一，成立专项投资基金探索投贷联动模式。2012 年，通过"千鹰展翼"计划分步探索投贷联动经营模式。2016 年 11 月，在总行成立中小科创型企业投资团队，对投贷联动业务进行直接经营，由子公司成立的专项投资基金"展翼基金"开展针对计划内企业的投贷联动业务。"千鹰展翼"投贷联动模式是目前国内商业银行较少试行的通过总分联动实现投贷联动的经营模式。具体来看：首先，业务形式上采用了股权直投的形式，区别于绝大多数银行采用的认股期权形式。其次，业务架构上完成了银行体系内的投贷联动，投资端和信贷端均在招行体系内，在总行和分行两级层面内实现投贷联动，而绝大多数银行的投资端均为外部投资机构，无法与银行实现真正的业务联动。最后，对客户识别评估实现了投贷两种风险视角的统一。国内银行投贷联动大多在投资和信贷两端对同一客户的风险评判产生较大分歧，而"千鹰展翼"投贷联动的投资决策由招行总行小企业部门的专业团队负责，能够实现投资和贷款两种业务的风险评估一致。

第二，为企业提供不仅限于科技贷款的银行配套产品（见表 3-5）。一方面，按照个性化营销和批量化营销相结合的思路，根据企业成长阶段打造投联贷、订单贷、科技贷、上市贷等特色融资产品；另一方面，根据企业需求制定个性化、定制化的服务方案，如供应链金融方案、跨境金融方案、现金管理方案、财富管理方案、资本之路方案等。通过小金额股权投资介入银企合作，同时利用招行产品综合服务已投企业，与企业之间形成银企关系叠加股东关系，解决信息不对称问题。企业对银行的视角也发生了转变，从原来面对债权人转变为面对投资人，会展现真实经营情况并主动咨询重大事项决策意见。这一转变有利于解决"信息不对称"困境：银行能够充分了解企业真实经营情况和发展趋势，从而对科创型企业给予长期、稳定的资源支持。

表 3-5　招商银行重点产品一览

类别		产品或服务
结算类	基础结算类	企业网银、招财猫、C+结算套餐
	现金管理类	智能现金池、公司一卡通、公私一网通、跨行现金管理、集团现金管理、智能通知存款、银关通、政务通、小企业 E+
信贷类	基础类	一般担保贷、物业抵押贷、订单贷 专业担保贷、法人房产按揭贷、国内保理 设备抵押贷、经营性物业抵押贷、应收账款质押贷、固定资产贷款、信用贷法人透支、买方信贷、卖方信贷、固定资产贷款、存货质押贷、仓单质押贷、商票质押贷
	特色类	科技成果转化贷、三板贷上市贷 股权质押贷、并购贷、知识产权质押贷 科技补贴贷、结算贷、POS 机流量贷
投贷联动类	服务	引荐私募股权资本、中小企业私募债引荐中介机构
	解决方案	展翼增值、展翼资本、展翼并购、展翼直投、展翼三板
财富类	财富管理	公司理财、私人银行、尊享服务商务卡
	薪酬福利	年金计划、金福计划、募集资金托管
上市顾问服务	上市前	IPO 财务顾问、私募债发行顾问服务、集合信托承销
	上市中	中介选择顾问、评审评估中介机构报告、募集资金托管方案
	上市后	债券发行、境内外并购、高管个人理财

资料来源：招商银行小企业金融部。

第三，建设总行级别的科技金融对接服务平台。一方面，与政府合作搭建企业服务平台，包括与科技部签订合作协议，为其重点支持的科创型企业有选择地提供融资支持，科技部则配合予以贴息；与各级地方政府建立紧密的日常联系机制，获取受政府支持和鼓励发展的企业名单，并合作开展"千鹰展翼"专题营销活动，等等。另一方面，与多家股权投资机构合作搭建"股权融资服务平台"，为企业提供"股权+债权"综合融资服务。此外，与证券公司、律师事务所、会计师事务所等机构建立客户转介机制，为企业 IPO、引入股权投资及战略投资者提供相关第三方服务。

（四）青岛市国资参与分担风险，开展投保贷联动

2016 年，青岛市科学技术局会同市财政局、中国人民银行青岛市中心支行制定了《青岛市科技金融投保贷联动业务实施办法》，开展多部门合作，分担对科创型企业的信贷风险，推动各类金融机构加大对科创型中小企业支持力度。银行业金融机构以"信贷投放"与股权投资机构"股权投资"相结合，辅以政策性担保公司的增信机制，将科技企业信贷风险从银行机构转移至高风险高收益的创投机构，实现信贷风险和收益的匹配。

具体来看，投保贷联动的基本程序如下：科创型中小企业向投保贷联动的参与方提出贷款和担保申请，由银行、担保、创投机构三方一致审核通过后，创投机构为企业提供反担保并取得等值的企业认股权，担保机构为企业提供担保并向银行出具保函，银行见保函向企业放款。这一模式类似于前文提到桥隧模式，不同之处在于，其中的担保机构为政府出资的政策性担保公司，实质上由政府承担了部分风险。

从多部门合作的职责分工来看，银行、政策性担保公司以及合作创投机构的职责与正常业务并无差别。青岛市科技局和财政局等政府部门以及人民银行也参与其中，提供贷款贴息等扶持政策。青岛市投保贷联动业务中的创新之处是利用国有资本参与承担部分信贷风险，具体操作为由青岛高创科技资本运营有限公司（简称高创资本）[①]以国有资本设立投保贷联动风险准备金。高创资本公司指定其全资创投子公司作为合作创投机构的组织方和管理方，履行反担保职责，直接参与投保贷联动业务。合作创投机构可以通过向高创资本子公司提供再担保、认股承诺等方式，分享或独享企业认股权，参与投保贷联动业务。

---

① 高创资本由青岛市财政科技资金出资注册，注册资金 5 亿元，是以资本管理为主要业务形式的资本运营公司，主要服务于科技型中小企业融资，服务于战略性新兴产业培育，服务于科技成果转化和技术转移，服务于市委市政府重大科技创新战略决策。

（五）多地建设专业化科技银行的经验

我国科技银行的试水始于 2000 年建行深圳科苑支行和 2001 年南宁商业银行科技支行。2007 年，全国工商联建议设立专门为中小科创型企业提供金融支持的科技银行。2009 年，大批科技支行纷纷成立，包括建设银行科技支行、成都银行科技支行以及杭州银行科技支行等，基本上奠定了我国科技银行较为普遍的发展模式——科技专营支行模式。这一模式不同于国外最具代表性的科技银行——硅谷银行，科技专营支行是商业银行总分行下属的科技信贷专营机构，拥有专门的业务范围、监管政策和绩效考核制度，但不具备独立的法人资格，其发展过程中政策起到重要的作用。2012 年 8 月，中外合资银行浦发硅谷银行成立，成为我国首家独立法人的科技银行，为我国科技银行发展模式进行了新的尝试。在此对我国有代表性的科技银行的建设情况进行梳理，提炼出可借鉴的经验。

1. 杭州银行与汉口银行

2009 年成立的杭州银行科技支行，截至 2010 年末，在成立的一年半内，支持科技型中小企业 221 家，累计发放贷款约 20 亿元，为科技型中小企业提供综合金融服务，创新出集中"政府、担保公司、投资机构及园区"力量，形成"银政、银保、银投、银园"的综合金融服务模式。2008 年成立的汉口银行，于 2009 年提出打造"中国硅谷银行"的目标，将科技金融作为全行重要的特色业务，从战略层面加以规划和推动。在设计特色科技金融产品、创新全生命周期服务模式、创新投贷联动业务模式等方面在国内形成较强科技金融品牌影响力。从这两家银行开展的实践探索，可以总结出如下对科技支行运行具有借鉴意义的机制创新。具体来看：

首先，单独的客户准入机制。各地银监部门通常要求科技支行的科创型中小企业贷款比重不得低于 50%。目标客户多集中于地方优势产业及国家扶持的战略性新兴产业，并制定相应的准入门槛。同时，创新产品注重首次贷款企业的放贷。

其次，单独的信贷审批机制。审批端口前移，例如汉口银行单户 5000 万元（含）以下的授信业务均可在科技金融服务中心完成营销、申报、审批全流程操作。与高校院所、创投、券商、科技部门等合作，联合成立专家型信贷评审委员会。提高审批效率，例如建设银行成都科技支行从企业提出申请到完成前期尽职调查为 5—7 个工作日，制定授信方案、完成审批约 3 个工作日，落实贷前条件并实现放款不超过 3 个工作日。杭州银行将贷款审批权限下放支行，500 万元之内的小企业贷款由支行行长终审。

再次，单独的风险管理政策。实践中，由于尽职免责制度不完善，以及总行业绩考核制度缺乏足够差异性等原因，多数科技支行仍倾向于按原先风险控制目标运营。然而针对科创型企业开展业务必须提高风险容忍度，银行不良贷款容忍度通常不超过 1%，杭州银行科技支行放宽到 3%，汉口银行科技金融服务中心放宽到 5%。此外，将财政的风险补助资金、对科创型中小企业的期权股权收益纳入"科创型中小企业专项拨备"项下。

最后，单独的绩效考核方案。实行准事业部制，实行单独的拨备计提政策和专门的统计分析制度。考核指标差异化，上调科技中小企业开户数、授信户数和金额、与新兴产业基金和创投公司的合作等经营指标的考核权重，下调存款、利润等绩效指标的考核权重，等等。

2. 浦发硅谷银行

浦发硅谷银行是中国第一家中美合资银行，自 2012 年成立以来，至 2022 年共设立了上海总行、北京分行、深圳分行以及苏州分行四个网点。截至 2020 年第一季度，浦发硅谷银行已为近 2000 家中国科创型企业提供了全方位的金融服务，为 400 多家科创企业提供了贷款，并与中国本土的头部创投机构建立合作。该银行借鉴美国硅谷银行的经验，其主要特点是与风险投资紧密合作，定位于全周期服务科创型企业。围绕这一定位，该银行形成了一系列经营特色：

首先，在客户选择上，偏重具有较高成长性的高科技企业，以及受到风险投资支持的企业，从成长阶段来看，注重全周期服务，并不局限于成熟期企业，注重成长初期企业，据该银行披露，其 40% 的客户是 B 轮以前的早期公司，60% 是从成长期到 IPO 的企业。

其次，注重与风险投资机构合作，开展投贷联动。浦发硅谷银行既将风投机构纳入自己的服务范围，也直接出资成为多家风险投资基金的股东或合伙人，直接参与风险投资，加深与风险投资的关系，以便与其开展深层次合作。

最后，形成了特色鲜明的风险控制体系。具体来看：其一，注重风控团队建设，团队成员基本具备 10 年风险债权的经验，摸索出一套能够有效支持科创企业的规律；其二，大多数贷款客户是获得了风险投资支持的公司，同时以技术专利作为抵押担保；其三，对贷款服务企业开展详尽的尽职调查，与跟企业相关的风险投资机构、财务公司、法律顾问沟通，了解企业的历史、业绩以及财务状况；其四，通过设定认股期权获得期权收益，降低贷款违约风险。为高科技企业提供贷款时，与企业签订附加协议，获得部分认股权或期权，一般为企业总股本的 1%—2%，由银行金融集团代持，在企业公开上市或被并购时可以选择行权，在股权退出中获利。

第四章 多层次资本市场推动技术创新的发展现状

科技创新离不开长期资本的引领和催化。资本市场对于促进科技和资本的融合、加速创新资本的形成和有效循环，具有至关重要的作用。我国现已形成"主板—创业板、科创板、北交所—全国中小企业股份转让系统（新三板）—区域性股权交易市场（四板）—券商柜台市场（五板）"的多层次、多元化资本市场体系，聚集大批优质企业。近年来，我国资本市场不断调整，以更好地推动和落实创新驱动和科技强国战略，推动经济高质量发展，具体举措包括深圳证券交易所合并主板和中小企业板，完善创业板；上海证券交易所设立科创板；新三板建立北京证券交易所；试点注册制；完善退市制度，等等，力图补齐资本市场服务科创型企业，尤其是科创型中小企业科技创新活动的融资短板。

完善的支持科创型企业持续成长的金融市场服务体系，涵盖了从天使投资、创投基金和股权投资基金，到区域性股权市场，再到新三板和交易所市场，上述非银机构和市场共同组成了支持科创型企业科技创新的全链条服务体系。这一部分将重点分析我国多层次资本市场的特点，以及支持科创型企业的情况。在此基础上，以天津市为例，分析区域内企业利用资本市场开展创新活动的现状，为后续分析存在的问题并提出完善建议提供基础。

一、资本市场推动技术创新的理论分析

诸多研究发现，在推动技术创新和新兴产业发展上，与银行主导的间接融资体系相比，以资本市场为代表的直接融资体系更具比较优势。探讨金融结构对技术创新影响的诸多研究对这两种不同的融资方式进行了详尽的对比分析。总的来看，资本市场主要从以下几方面推动科创型企业发展。

（一）满足不同阶段的融资需求

新技术的研发、产业化与商业化过程都离不开资金的支持，股票市场能够为科创型企业提供长期资金支持。成立年限较短的科创型企业在技术、信息、市场及管理等方面面临风险，同时由于积累不足，自有资金不足以支撑投入高、风险大、回报周期长的创新活动。对科创型中小企业而言，股票市场提供的股权融资具有长期稳定性，能够减轻企业融资约束，增加企业的研发投入，推动企业技术创新。

资本市场中投资者较多，因此企业的融资渠道也较为多样。这种方式存在几点优势：第一，相较于间接融资，直接融资能够实现创新型项目的风险收益匹配，收益的浮动与风险的强弱呈正向变动；第二，直接融资尤其是股权融资，使创新型企业短期内不必承担还本付息的压力，直接融资所提供的资金周期更长，更为稳定；第三，因为融资渠道较为多样，企业可以根据自身状况选择最合适的融资方式，并且融资方式的选择可以随企业发展状况的变化进行动态调整；第四，金融市场对创新项目存在一定的筛选和激励作用，只有受到市场认可的项目才能得到充足的资金支持。投资者会关注创新项目的进展情况，激励企业不断完善创新方案。

（二）更多元的风险承担机制

科创型企业融资一般资金投入量大，同时具有较高的风险水平。银行通过资产抵押、违约清算等措施，能够有效克服信用风险，但对于缺乏抵押且不确定性较高的创新企业，银行的监督措施难以有效实施，且银行贷款的回报与承担的风险不匹配，导致银行缺少为创新企业融资的激励。从风险的承受能力看，资本市场提供资金时，投资人一般会与融资人共担项目风险。项目成功时，投资人将共享项目成功带来的收益；而项目失败，投资人也将按比例承担相应的损失。从风险承受的角度来看，资本市场提供的权益型融资工具更适合技术创新活动的高风险性。

在资本市场提供的股权融资中，创新企业能够以新技术、新产品的潜在高额回报吸引投资者，企业创新的资金需求和投资者追求高回报、承担高风险的激励相一致，创新企业往往更容易通过股权融资获得资金。然而，股权融资的长期性和资金使用的信息不对称性，为不法企业攫取股东利益提供了可能，这使得优质的创新企业只有在严格的法律和有效的监管制度下才能获得投资者的充分信任，从而满足创新企业对股权融资的巨大需求。

（三）灵活的分散决策机制

从信息和决策角度来看，以商业银行为代表的间接融资体系是机构集中决策并集中管理风险。集中决策机制在信息处理上具有规模经济，擅长推动成熟产业的发展，但也容易导致风险偏好和投资逻辑的单一。而新兴产业技术路线和盈利模式并不稳定，发展前景具有不确定性。以资本市场为代表的直接融资体系是不同投资者分散决策并分担风险，资本市场的分散决策机制囊括了不同风险偏好、不同投资逻辑的投资者，包容性更强。具体来看，股票市场收益与风险高度相关、流动性强、透明度高，能吸引不同风险偏好的投资者与自身风险偏好吻合的资产相匹配，多样化的投资组合能够有效实现创新风险的流动与缓解。这一风险分散功能为科技型中小企业提供了多元化投资者，更有利于新兴产业项目获得融资。

此外，从创新扩散的角度来看，银行所掌握的企业信息主要在本行内部使用，而资本市场上市公司需对外详细披露信息，更有利于创新信息的传播和扩散，更有利于解决创新活动固有的信息不对称问题。具体来看，资本市场的信息处理功能主要通过资产定价来实现。内部信息会因为信息投机者的交易，而充分体现在市场交易中。资本市场为创新型企业提供了直接交易平台，创新主体的各种信息便会反映在交易价格中，同时交易价格也代表了投资者对该项目的评判。一旦创新主体在金融市场中获得资金，投资者因持有权、期权等，便可以参与公司的经营决策，对公司战略决策的制定发表意见。同时，创新主体需要定期披露经营信息，内幕信息也将通过信息投机而在证券价格中得到体现，对市场主体具有持续的识别和监督功能。

（四）多级价值提升机制

资本市场对科创型企业内部治理结构具有改善作用。产权清晰、权责分明、管理科学的企业制度是现代企业高质量发展的基础。科创型企业在创业初期多半为私人企业或合伙企业，资本运作能力较低，引入股权融资后，严格的信息披露制度能够有效改善信息不对称的情况，投资者能够监督经理人的经营行为，间接提高企业的融资能力。同时，科创型企业可以利用股权的灵活性，形成创新激励和约束机制。

多层次资本市场为企业提供了多级价值提升机制，体现在多个方面：通过风险投资和私募市场可实现未来收益折现价值和风险分散溢价，通过公开上市可再实现流动性溢价，通过公司治理水平的提高还可实现公司治理溢价。科创型企业创造高市值的案例不胜枚举，这是对创新者、对投资者，进而对新兴产业发展最强效、最具带动效应的激励。

二、我国多层次资本市场推动技术创新情况分析

截至 2021 年 11 月，中国资本市场股市市值达 86.8 万亿元，债券市场托管余额约 130 万亿元，私募股权和创新基金规模 12.6 万亿元，均位居世界第二。沪深上市公司总数 4530 家，包括 90 个国民经济行业大类，涵盖 70% 以上国内500 强企业，非金融上市公司总利润占规模以上企业接近 50%。新三板挂牌企业 7174 家，精选层及创新层优质挂牌企业 1310 家。全国区域性股权市场 34个，挂牌企业超过 3.6 万家，展示企业 13.1 万家。随着资本市场改革深入推进，新设板块和各层次资本市场之间互联互通机制不断构建和完善，资本市场对中小微企业的包容性和适应性提高，服务能力不断增强。创业板、科创板、北交所已成为科技创新型企业集中上市地，为推动科创型企业进行研发投入提供了更长期稳定的资金来源。

（一）深交所及创业板推动技术创新情况分析①

2021 年 2 月 5 日，证监会宣布合并深交所主板和中小板，深交所目前形成了包括主板和创业板在内的多层次资本市场体系。截至 2021 年底，深市共有2578 家上市公司，较上年增长 9.52%，其中主板公司 1488 家，较上年增长 1.78%；创业板公司 1090 家，较上年增长 22.2%。

1. 科创型企业集聚创业板

2009 年 10 月 30 日，创业板正式开市。经过十余年发展，创业板已成长为创新创业企业集聚地，新技术、新产业、新业态、新模式企业加速在创业板聚集，创业板公司中超过九成企业为高新技术企业，超过八成拥有自主研发核心能力，超过六成属于战略性新兴产业，新一代信息技术、生物医药、新材料、高端装备制造的产业聚集效应明显。创业板公司拥有与主业相关的核心专利技术 11 万余项，近六成公司实现进口替代，解决了一批"卡脖子"技术难题。

创业板板块设立以来，平均研发强度（研发支出占营业收入的比重）始终保持在 5% 左右，不仅远高于 2.2% 的全社会平均研发水平，也明显高于深市3% 左右的整体水平。创业板公司 2020 年的研发金额同比增长 12.8%，186 家公司研发强度超过 10%，46 家超过 20%。在创新驱动下，发展动能得到充分释

---

① 本部分数据来源于深圳证券交易所官方网站披露的历年上市公司年报及年报实证分析报告。

放，2020 年创业板公司净利润同比增长 43%，创 2010 年以来的最高增速。其中 260 家公司净利润增幅超过 50%，149 家公司翻番。

2. 创业板注册制改革驱动技术创新

2020 年 4 月 27 日，中央深改委审议通过《创业板改革并试点注册制总体实施方案》，8 月 24 日，创业板注册制首批 18 家企业上市。创业板改革并试点注册制给市场注入新活力，至 2020 年底已有 118 家公司成功上市，首发募集资金合计 1052.5 亿元，其中 76.3% 投向主营业务的扩大再生产，10.5% 用于研发或技术升级。新上市公司中有 111 家是高新技术企业，既有战略性新兴产业标杆企业，也有传统产业与"三创""四新"深度融合的行业龙头。

创业板再融资和并购重组同步实施注册制，审核效率及服务实体经济的能力显著提升。截至 2020 年底，已注册通过再融资 131 家次，受理重组 16 家次。其中，仟源医药、温州宏丰小额快速再融资项目从提交申请到注册通过用时仅 8 个工作日，楚天科技重大资产重组项目从申请受理到注册生效用时仅 83 天。直接融资渠道进一步畅通，助力公司加大核心产业投入力度。蓝思科技定增募集 150 亿元，用于智能穿戴和 3D 触控功能面板以及工业互联网项目。

3. 战略性新兴产业研发投入持续加大

至 2020 年，深市共有 1090 家战略性新兴产业公司，营业总收入和净利润占深市比重分别为 36.2% 和 31.2%。2020 年营业总收入和净利润分别同比增长 6.1% 和 44%，高于深市平均水平。九大战略性新兴产业中有八大产业实现利润增长，新能源汽车和高端装备制造产业 2020 年净利润分别同比增长 8.7 倍和 2.5 倍，生物医药和新材料产业净利润增速在 70% 以上，数字创意产业亏损收窄 90% 以上。

2020 年深市非金融类公司研发投入金额合计 4444.8 亿元，同比增长 10.8%，连续三年保持增长。研发投入超过 10 亿元的公司有 66 家，中兴通讯、潍柴动力、京东方、比亚迪、美的集团等 5 家公司研发投入超过 80 亿元。非金融类公司整体研发强度为 3.1%，其中研发强度超过 10% 的公司有 300 家，占比 12.4%。深市公司平均聘请技术人员 997 人，中位数为 240 人，近两百家公司技术人员占比超过 30%。战略性新兴产业公司普遍重视研发投入，2020 年研发投入同比增长 10.1%，整体研发强度为 5.3%，超过深市平均水平。

（二）上交所及科创板推动技术创新情况分析①

至 2020 年末，沪市共有上市公司 1800 家，总市值 45.5 万亿元；2020 年

---

① 本部分数据来源于上海证券交易所官方网站披露的历年上市公司年报及年报实证分析报告。

全年股票累计成交金额 84.0 万亿元，日均成交 3456 亿元，股票市场筹资总额 9152 亿元。上交所 IPO 数量及融资金额均位列全球第一；股票成交金额超过 75 万亿元，在全球交易所中排名第四。

1. 主板公司研发投入增长，推动产业转型

沪市主板公司持续加大科技研发投入，加快科技成果应用，新动能快速成长。2021 年上半年，沪市主板实体类公司共投入研发资金 2424.78 亿元，同比增长 39.17%，77 家公司研发强度（研发投入占营业收入比重）超过 10%，24 家超过 20%。其中，计算机通信制造业、软件信息服务业、设备制造业、汽车制造业、电气机械制造业、医药制造业六大行业平均研发强度达 5.67%，高于市场平均水平，为行业高质量持续发展提供新动能。在创新投入加大的带动下，沪市主板产业升级不断演进。一方面，科技创新带动产业向高端化、智能化方向升级；另一方面，绿色发展引领产业向节能减排、低碳环保方向转型。

战略性新兴行业投资增速尤为强劲。2021 年上半年，计算机通信制造业、设备制造业、医药制造业、电气机械制造业合计投资增速达 44%，高于制造业整体水平。其中，医疗器械、光伏设备增速分别为 58.6%、34.8%，成为创新驱动发展的拉动性、引领性行业。在传统行业方面，新旧动能转换全面提速，拉动长期资产投资增幅居前。其中，建筑材料、钢铁等行业推动产业升级，完成技术改造，上半年投资支出分别增长 44% 和 29%。

2. 科创板整体业绩逐年增长，产业集聚逐步形成

2019 年 6 月 13 日，科创板正式开板并开展注册制试点；7 月 22 日，科创板首批公司上市。截止到 2021 年 8 月 31 日，科创板共有 331 家上市公司。据上交所网站披露，至 2021 年上半年，科创板公司共计实现营业收入 3040.50 亿元，归母净利润 433.19 亿元，同比增长 55.14% 和 105.24%。超九成公司实现营业收入增长，56 家公司实现营业收入翻番，两成公司营业收入超过 10 亿元；超七成公司归母净利润实现增长，三成公司净利润增幅达到 100% 以上，最高达 743 倍。值得关注的是，在科创板更具包容性的上市条件下，先后有 19 家上市时未盈利企业、4 家红筹企业、2 家特殊股权结构企业和 1 家发行存托凭证企业成功上市。2021 年上半年，这些企业整体营业收入增幅达到 56.82%，发展势头良好。其中，16 家未盈利企业合计实现营业收入 111.74 亿元，同比增长 129.46%。

科创板重点支持新一代信息技术、高端装备、新材料、新能源、节能环保以及生物医药六大行业，产业集聚和品牌效应逐步显现。2020 年，科创板六大行业均实现不同程度增长。其中，生物医药行业以营业收入 44% 的增速位列第一。科创板支持和鼓励"硬科技"企业上市，对科技龙头企业的吸引力不断提高，中芯国际、中国通号、华润微等行业标杆型企业先后登录科创板。在多个面向科技前沿的"硬科技"领域，汇聚了一批涉及各产业链环节、多应用场景的创新企业，在促进科技、资本和产业高水平循环中更进一步。如澜起科技、沪硅产业等 29 家集成电路公司涵盖了上游芯片设计、中游晶圆代工以及下游封装测试全产业链，同时兼备半导体材料和设备等支撑环节；新兴数字产业链、工业机器人产业链、光伏产业链、动力电池产业链等均已初显规模。

3. 科创板公司研发投入持续加码，创新成果丰富

科创板作为科技创新型企业聚集地，截至 2021 年 8 月，共有 95 家上市公司入选国家级专精特新"小巨人"企业名录，分别占科创板上市公司总数的 29%、专精特新"小巨人"企业上市总数的 30% 和注册制下专精特新"小巨人"企业上市总数的 77%，主要分布在新一代信息技术、高端装备制造等行业，其中包括多个细分行业"隐形冠军"。

2021 年上半年，科创板公司合计研发投入金额达到 254.03 亿元，研发投入占营业收入比例平均为 14%。其中，集成电路、生物医药等行业研发投入强度居前，微芯生物等 26 家公司研发投入占营业收入比例超过 30%。与高研发投入相匹配，科创板上市公司已拥有近 10 万人的科研队伍，研发人员占公司员工总数的比例平均近三成，中芯国际、中国通号等 16 家公司研发团队规模在千人以上。高强度研发投入和高水平科研队伍，为科创板公司推进核心技术攻关和科研成果转化奠定了坚实基础。得益于持续稳定的高研发投入，科创板公司在科技创新方面取得了一系列新进展、新突破。截至 2021 年上半年末，科创板公司共有发明专利 35106 项，平均每家公司拥有发明专利 106 项。

4. 科创板试点多项创新制度，引导资源向科创领域集聚

科创板自成立以来，发挥制度改革"试验田"功能，从再融资、并购重组、股权激励、信息披露等多个方面推进关键制度创新，形成可复制、可推广的经验。主要有以下几个方面：

第一，试点注册制，包容性上市条件吸纳特殊类型企业。进入 2000 年后，中国新经济独角兽企业在全球独角兽 500 强中，数量与估值均常年排名第一。但资本市场在服务快速成长期中小企业融资发展方面存在功能缺失，导致大量优秀的独角兽企业频频流失海外或中国香港特别行政区资本市场。注册制改革后的中国资本市场，开始逐步补足这一功能缺失。科创板多样化和包容性的上市条件，适应不同类型、不同发展阶段企业的差异化融资需求，助力创新发展。截至 2020 年底，已有 20 家特殊类型的企业成功上市，包括 18 家未盈利企业、2 家特殊股权结构企业、3 家红筹企业。这些企业在上市后收入整体实现增长，亏损有所收窄，发展势头总体良好。

第二，股权激励制度。截至 2020 年底，已有 109 家公司推出 124 份股权激励计划，约占科创板公司总数的 41%，其中，半导体、新一代信息技术等"卡脖子"行业的公司数量占比超过四成。绝大多数公司选择第二类限制性股票作为激励方式，激励对象涉及核心技术人员、管理人员及其他骨干员工超过 2 万余人，平均占公司全体员工数量的 23%，激励范围广、力度强，有利于促进公司核心人才队伍建设和稳定。

第三，创新交易机制安排和非公开询价转让制度。2020 年，科创板推出询价转让制度，引导 PE（私募股权投资）、VC（创业投资）等创投资本有序退出，截至 2020 年底，已有 6 家科创板公司共 7 批股东试水股份询价转让业务，满足了创新资本退出需求，同时引入增量资金和有建仓需求的公募基金等专业投资者，形成了更加市场化的减持安排，实现长期投资者与风险投资人的有序"接力"。

（三）新三板推动技术创新情况分析[1]

1. 全国中小企业股份转让系统的发展现状

全国中小企业股份转让系统（俗称新三板）于 2013 年正式揭牌运营，是依据《证券法》设立的继上交所、深交所之后第三家全国性证券交易场所。2013 年，《关于全国中小企业股份转让系统有关问题的决定》明确了新三板主要为创新型、创业型、成长型中小企业发展服务的市场定位。2019 年 10 月 25 日，正式启动全面深化新三板改革。2020 年 6 月，《关于全国中小企业股份转让系统挂牌公司转板上市的指导意见》打通了中小企业在资本市场的上升通道。2020 年 7 月 27 日，精选层正式设立并开市交易。随着 2021 年 9 月北京证券交易所运营，精选层平移至北交所，新三板维持创新层和基础层两个板块。从上市公司数量来看，截至 2021 年底，北交所上市公司（即精选层公司）82 家，新三板创新层挂牌公司 1224 家，基础层挂牌公司 5749 家。

如表 4-1 所示，截至 2020 年末，新三板存量挂牌公司 8187 家，中小企业占比 94%，总市值 2.65 万亿元。从挂牌公司数量、总股本、总市值等衡量市场规模的指标来看，呈现了逐年下降的趋势；从股票交易的成交金额和数量来看，表现出先减后增的趋势，换手率和 60 日市盈率逐年提高；机构投资者和个人投资者的数量都维持了增长的趋势。这是因为 2016 年新三板启动分层管理机制，并设置了较高的投资者门槛，例如基础层的要求是 200 万元，普通投资者很难进入这个市场，导致流动性较差。由此，机构投资者参与新三板企业股权融资

---

[1] 本部分数据来源于全国中小企业股份转让系统官方网站披露的历年公司年报及年报实证分析报告。

积极性不高，进一步导致中小企业大量退出新三板，2017 年发生规模性的摘牌情况。截至 2019 年底，新三板上市企业仅为 8900 多家；截至 2021 年 9 月 2日，新三板精选层、创新层、基础层的挂牌公司分别有 66 家、1250 家、5988家，合计仅 7304 家。新三板市场整体状况不容乐观。

表 4-1　全国中小企业股份转让系统历年主要指标

指标		2020 年	2019 年	2018 年	2017 年
挂牌规模	挂牌公司家数	8187	8953	10691	11630
	总股本（亿股）	5335.28	5616.29	6324.53	6756.73
	总市值（亿元）①	26542.31	29399.60	34487.26	49404.56
股票发行②	发行次数	716	637	1402	2725
	发行股数（亿股）	74.54	73.73	123.83	239.26
	融资金额（亿元）	338.50	264.63	604.43	1336.25
优先股发行	发行次数	2	11	9	10
	融资金额（亿元）	0.24	3.60	2.59	1.80
股票交易	成交金额（亿元）	1294.64	825.69	888.01	2271.80
	成交数量（亿股）	260.42	220.20	236.29	433.22
	换手率（%）	9.90	6.00	5.31	13.47
	市盈率（倍）	21.10	19.74	20.86	30.18
	60 日市盈率（倍）	20.31	18.21	17.25	-
合格投资者账户数	机构投资者（万户）	5.74	4.27	4.03	3.59
	个人投资者（万户）	160.08	19.02	18.31	17.31

数据来源：全国中小企业股份转让系统官方网站。

2. 挂牌公司的行业分布

由表 4-2 可见，受益于政策支持，新三板的挂牌公司主要分布在制造业、信息传输、软件和信息技术服务业、租赁和商务服务业以及科学研究和技术服务业，新三板 78.6% 的挂牌公司和绝大多数精选层公司分布在占比前四位的上述行业中。

2020 年，医疗器材制造、化学药品原料药等医药行业公司，在抗击新冠疫情过程中，收入规模显著扩张。受益于国家发展清洁能源产业，实现碳中和、碳达峰目标的政策支持，新能源产业公司业绩大幅增长。在新能源生产端，光伏产业挂牌公司逐步消化补贴退坡的不利影响，盈利总额大幅增长，已消化前

---

① 2020 年总市值按照《证券期货业统计指标标准指引（2019 年修订）》规定口径统一调整计算。

② 2020 年共有 179 家挂牌公司进行 183 次自办发行，累计发行 4.34 亿股，15.10 亿元。

期亏损，整体实现扭亏为盈。以 5G 为代表的新基建项目的加速推进，促进电子设备和电子元器件制造等相关产业链挂牌公司业绩实现较快增长。受到近年来国家鼓励发展集成电路产业的一系列金融和财税政策支持，集成电路和半导体相关行业挂牌公司 2020 年普遍进入投资扩产阶段，固定资产投资规模不断扩大。

表 4-2　2020 年末新三板挂牌公司行业分布情况

管理型门类行业	2020 年末			
	全市场家数	占比	精选层家数	占比
制造业	4016	49.05%	29	70.73%
信息传输、软件和信息技术服务业	1605	19.60%	6	14.63%
租赁和商务服务业	422	5.15%	1	2.44%
科学研究和技术服务业	393	4.80%	1	2.44%
批发和零售业	362	4.42%	1	2.44%
建筑业	280	3.42%	—	—
文化、体育和娱乐业	189	2.31%	—	—
农、林、牧、渔业	189	2.31%	—	—
水利、环境和公共设施管理业	152	1.86%	2	4.88%
交通运输、仓储和邮政业	148	1.81%	-	-
金融业	104	1.27%	-	-
电力、热力、燃气及水生产和供应业	101	1.23%	1	2.44%
房地产业	60	0.73%	—	—
教育	61	0.75%	—	—
卫生和社会工作	34	0.42%	—	—
采矿业	25	0.31%	—	—
住宿和餐饮业	28	0.34%	—	—
居民服务、修理和其他服务业	18	0.22%	—	—
合计	8187	100.00%	41	100.00%

数据来源：全国中小企业股份转让系统官方网站。

3. 挂牌公司的研发投入情况

近年来，新三板创新驱动深入推进，研发产出效果显著。2020 年，在国家创新驱动发展战略的引导下，挂牌公司研发投入合计 492.71 亿元，同比增长 3.22%；平均研发强度 3.43%，较上年增长 0.12 个百分点，有 1460 家公司研发强度大于 10%。高新技术企业研发贡献作用突出，671 家公司研发投入 80.33

亿元，6.08%的研发强度显著高于平均水平。

挂牌公司得益于持续增长的研发投入，在技术创新方面取得重要成果和突破进展。生物医药行业挂牌公司长期保持高研发投入，2020年平均研发强度达11.46%。芯片行业挂牌公司全年研发投入累计11.51亿元，研发强度7.57%，多数企业为芯片行业上市公司和龙头企业提供封装测试等产业链中下游关键环节的制造和服务。

（四）北京证券交易所推动技术创新情况分析[①]

1. 北京证券交易所的成立背景

从各项指标来看，我国A股上市公司的平均值远远超过中小企业的规模，即使科创板也是如此。而我国4000多万企业中95%为中小企业，其中科技型中小企业超过22万家，除了数量庞大，创新能力也十分突出，我国70%以上的技术创新成果、80%以上的新产品出自中小企业。然而，资本市场针对中小企业尤其是科技型中小企业提供的直接融资严重缺失。

从上市门槛来看，即使科创板和创业板，大部分创新型中小企业也难以企及。总体来看，资本市场对中小企业创新发展的支持极其有限。科创板、创业板虽然开始推行注册制改革，但至2021年底，通过注册制上市的企业只有578家。现在，只有科创板允许未盈利企业（但对营业收入和预计市值有较高要求）、同股不同权企业上市，但科创板只有352家上市公司，不到A股上市公司的8%，其中，未盈利上市企业仅16家，同股不同权上市企业仅2家，对中小企业创新发展的制度安排更多是象征意义。在此背景下，推出能够更好地服务创新型中小企业的资本市场已经势在必行。

北京证券交易所（简称北交所）于2021年9月3日注册成立，旨在助力越来越多的中小企业、专精特新企业得到多层次资本市场的支持，迎来更高质量发展。北交所是经国务院批准设立的我国第一家公司制证券交易所，2021年11月15日开市。首批上市81家公司，其中71家为存量新三板精选层公司平移而来，另外10家为已完成公开发行等程序的企业，先进制造业、现代服务业、高技术服务业、战略性新兴产业等领域的公司占比87%，17家为专精特新"小巨人"企业。

2. 北京证券交易所的基本指标分析

北京证券交易所以现有的新三板精选层为基础组建，总体平移精选层各项基础制度，与创新层、基础层一起组成"升级版"新三板。北交所与新三板现

---

① 本部分数据来源于全国中小企业股份转让系统官方网站披露的历年公司年报及年报实证分析报告。

有创新层、基础层形成"层层递进"的市场结构，精选层挂牌公司直接上市，省去了转板过程。原新三板市场流动性有限，且波动较大，北交所的设立将增强市场流动性，能够"反哺"新三板的数千家中小企业，未来能够吸引更多优质和长线资金入市，提供更多专精特新中小企业标的。

如表 4-3 所示，截至 2021 年底，北交所上市公司 82 家，按照注册地划分，覆盖全国 23 个省市，江苏、北京、广东数量居前；分行业来看，覆盖 8 个行业，信息技术、工业、原材料居前三；上市公司平均总市值 33.67 亿元。日均成交额较 2021 年 8 月精选层增长 3.04 倍，整体年化换手率 434.26%，符合中小市值股票流动性特征；2021 年北交所全市场股票平均涨幅 98.90%，市场财富效应初步显现；投资者数量超 475 万，是北交所设立消息宣布前的约 2.8 倍；存量公募基金入市交易，8 只新设主题基金全部超募，社保基金、QFII（Qualified Foreign Institutional Investor，合格境外机构投资者，以下简称 QFII）已经进场，机构投资者加速布局。创新层和基础层获得有效带动，全年成交额同比增长 19.76%，10 只指数全部上涨。

表 4-3　2021 年北京证券交易所主要统计指标概览①

市场规模	上市公司家数	82
	总股本（亿股）	122.69
	总市值（亿元）	2722.75
股票发行	发行次数	41
	发行股数（亿股）	8.22
	融资金额（亿元）	75.22
股票交易	成交金额（亿元）	1609.80
	成交数量（亿股）	95.86
	流通股本（亿股）	57.27
	流通市值（亿元）	1073.82
	换手率（%）	206.50
	市盈率（倍）	46.66

数据来源：北交所官方网站。

从总市值来看，北交所上市公司中占比最高的为总市值 10 亿—20 亿元的公司，截至 2021 年底共 42 家，占比 51.22%；而总市值 100 亿元以上的企业共 4 家，仅占比 4.88%，这也与北交所服务专精特新中小企业的定位相一致。

---

① 发行、交易数据包含 1 月 1 日至 11 月 12 日精选层公司数据。

3. 北京证券交易所多重制度创新支持科创型企业

北交所在新三板精选层的基础上组建，定位于为专精特新中小企业发展创造更好的资本市场环境，由此致力于构建一套契合创新型中小企业特点的涵盖发行上市、交易、退市、持续监管、投资者适当性管理等基础制度安排，以提升制度包容性和精准性，提高多层次资本市场发展普惠金融的能力。具体来看，北交所进行的制度创新主要表现在以下几个方面：

其一，推动了我国注册制改革进程。2019 年 7 月，科创板开市并试点注册制。2020 年 8 月，创业板迈入注册制时代。2021 年 11 月，北交所正式开市，同步试点注册制，代表了注册制改革向前推进。

其二，设置更低的入市门槛，与其他资本市场一起构建全链条服务中小企业的市场体系。具体来看，通过与新三板一体发展，与沪深市场互联互通，建立与区域股权市场对接机制，层层递进优化创新层投资者门槛。对比各板块的上市条件可以看出，虽然科创板和创业板推出了注册制，但对于企业 IPO 的发展阶段与规模的要求仍是同质化的，实现 IPO 的企业大多是处于成熟期、发展阶段相对靠后的高利润企业。

数据显示，科创板近两年来，首发上市企业上市前一年度净利润中位数为 7400 万元；创业板企业规模也居高不下，2020 年以来，创业板注册制首发上市企业共有 182 家，上市前一年净利润中位数为 7600 万元。北交所则试图补足中国资本市场无法为中小企业服务这一功能性缺失。通过宽松的上市标准、依托新三板精选层、缩短审核时限、降低投资者门槛、放松涨跌幅限制等举措，优化支持中小企业融资，让成长中的创新型中小企业具有参与市场直接融资的机会，助力其成长为具有供应链影响力的专精特新"小巨人"企业。

（五）区域性股权交易市场①推动技术创新情况分析

区域性股权交易市场（俗称四板市场）。2008 年，我国第一家区域性股权市场——天津股权交易所诞生。2012 年 8 月中国证监会发布《关于规范证券公司参与区域性股权交易市场的指导意见（试行）》，地方政府积极推动，地方性国有资本、证券公司、沪深交易所以及民间资本等多种形式的社会资本广泛参与，形成了区域性市场建设的热潮。

1. 区域性股权市场发展概况

随着各项政策落地，我国区域性股权市场在规范中稳步发展。2022 年 1 月 7 日，证监会公示全国区域性股权市场运营机构备案名单，各省、自治区、直

---

① 本部分数据来源于区域性股权交易市场及各地区股交中心官方网站披露的文件。

辖市、计划单列市共设立区域性股权市场运营机构 35 家，作为我国多层次资本市场"金字塔"的塔基，目前全国基本形成了"一省一市场"的格局。

从挂牌公司来看，据中国证券业协会区域性股权市场委员会统计，截至 2021 年 12 月底，全国区域性股权市场共有挂牌公司 3.81 万家，展示企业 13.84 万家，托管公司 5.77 万家。从融资服务看，截至 2021 年 12 月底，区域性股权市场累计实现各类融资 16664.63 亿元，年增长率为 17.39%。其中，股权融资 3674.39 亿元，年增长率为 25.13%；债券融资 4420.31 亿元，年增长率为 8.91%；股权质押融资 5951.80 亿元，年增长率为 19.58%。

区域性股权市场作为资本市场的塔基，肩负着增强金融服务普惠性、培育创新创业市场主体、拓宽企业融资渠道、提高直接融资比重的重任。上述系列数据，大致勾勒出我国区域性股权市场发展现状。可以看出，区域性股权市场已经走上稳健发展之路，各项功能正逐渐发挥。

2. 多家区域市场设立专精特新板及其他特色板块

近年来，在服务中小微企业的实践中，区域性股权市场在助力脱贫攻坚、支持科技创新等对接国家战略方面，探索出一些新模式和新路径，其中包括通过创设专精特新等一系列特色创新板块，支持科创型中小企业发展。

从 2017 年至 2021 年，工信部认定了三批近 5000 家专精特新"小巨人"企业。2021 年，国务院印发《为"专精特新"中小企业办实事清单》，在畅通市场化融资渠道方面，针对性提出了多项举措，其中包括在区域性股权市场推广设立专精特新专板，推动了区域性股权市场加大对专精特新中小企业的支持力度。截至 2021 年末，全国已有 15 家区域市场设立专精特新板或特色板块，还有十余家拟推出专精特新板，致力于发挥中小企业服务平台作用，对专精特新企业开展上市辅导、直接融资线上培训等综合服务。

3. 与高层次资本市场转板联动

实践中，各区域市场具有"育苗"功能，培育辖内上市后备企业，与新三板、北交所等更高层次资本市场建立互联互通机制，助力企业对接高层次资本市场。随着北交所开市，各地股权交易中心也迎来发展新机遇。

一方面，区域性股权市场建立了优质中小企业的蓄水池，暂时不具备上市挂牌条件的企业，可以先行培育资本市场意识，学习资本市场规则。区域市场可以从北交所制度建设、企业登录北交所的标准和路径分析等方面为企业答疑解惑，指导中小企业特别是专精特新企业借力资本市场谋求发展。

另一方面，区域性股权市场联通了多层次资本市场，可持续推动创新型中小企业进入新三板挂牌再到交易所上市。北交所的设立将有助于区域性股权市场与沪深交易所、新三板的互通联动。截至 2021 年底，区域市场累计转板沪深交易所上市的有 97 家，转到新三板挂牌的 738 家，被上市公司和新三板挂牌公司收购 64 家。

综上，多个资本市场形成了功能互补、制度多元的资本市场体系。区域性股权市场作为资本市场的塔基，主要为当地中小微企业提供综合金融服务。北交所服务于"更早、更小、更新"的创新型中小企业，即专精特新[①]中小企业和"小巨人"企业。科创板则定位于面向符合国家战略、突破关键核心技术、市场认可度高的科技创新企业，侧重硬科技特色，重点聚焦"独角兽""瞪羚"等高新技术企业。创业板则突出了创新创业成长型的特点，支持传统产业与"四新"，即新技术、新产业、新业态、新模式深度融合，推动传统产业的创新升级。沪深主板更侧重于发展成熟且有稳定盈利的中大型企业。随着改革推动，一条围绕创新型中小企业的融资全链条还在不断延伸，形成了从创投基金和股权投资基金，到区域性股权市场，再到新三板和交易所市场的持续支持中小企业科技创新的全链条服务体系。

三、上市公司的技术创新情况——以天津市为例

前述内容对我国多层次资本市场支持技术创新的整体情况进行了详尽的分析，接下来将以天津市为例，根据上市公司年报数据，从微观角度分析各上市公司利用资本市场开展创新活动的情况，为后续提炼存在的问题并提出完善建议提供分析基础。

---

　　① 专精特新中小企业 2016 年由工信部提出，是指具有"专业化、精细化、特色化、新颖化"特征的中小企业，企业规模必须符合国家《中小企业划型标准》的规定。"专"，即专业化，是指采用专项技术或工艺，通过专业化生产制造的专用性强、专业特点明显、市场专业性强的产品，其主要特征是产品用途的专门性、生产工艺的专业性、技术的专有性和产品在细分市场中具有专业化发展优势。"精"，即精细化，是指采用先进适用技术或工艺，按照精益求精的理念，建立精细高效的管理制度和流程，通过精细化管理，精心设计生产的精良产品，其主要特征是产品的精致性、工艺技术的精深性和企业的精细化管理。"特"，即特色化，是指采用独特的工艺、技术、配方或特殊原料研制生产的，具有地域特点或特殊功能的产品，其主要特征是产品或服务的特色化。"新"，即新颖化，是指依靠自主创新、转化科技成果、联合创新或引进消化吸收再创新方式研制生产的，具有自主知识产权的高新技术产品，其主要特征是产品（技术）的创新性、先进性，具有较高的技术含量，较高的附加值和显著的经济、社会效益。

（一）上市公司行业分布及融资情况

1. 上市公司行业分布

根据银监会的统计，截至 2021 年末，天津市上市企业情况如表 4-4 所示，在沪深两市挂牌的企业共 63 家，较上年增加 3 家。从具体市场来看，在上交所、深交所主板以及深交所创业板上市的企业分别为 29 家、18 家和 12 家，均较上年新增 1 家。科创板上市公司 4 家，与去年持平。新三板挂牌 132 家，较上年减少 16 家。在区域性股权市场即天津滨海柜台交易市场挂牌的公司 1002 家。上述上市公司的总股本共 907.26 亿股，较上年增加 23.58 亿股；上市公司总市值 12281.74 亿元，较上年增加 3050.87 亿元。

表 4-4　截至 2021 年末天津市上市挂牌公司指标

指标名称	单位	当期值	上年同期值
上市公司家数按股票市场分（家）	上交所主板上市公司家数	29	28
	深交所主板上市公司家数①	18	17
	创业板上市公司家数	12	11
	科创板上市公司家数	4	4
	合计	63	60
新三板挂牌公司家数（家）		132	148
区域性股权市场挂牌公司家数（家）		1002	974
拟上市公司家数		27	27
上市公司总股本（亿股）		907.26	883.68
上市公司总市值（亿元）		12281.74	9230.87

数据来源：《2021 年 12 月天津辖区证券期货市场统计月报表》，中国证监会天津监管局。

据新三板官网披露，截至 2022 年 5 月，天津市在新三板挂牌的公司共 129 家，其中 18 家为创新层，111 家为基础层。分行业来看，主要分布在软件和信息技术服务业（15 家）、专用设备制造业（11 家）、通用设备制造业（9 家）、商务服务业（8 家）、电气机械和器材制造业（7 家）。由于新三板公司披露数据有限，在此仅分析天津市在上交所主板、深交所主板、创业板以及科创板上市的公司情况，后文所称的上市公司也仅限于这四类板块上市的公司。

从上市公司的行业分布情况来看，占比最大的为医药制造业（9 家），占比14.29%，然后是专用设备制造业（6 家），房地产业、批发和零售业、计算机、

---

① 从 2021 年 4 月开始，中小板上市公司并入深交所主板，"当期值"反映合并后数据，"上年同期值"不作调整。

通信和其他电子设备制造业（5家），电气机械和器材制造业、交通运输、仓储和邮政业（4家），其他行业分别只有1—2家企业。可见，天津市上市公司占比较高的行业如医药制造业、专用设备制造业、计算机、通信和其他电子设备制造业均为战略性新兴产业，除此之外，其他上市公司均分布于天津市的传统优势产业中。

2. 股票发行募资情况

从股票发行募集资金情况来看，截至2020年底，天津市上市公司股票发行总股本883.68亿股，总市值9230.87亿元，平均每股10.45元。股票首发数量54.95亿股，累计股票筹资792.72亿元，平均每股筹资14.43元。从2020年来看，天津市新增股票筹资额230亿元，根据《2020年天津市国民经济和社会发展统计公报》披露，2020年天津市社会融资规模增量累计为4508亿元，各项贷款余额38859.42亿元，当年新增2718.15亿元。制造业中长期贷款余额1038.15亿元。由比可见，无论是对比新增贷款，还是对比制造业中长期贷款，2020年天津市企业通过股票市场筹得的资金总额均较为有限，再次表明银行贷款这一融资渠道对于企业的重要地位，股票市场相对而言融资能力较弱，而且惠及的企业均为规模较大的成熟期企业，数量十分有限。

1994年以来，天津市每年新增股票筹资额如图4-1所示。可以看出，2004—2006年个别年份没有新企业上市，因此首发股票数量和筹资额均为零，而在2007年中远海控、中海油服、中环股份等大型企业上市，首发股票数量和筹资额在2007年出现高点，新增首发股票243387万股，新增股票筹资额2242722万元，平均每股筹资9.21元。此外，2020年新上市企业6家，为友发集团、捷强装备、康希诺、泽达易盛、锐新科技、建科机械，虽然首发股票数量少于2007年，为67967万股，但新增股票筹资额高于2007年，为有史以来的新高，达到2299900万元，平均每股筹资33.84元。

从与其他省市对比情况来看，以2021年为例，我国企业IPO数量和融资金额按企业主营业务所在地的地域分布情况如图4-2所示，IPO企业数量按照从多到少排列。2021年，从我国31个省份对比来看，无论是IPO数量还是融资金额，广东、浙江、江苏、上海、北京均遥遥领先于其他省市。天津市IPO企业4家，首发融资金额91.38亿元，从IPO企业数量来看，在31个省市中排名19，从首发融资金额来看，排名第11位；对比来看，相比于IPO数量排名第1的广东（IPO企业108家，融资金额1140.03亿元），以及首发融资金额排名第一的北京（IPO企业73家，融资金额2898.8亿元），均存在较大差距。

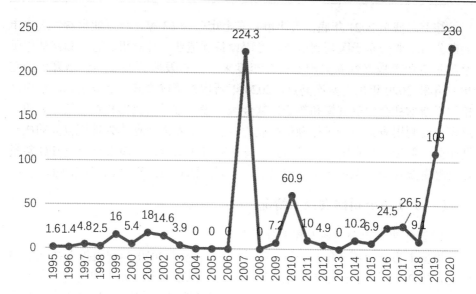

图 4-1　天津市新增股票筹资额（亿元）

资料来源：《天津市统计年鉴》，2021 年。

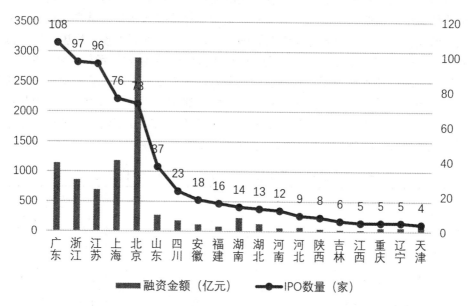

图 4-2　2021 年中国企业 IPO 数量和融资金额地域分布

数据来源：私募通。

综上，截至 2021 年底，天津市共有上市公司 63 家，分行业来看，天津市上市公司主要分布于医药制造业、专用设备制造业、计算机、通信和其他电子设备制造业等战略性新兴产业；分年度来看，首发股票数量和新增筹资额在2007 年和 2020 年出现两次高点，2020 年新增筹资额突破了 230 亿元。然而，相比于新增社会融资规模和新增贷款金额，股票市场筹资额相对较低，表明天津市企业利用股票市场进行融资的能力较弱，惠及的企业均为规模较大的成熟期企业，数量十分有限。与我国其他省市的对比来看，天津市无论是 IPO 数量还是融资金额均无缘前十位，较北京、广东、浙江、江苏等发达省市差距巨大。

（二）上市公司研发投入情况

1. 近年来上市公司研发投入分析

根据上市公司历年年报披露，天津市上市公司 2020 年研发投入共 130.83亿元，较 2019 年的 121.67 亿元增加 7.44%。2020 年天津市上市公司中研发投入居前 10 位的公司如表 4-5 所示，除了中环股份和康希诺外，其余 8 家均为上交所上市企业；分行业来看，前 10 家公司中，中海油服、海油工程、国机汽车和中远海运 4 家公司成立和上市较早，属于天津市传统优势行业，除此之外均为战略性新兴行业或者高技术产业。从研发投入的绝对量来看，采矿业的资产优势使得中海油服和海油工程两家企业无论是经费投入还是人员投入都相对领先。研发投入最高的三六零属于互联网行业，近两年的研发投入均居首位，占营业收入的比重也在 20% 左右，领先于其他企业；从研发经费投入强度来看，计算机、通信和其他电子设备制造业的另外两家企业——中科曙光和七一二通信广播公司，研发投入占营业收入比重分别达到 9% 和 21% 以上，远高于其他企业；从研发人员占企业全部从业人员的比重来看，2020 年这 3 家公司占比分别为 62.45%、61.19% 和 40.17%，远远领先于其他企业。

表 4-5　2020 年天津市上市公司研发投入前 10 位公司

市场	公司	行业	研发投入（亿元）	占营收比重（%）	研发人员	
					人数	占比%
上交所	三六零	信息传输、软件和信息技术服务业	29	24.72	4146	62.45
上交所	中海油服	采矿业	13	4.50	1,689	11.60
上交所	海油工程	采矿业	9.83	5.50	1734	22.00
上交所	中科曙光	计算机、通信和其他电子设备制造业	9.40	9.25	2,039	61.19

续表

市场	公司	行业	研发投入（亿元）	占营收比重（%）	研发人员	
					人数	占比%
深主板	中环股份	电气机械和器材制造业	9.09	4.77	886	8.64
上交所	天士力	医药制造业	6.00	4.42	1,295	13.95
上交所	国机汽车	批发和零售业	5.93	1.34	580	10.84
上交所	七一二	计算机、通信和其他电子设备制造业	5.78	21.44	846	40.17
科创板	康希诺	生物医药	4.29	-	219	30.17
上交所	中远海运	交通运输、仓储和邮政	2.60	0.15	686	2.13

数据来源：根据上市公司历年年报整理。

从研发投入前 20 位的公司所属行业来看，其中有 8 家属于医药制造业或生物制药业，其中科创板上市的赛诺医疗的研发经费投入强度是全部上市公司最高的，2020 年高达 48.62%。相比之下，房地产业、金属制品业和批发零售业的上市公司研发投入相对落后。

综上可见，近年来天津市上市公司整体的研发投入保持了较高的增速，采矿业等传统优势行业基于资产规模在研发投入上也具有优势。研发投入领先的上市公司大多数属于战略性新兴行业或高新技术产业，其中计算机、通信设备制造业及信息传输、软件和信息技术服务业的研发投入强度均领先于其他行业。医药制造业或生物制药业也表现出了高研发投入的特征，成长为天津市的新兴优势行业。

2. 与我国其他省市上市公司研发投入对比分析

我国 4 个直辖市、270 个地级市拥有 A 股上市公司共 4200 余家，我国部分地级市上市公司研发投入情况如表 4-6 所示。从排名情况来看，天津市 2018 年、2019 年及 2020 年前三季度的上市公司研发投入在全国主要城市中的排名分别为第 14 位、第 10 位和第 14 位，2019 年进入前 10，但 2020 年再度回到 14 位，相比在下，京、深、沪、杭、广、苏等城市的研发投入遥遥领先于其他城市，稳居前 6 位。从研发支出绝对金额来看，天津市近 3 年的投入在 100 亿元左右，相比之下，排名第 1 的北京投入在 2000 亿元左右，北京由于央企集中，无论从研发支出总额还是研发支出占比来看，优势都十分明显，以 2019 年为例，研发支出超过百亿的公司共 10 家，除了上海的上汽集团、广东的中兴通讯外，其余 8 家均在北京。分列 2、3 位的深圳和上海也接近 1000 亿元，这 3 个城市远远领先于其他城市，占据全国上市公司研发支出的绝对比重。排名第 4、5

位的杭州和广州的研发支出在 200 亿—300 亿元之间，其余城市的投入则基本在 150 亿元以下，差距相对较小。

表 4-6 全国排名前 15 位城市上市公司研发支出情况（亿元）

排名	城市	2018 年	2019 年	2020 年 Q1—Q3	2019 年排名变化	2020 年 Q1—Q3 变化
1	北京市	1928.6092	2324.1511	1444.0595	0	0
2	深圳市	812.9041	927.2995	653.9187	0	0
3	上海市	760.8444	879.2155	603.8873	0	0
4	杭州市	257.183	295.9354	227.5056	0	0
5	广州市	205.3001	220.4538	112.9578	0	0
6	苏州市	149.1818	164.6310	104.3119	0	0
7	佛山市	140.8878	145.4149	103.5844	−1	1
8	长沙市	100.8722	121.0645	93.5274	2	3
9	青岛市	97.4713	119.3066	87.8054	4	3
10	南京市	134.1031	154.8150	86.178	1	−3
11	宁波市	106.3690	118.2250	81.6012	−3	2
12	武汉市	102.4739	125.1228	77.0778	3	−3
13	潍坊市	104.9074	116.2475	76.8165	−3	1
14	天津市	99.7247	121.3854	75.2906	4	−4
15	珠海市	110.2123	103.4145	66.117	−8	2

数据来源：wind 数据库。

如表 4-7 所示，从各省市上市公司的研发支出投入强度来看，天津市的研发投入强度排名相对靠前，2018 年和 2019 年的研发投入强度分别为 4.32% 和 4.61%，分别排名第 3 位和第 2 位；2020 年前三季度的投入强度为 4.3%，落后于北京（5.27%）和广东省（4.43%），排名回到第 3 位。

表 4-7 各省市上市公司研发支出占营业收入比重（%）

排名	省市	2018 年	2019 年	2020 年 Q1—Q3	2019 年排名变化	2020 年 Q1—Q3 排名变化
1	北京市	5.01	5.69	5.27	0	0
2	广东省	4.39	4.55	4.43	−1	1
3	天津市	4.32	4.61	4.3	1	−1
4	湖北省	3.98	4.14	4.01	0	2
5	江苏省	3.91	4.17	3.98	3	0

排名	省市	2018 年	2019 年	2020 年 Q1—Q3	2019 年排名变化	2020 年 Q1—Q3 排名变化
6	福建省	3.7	3.85	3.92	0	7
7	浙江省	3.84	3.97	3.84	2	1
8	上海市	4.16	4.1	3.81	-3	−1
9	河南省	3.77	4.19	3.69	7	−5
10	湖南省	3.94	3.93	3.62	-3	0

数据来源：wind 数据库。

综上可见，与我国其他省市或主要城市相比，近年来天津市上市公司的研发投入绝对金额排名在第 14 位左右，相比北京、深圳、上海等领先城市较为落后，但从研发投入占营业收入比重这一投入强度指标来看，近年来天津市排名在前 3 位，仅落后于北京和广东，相比其他省市较为领先。

（三）创业板和科创板企业的创新情况

据银监会统计，截至 2021 年末，天津市创业板上市的企业 12 家，较上年新增 1 家；科创板上市公司 4 家，与上年持平。表 4-8 列出了天津市创业板上市的 12 家企业 2020 年的创新投入情况，按照研发经费投入从高到低排列，可以看出企业研发投入差距较大，投入经费最高 2.5 亿元，最少 1828 万元，研发人员数量也差异较大，最多 909 人，最少 79 人。从研发投入占营业收入的比重来看，12 家企业的投入强度普遍较高，其中捷强动力强度最大，为 10.49%，经纬辉开最小，为 2.67%；从研发人员占从业人员比重来看，12 家企业的比重远高于工业企业或制造业的平均水平，均高于 10%，其中，捷强动力的人员投入强度最大，为 41.95%，而鹏翎集团最小，为 10.80%。

表 4-8　2020 年天津市创业板上市企业研发投入情况

公司名称	行业	研发投入（万元）	占营业收入比重	研发人员（人）	占从业人员比重
红日药业	医药制造业	25491.3	3.93%	909	15.72%
瑞普生物	医药制造业	15456.33	7.73%	360	15.93%
利安隆	化学原料和化学制品制造业	10159.07	4.09%	290	15.00%
凯发电气	电气机械和器材制造业	8736.38	4.48%	278	18.91%
经纬辉开	计算机、通信和其他电子设备制造业	8327.25	2.67%	365	14.60%
长荣科技	专用设备制造业	7956.45	6.50%	322	19.80%

公司名称	行业	研发投入（万元）	占营业收入比重	研发人员（人）	占从业人员比重
鹏翎集团	橡胶和塑料制品业	6709.55	4.01%	265	10.80%
膜天膜	专用设备制造业	4028.41	8.02%	165	27.92%
津荣天宇	金属制品业	3500.43	3.54%	103	10.28%
捷强动力	专用设备制造业	2816.35	10.49%	112	41.95%
建科机械	专用设备制造业	2668.67	5.72%	79	13.39%
锐新昌	金属制品业	1828.37	4.96%	89	14.57%

数据来源：根据上市公司历年年报整理。

分行业来看，天津市创业板上市企业分布于专用设备制造业、医药制造业、金属制品业以及化工、计算机制造业，大多为战略性新兴产业和高新技术产业。研发投入最为领先的红日药业和瑞普生物属于医药制造业，为战略性新兴产业；其他专用设备制造、化工和金属制品行业则是天津的传统优势产业，研发投入相对较小。

自 2019 年科创板开板以来，截至 2021 年末，天津市共有 4 家企业在科创板上市融资。企业的研发投入情况如表 4-9 所示，从行业来看，生物医药、新材料、新一代信息技术均为战略性新兴行业；从研发经费投入来看，赛诺医疗和康希诺的投入相对较高，其中赛诺医疗的经费投入强度高达 48.62%；从研发人员投入来看，投入强度均高于 19%，远高于其他上市企业的平均水平，持有发明专利数量也相对较高，其中赛诺医疗持有 202 项发明专利，体现了科创板作为科技创新型企业聚集地，上市企业创新能力强的板块特点。

表 4-9　2020 年天津市科创板上市企业研发投入情况

公司名称	研发投入（万元）	占营收比重	研发人员（人）	占从业人员比重	发明专利数量（项）
赛诺医疗	15919.53	48.62%	102	19.35%	202
康希诺	42859.25	-	219	30.17%	21
久日新材料	5214.17	5.16%	192	19.12%	53
泽达易盛	2585.33	10.11%	60	27.03%	18

数据来源：根据上市公司历年年报整理。

（四）滨海柜台交易市场促进技术创新情况

天津滨海柜台交易市场（简称天津 OTC）是天津的区域性股权市场。2019

年 1 月与天津股权交易所完成全面整合，为非上市公司股改挂牌、股权托管、股权转让、路演宣传、培育孵化、咨询顾问、融资对接、私募股票与可转债发行等提供多元化创新产品和金融服务。经过十多年的建设，天津 OTC 把建设"中小微企业综合服务平台、私募股权（科创型企业）投融资服务平台、拟上市企业规范辅导平台"确立为重要发展目标，可见，天津市的区域性股权市场在促进企业创新方面，不仅具有为其提供融资服务平台这一功能，还具有为中小微企业提供综合服务平台，推动企业上市融资的功能。下面围绕天津 OTC 这三个方面的功能分别进行分析。

1. 建立多种类特色业务板块情况

据天津 OTC 官方网站披露，截至 2022 年 2 月，市场中挂牌企业共计 4897 家，板块分布情况如表 4-10 所示，天津 OTC 针对天津中小微企业和创新科技型企业的不同特点，先后建立了梯次递进的直通板、孵化板、众创板、创新板、科技板、成长板、科创专板等股权业务板块为各类企业量身打造进入资本市场的专属通道，分类别、分特点、有针对性地提供改制辅导、融资转让、财务顾问、管理培训、路演宣传、培育孵化等一揽子服务。

表 4-10　天津滨海柜台交易市场挂牌企业板块分布

板块		挂牌企业数（家）	板块	挂牌企业数（家）
科创专板	甄选层	12	专精特新（展示）	17
	精选层	25	国兴专板（展示）	1
	优选层	23	创新板（展示）	281
专精特新板	精选层	1	众创板（展示）	24
	成长层	6	直通板（展示）	1530
成长板		582	孵化板（展示）	254
科技板		37	石交板（展示）	616
创业板		3	融资服务平台（展示）	1138
创新板（挂牌）		300	纯托管企业	31
众创板（挂牌）		16		
合计			4897	

数据来源：天津滨海柜台交易市场官网。

天津滨海柜台交易市场开设了"高新区""国企""智能科技"等 13 个特色板块，为各类企业量身打造进入资本市场的专属通道，截至 2022 年 2 月共上市企业 768 家。具体分布如表 4-11 所示，其中高新区专板的挂牌企业数量最多，达 509 家，遥居滨海新区和全市首位，挂牌科技企业占全市六成以上，挂牌企业通过市场服务获得 4.3 亿元融资支持。高新区专板是其联手滨海高新区打造的 OTC 高新区运营中心，是天津 OTC 瞄准重点区域深度服务科创型企业进行的探索。该板块以"创通票"政策为桥梁，在全国率先利用政府信用撬动中介机构垫资服务的积极性，引导企业进入区域性股权市场。

表 4-11　天津滨海柜台交易市场特色板块挂牌企业数量

板块	挂牌企业数（家）	板块	挂牌企业数（家）
高新区专板	509	文化传媒专板	11
高校专板	47	人力资源专板	6
榴莲专板	30	国企专板	4
玑瑛专板	26	滨海中关村专板	2
鱼坞专板	16	3E 技术创新板	32
科创专板	60	国兴专板	1
专精特新专板	24		
合计			768

数据来源：天津滨海柜台交易市场官网。

2. 为挂牌企业提供融资服务

据天津 OTC 官方网站披露，截至 2022 年 2 月，天津滨海柜台交易市场（天津 OTC）的机构投资者 1502 个，个人投资者 17721 个，共计 19223 个。融资金额总计 702.66 亿元，其中股权融资 156.30 亿元，债券融资 146.60 亿元，股权质押融资 167.74 亿元，其他类型融资 232.02 亿元。据《天津统计年鉴》的数据，截至 2021 年底，天津市上交所和深交所上市公司累计股票筹资额为 792.72 亿元，相比之下，天津市企业通过沪深两市融资额与通过天津 OTC 融资额较为接近，但由于沪深两市上市企业仅 63 家，而 OTC 挂牌企业家数众多，单个企业融资额远低于沪深两市。

3. 孵化培育企业上市

2021 年 5 月，天津 OTC 入围首批"建议支持的国家（或省级）中小企业公共服务示范平台名单"，由此承担带动中小企业成长为国家专精特新"小巨人"企业，以及支持"小巨人"企业上市融资的重要任务。截至 2021 年底，天津 OTC 挂牌企业中，2 家在全国性交易所上市，43 家在新三板挂牌，6 家被上市公司收购。天津 OTC 在培育企业上市方面采取了以下举措：

其一，实施 2020"优服 100"计划。针对天津重点发展的航空航天、生物医药等七大行业筛选 100 家优质企业，设立专项工作组，培育上市梯次队伍。与"雏鹰""瞪羚""领军企业"计划和天津 OTC 科创专板各层级板块扩军工作衔接，针对天津重点发展行业，组织开展贴身服务，强化孵化培育工作。

其二，设立科创专板。结合天津科技企业发展的现状和天津鼓励科技创新的政策设立科创专板，与上交所科创板在企业类型、条件标准等方面对接，形成纵向联动、递进互补的互动关系，开板当日，吸引了 52 家企业集体挂牌。

其三，与国内各大交易所共建天津基地，以此作为服务中小企业上市的重要抓手。2019 年 11 月，与上海证券交易所共同建立资本市场服务（天津）基地，成为上交所首家由区域性股权市场参与共建的服务基地。2021 年 4 月，与深圳证券交易所签署深圳证券交易所天津基地共建协议。此外，还建立了与深交所中关村科技金融路演中心、深交所"燧石星火"路演平台的合作。

第五章　股权投资市场支持科创型企业的实践探索

早期投资、创业投资以及私募股权投资三类股权投资基金是较为常见的服务于成长早期阶段企业的金融机构，分别关注了不同成长阶段的企业，本章将分析这几种类型的基金特点，从细分市场的募投退角度分析其支持科创型企业开展创新活动的情况，并对各省市股权投资市场的发展实践进行对比分析。最后，以天津市为例，从微观视角对股权投资市场中获得投资的具体事件进行分析，重点关注投资轮次、投资金额、行业分布，尤其是战略性新兴行业分布，为后续提出股权投资市场支持科创型企业的问题及对策提供微观基础。

一、股权投资市场整体发展情况

（一）相关概念界定

由于国内业界、学界对本章节所涉及术语的内涵认识不尽一致，在此，有必要将相关概念加以梳理和明确，综合考虑了主流理论、中央政府机构政策文件以及清科研究私募通统计的数据可得性及一致性。

股权投资市场：侧重于投资基金在投入资金后获取被投资企业部分股权为条件这一角度，因此早期投资市场、创业投资市场以及私募股权投资市场均属于股权投资市场的范畴，广义的股权投资市场还包括政府引导基金，由于本书将在第六章中单独讨论政府行为对技术创新的影响，因此将政府引导基金的分析放到第六章，本章暂不分析。

早期投资市场：这一概念侧重于被投资企业所处的成长周期为种子期和初创期这一角度，投资者可以是天使投资人、早期投资机构或部分创业基金，是投资者在创业企业成立初期，为其注入启动资金的一种股权投资形式。从投资轮次来看，早期投资对企业进行投资的轮次界定为 A 轮及 A 轮之前融资（Pre-A

及 Pre-A 之前）。从企业成长周期来看，早期投资的标的企业主要为种子期和初创期企业。

天使投资：根据 2016 年 9 月国务院印发的《关于促进创业投资持续健康发展的若干意见》对天使投资的定义，天使投资是指除被投资企业职员及其家庭成员和直系亲属以外的个人以其自有资金直接开展的创业投资活动。

早期投资机构：开展天使投资的个人被称为天使投资人，进行天使投资的机构被称为天使投资机构，也称早期投资机构、天使投资基金。天使投资基金一般会设有基金经理统筹管理，基金经理必须有丰富的投资管理经验，能够管理好整个投资过程，包括项目的前期寻找与筛选、项目的尽调、项目投资协议的达成、资金进入的整个安排、项目投后的跟进管理等，并会配有法律、市场、人事、公关等各部门的专业人员，充分降低天使投资的风险，提升天使投资的投资效率。我国典型的早期投资机构如真格基金、创新工场、蓝驰创投、青山资本等。

创业投资：Venture Capital，简称 VC，也称风险投资。2005 年，国家发展和改革委等多部门联合发布《创业投资企业管理暂行办法》，指出创业投资是指向创业企业进行股权投资，以期所投资创业企业发育成熟或相对成熟后主要通过股权转让获得资本增值收益的投资方式，其设立需满足一定资本和投资者人数要求。2016 年《关于促进创业投资持续健康发展的若干意见》中提出，创业投资是指向处于创建或重建过程中的未上市成长性创业企业进行股权投资，以期所投资创业企业发育成熟或相对成熟后，主要通过股权转让获取资本增值收益的投资方式。可见，相比于早期投资，创业投资主要投向的企业处于更成熟的成长阶段。我国典型的创业投资机构包括红衫资本、IDG 资本（International Data Group Capital，以下简称 IDG 资本）、晨兴资本、深创投、君联资本、顺为资本、启明创投、GGV 纪源资本（Granite Global Ventures Capital，以下简称 GGV 纪源资本）、经纬中国等。

私募股权投资：Private Equity，简称 PE，其内涵有广义与狭义之分，广义的私募股权投资是指通过私募基金对非上市公司，或者上市公司非公开交易股权进行的权益性投资，侧重于资金募集的方式，主要通过非公开方式面向少数机构投资者或高净值个人募集，而投向的对象可能涵盖成长周期各个阶段的企业，因此广义的私募股权投资涵盖了多种类型的投资基金。而本章仅采用其狭义内涵，是指对已经形成一定规模的，并产生稳定现金流的成熟企业的私募股权投资部分，侧重于基金投资的对象是处于成长阶段的成熟期或成长期后期，这也是 PE 与早期投资和创业投资的主要区别。在我国的实践中提到 PE 时，也是指狭义的内涵，主要表现为并购基金和夹层资本。我国典型的私募股权投资机构包括高瓴资本、腾讯投资、鼎晖投资、中信产业基金、华平投资、淡马锡投资、招银国际资本、建银国际、云峰基金等。

由上述定义可见，股权投资市场可分为早期投资市场、创业投资市场、私募股权投资市场，这三个市场主要根据股权投资者进入企业的发展阶段来划分，早期投资者在企业成立初期为其提供发展资金，而 VC/PE 机构则在企业扩张阶段和成熟阶段进入，以满足企业进一步发展的资金需求。需要指出的是，从基金类型来看，某些基金公司可能同时活跃在这三个市场上，比如创业投资基金就在这三个市场上占据了重要的份额；而某些早期投资基金也会在创业投资市场上进行投资[①]。早期投资、创业投资和私募股权投资三类市场在市场主体、风险程度、投资决策、回报周期、投资金额等方面具有不同特点，后文将逐一分析对比。

（二）股权投资市场发展概况

股权投资市场在我国历经了 30 年的发展。1992—1998 年随着外资股权投资机构 IDG 资本进入我国，创业投资在我国进入萌芽期，这一时期活跃的股权投资机构从 10 家扩展到 100 家左右。伴随着 1998 年《关于尽快发展我国风险投资的提案》的提出，1999 年互联网行业快速发展，创业投资机构大量涌现，整个行业进入起步期。2004 年中小板开盘，2006 年《合伙企业法》颁布，行业环境不断改善，这一时期外资机构占据市场主导地位，本土机构开始起步。2008年始，随着我国经济的高速增长，大量本土机构加速设立，整个行业活跃机构数量膨胀至 4000 家以上，进入发展期。2008 年创业板开板，2009 年私募股权基金管理职责分工颁布，2014 年"大众创业、万众创新"提出，2018 年资管新规发布，2019 年开设科创板，2020 年科创板试点注册制，2021 年北交所开市等，外部政策环境改善持续利好股权投资行业。

股权投资市场的发展拓宽了成长早期的科创型中小企业的融资渠道，近年来表现出了"投早、投小、投科技"的投资趋势。据中基协统计，截至 2020年末，股权投资基金在投中小企业项目 64318 个，在投本金 19866.78 亿元；在投高新技术企业 37311 个，在投本金 16386.12 亿元；在投初创科技型企业 14733个，在投本金 2457.53 亿元。2021 年整个行业新募基金数量近 7000 支，新募基金总额突破 2 万亿元，继续保持快速增长趋势，其中早期投资市场快速发展，

---

① 这主要是由我国当前股权投资市场的发展阶段决定的，我国股权投资市场呈现出全投资链条、全生命周期的特点，PE 和 VC 之间的界限很模糊，很多 PE 在向前端，很多 VC 在向后端，加之企业发展从初创期、成长期到成熟期，迭代演进速度非常快，企业发展阶段划分并没有明确的界限，由此，同一基金可能同时活跃在不同类别的股权投资市场上，导致基金的市场投向并不局限于本身的基金类型。

政府引导基金快速发展，国资的行业渗透率不断提升，成为募资的重要来源，战略投资者、银行理财资金、保险资金等投资主体纷纷入场，整个市场竞争加剧，服务科创型企业的能力也日益完善。

（三）股权投资市场推动企业创新的机制

按照企业成长周期理论，多层次资本市场所服务的科创型企业大多属于成熟期的企业，以及部分成长期后期的企业，它们的技术相对成熟，产品经过市场检验，具有稳定的资金链和较高的抗风险能力。而种子期、初创期和大多数成长期的企业，尤其是科创型企业处于发展初期，往往亟须资源投入，面临的风险较高，对资金需求较大，缺乏抵押品而难以获得银行贷款，因此更需要完善的全链条资本市场提供金融服务。

股权投资机构一般都被认为是金融中介，但又区别于传统的商业银行，以提供权益性的资金为主，具有较高的风险承受能力。同时，与多层次资本市场的融资相比，它们又具备了类似银行的优势，比如在信息搜集和处理方面的专业优势与规模效应，可以克服技术创新活动融资过程中的信息不对称，同时降低融资的信息披露要求。由此，股权投资机构成为完善的科技金融体系中必不可少的一环，诸多理论研究认为股权投资在一定程度上推动了企业创新。在企业发展壮大过程中，优势领域专利数量增加、专利质量显著提高，其原因可能是股权投资活动的引入及增加。股权投资与企业创新之间的关系体现在以下几个方面：

1. 风险承受力强，拓宽企业融资渠道

传统的金融机构考虑到初创企业的信用风险、企业规模和盈利能力等因素，鲜有为其提供发展资金的案例。初创企业融资渠道很少，发展资金不足，容易陷入"融资难"的境地。股权投资则能够承受高风险，有效帮助初创企业拓宽融资渠道，优化资源配置。从资金供给端来看，股权投资基金具有广泛的投资主体，作为一种有效的理财途径，能够提供较高的投资收益，给高净值人群资产配置提供了更多选择，为投资者提供了广阔的投资渠道。股权投资作为资金的保护者，可以判别、把控及处理风险，对被投资企业进行严格筛选，通过风险投资协议有效地激励、约束被投资企业并对其进行监控，因此能够吸纳更多的社会闲散资金。

从资金需求端来看，创新项目的实施与持续发展需要充足的现金流，股权投资基金为科创型企业提供了一个新的融资渠道，能缓解企业由于自有现金流不足而导致的创新项目所需资金短缺问题。主要原因在于：首先，股权投资主要通过其所投资企业上市后退出获取收益，而同样的资金投入中小企业得到的股权比例更高，且处于成长期的科创型企业估值低但潜力大，未来退出时获取的收益也就更多。股权投资追求高收益，也愿意为此承担相对较高的风险，这与科创型企业"高风险、高回报"的特征相匹配。

其次，股权投资能帮助企业提升品牌知名度和行业影响力。企业若得到了私募股权投资，表明主营业务、运营模式、发展前景和投资价值等均得到了投资机构的认可，向市场传达了积极信号。尤其是被高声誉股权投资机构选择的企业，更是向市场传递出"优质"标志，能够吸引更多投资者关注，进一步拓展企业的再融资渠道。

最后，股权投资的介入能够积极推动企业上市融资。上市过程对公司治理、盈利能力以及财务会计规范性、合法合规等方面具有严格要求，尤其是公司治理和财务规范性对很多中小企业来说并不容易满足。股权投资机构具有丰富经验，精通上市流程和所需的各项准备工作。同时凭借丰富的资源优势，能够帮助企业找到合适的中介机构，既节省了上市成本，也能提高企业上市的成功率。

2. 提供长期资金，降低技术泄露风险

一般而言，股权投资是一种长期投资。其中，早期投资资金的进入是在企业创业的最初时期，早期投资的资金主要被企业用来组建团队、开发产品和大量试错等。创业投资基金的主要投资对象为处于创建或重建过程中的未上市企业，这些企业从创业投资投入企业、盈利直至企业上市需要经历多个阶段。由于并购市场、股份转让市场等机制并不健全，股权投资者取得的公司股权流动性非常弱，往往要等到具有股权转让的价值，或者企业 IPO 以后才能取得回报，之后可能还需要度过禁售期才能退出并获得收益。这个过程短则 4—5 年，长则会 10 多年。因此，股权投资基金具有相对较低的流动性和较长的投资周期。

股权投资是以资金换股权，在股权转让或者企业上市后退出，因此可以根据企业的个性化需求提供中长期的资金支持。由于没有还款时限，企业没有按期还本付息的压力，可以将资金合理安排投入到研发、生产、销售的各个环节，从而更好地发挥资金效用，为科创型企业的长期发展奠定基础。

此外，创新是一项具有长期性、高度不确定性的活动，从公司外部风险来看，研发的外溢性会使企业不愿向外披露过多的研发信息，企业为了保持增长速度及核心竞争力，往往把创新作为扩大生产规模的助推力。在股权投资机构引领下，公司的专利质量备受关注，从而大大降低了技术泄露及被盗取的风险。

3. 提供增值服务，有效激励企业创新

股权投资机构是创业企业重要的战略性股东，往往有经济及非经济追求，因此具有监管创业企业管理和经营业绩，以及对创业企业提供指导的动机。股权投资机构通常具备财务、法律、金融等领域的专业知识和丰富的管理经验，不仅能为创业企业提供资金支持,还会在整个投资过程中为企业提供增值服务。

首先,股权投资者会积极参与投资企业的发展经营,为被投资企业提供相关咨询服务,帮助企业提高管理水平,促进企业快速成长。具体来看,包括利用自己的创业经验帮助企业制定符合行业趋势的规划、帮助创业企业家扩大个人的人际关系网络和为企业家提供资金和管理决策上的帮助,还包括产品设计、市场开拓、团队人员发展规划、公关渠道、上市安排等。通过参与董事会治理,还可以对被投资企业的财务业绩、创业治理活动、企业发展等方面进行监督,降低企业治理过程中的潜在冲突,有利于解决投资者与企业经营者之间存在的信息不对称问题和委托代理问题,有助于企业的融资。

其次,作为"增值者"发挥自己的业务专长,在创新研发出的产品进入市场的过程中,股权投资机构可以提供各种资源流,从市场需求出发,利用其人脉资源,从供应商、消费者等多渠道入手,加快产品进入市场的进程,进一步满足市场需求,使得创新研发更符合企业的生产目标。

最后,股权投资机构作为"交流中心"能为企业发展指引方向。当同一投资机构同时投资多家企业时,在一家企业经营管理过程中获得的行业信息、市场信号、政策变动甚至经验教训等,都可以通过共同的出资主体同时传递给多家公司,被投资公司之间可以互相汲取和借鉴经验。企业能更好地接触管理人才、客户、供应商、其他投资者等,发展战略联盟,减少信息不对称。参与的股权投资机构支持公司 IPO 数量越多,被投资企业之间进行交流的机会越大,项目价值更容易被挖掘,通过经验交流产生更多的合作机会,进而提升企业的创新绩效。因此,实践中股权投资市场头部独大的现象十分明显。

二、各省市股权投资市场的发展概况

2021 年,经济持续稳定发展,监管层出台多项政策引导股权投资市场规范化发展,鼓励提升直接融资比例,在此背景下,募资市场显著回暖,募资端和投资端都大幅度提升。大额融资案例在多个行业涌现,集中在硬科技、科创行业的战略投资和基石投资。这一部分将对比分析我国各省市的股权投资实践情况,尤其是对科创型企业的融资支持方面的特点。

（一）各省市股权投资基金管理人发展现状

从私募基金整体行业发展情况来看,根据中国证券投资基金业协会（简称中基协）公布的数据，截至 2022 年 1 月，我国全部私募基金[①]管理人按注册地分布排名前 10 的省市情况如表 5-1 所示，沪、深、京三市私募基金管理人数量均超过 4000 家，管理基金数量均超 2 万支，管理基金规模均超过 2 万亿元，3 个指标都遥遥领先于其他地区。

表 5-1 截至 2022 年 1 月私募基金管理人按注册地分布（前 10 名）

序号	辖区名称	私募基金管理人数量（家）	管理基金数量（支）	管理基金规模（亿元）
1	上海市	4536	36001	51670.32
2	深圳市	4304	20234	23633.67
3	北京市	4297	20096	44021.19
4	浙江省（不含宁波）	2036	10654	11260.74
5	广东省（不含深圳）	1820	9803	11395.1
6	江苏省	1220	4480	9848.77
7	宁波市	801	4902	8145.57
8	天津市	451	2134	8070.4
9	四川省	451	1322	2348.46
10	青岛市	438	1819	1764.74

数据来源：中国证券投资基金业协会官方网站。

从其中的股权投资基金来看，2021 年，在中基协完成登记的股权投资基金管理人总计 734 家。截至 2021 年存续登记的股权投资基金管理人共 1.5 万家。从横向对比来看，2021 年中基协登记的股权投资基金新增登记管理人排名前 15 名的城市名单如表 5-2 所示，南方城市的股权投资基金管理人数量明显高于北方，2021 年新增股权投资基金管理人前 15 名的城市中南方城市占 13 位，北方城市仅有北京和青岛进入 15 强。

表 5-2 2021 年中基协登记的股权投资基金新增登记管理人城市分布

序号	城市	2021 年新增股权投资基金管理人数量（家）	至 2021 年底股权投资基金管理人数量（家）
1	北京	94	2812
2	上海	58	2248

① 中基协登记的私募基金包括的基金机构类型有私募证券投资基金、私募股权和创业投资基金、其他私募投资基金、私募资产配置类基金以及未填报类别。本书所分析的股权投资市场关注的是其中的私募股权和创业投资基金。

续表

序号	城市	2021年新增股权投资基金管理人数量（家）	至2021年底股权投资基金管理人数量（家）
3	三亚	51	79
4	深圳	45	2334
5	杭州	37	901
6	青岛	33	239
7	珠海	30	366
8	南京	29	258
9	广州	27	462
10	苏州	25	373
11	海口	25	53
12	成都	24	291
13	厦门	18	235
14	武汉	17	257
15	长沙	16	161

数据来源：中基协官网。

以天津市为例，根据中基协统计数据，截至2021年底，天津市在中基协登记的股权投资基金规模分布情况如表5-3所示，注册地为天津市的共有350家基金管理人，管理基金数量1269支，平均每家3.63支。其中，100亿元以上的有12家，共管理267支基金，平均每家22.25支，其中红杉资本股权投资管理（天津）有限公司在管基金数量居于首位，为82支；鼎晖股权投资管理（天津）有限公司、信达资本管理有限公司、春华秋实（天津）股权投资管理有限公司居于第2至4位，分别管理37支、31支、27支。基金规模低于5亿元的基金管理人195家，共管理360支基金，平均每家1.85支。可见，天津市的股权投资市场也表现出与全国市场类似的头部机构独大、小规模基金大多为单项目基金的特征。单支基金规模过低以及单项目基金的大量存在也使得股权投资基金难以通过投资多个项目分散风险，因此投资中小企业的能力不足，加大了科创型中小企业获得股权融资的难度。

表5-3　2021年天津市股权投资基金规模分布

基金规模（亿元）	基金管理人数量（家）	管理基金数量（支）
0—5	195	360
5—10	32	119

基金规模（亿元）	基金管理人数量（家）	管理基金数量（支）
10—20	32	162
20—50	34	245
50—100	9	116
100 以上	12	267
共计	351	1269

数据来源：中基协官网。

（二）各省市股权投资市场募投退情况

1. 各省市募资情况

2021 年，我国股权投资市场共新募集基金近 7000 支，排名前 15 位省市的募资情况如表 5-4 所示，2021 年新募集基金多数集中在江苏、浙江、山东、广东等经济基础良好、注册环境宽松、地方引导基金活跃的地区。其中，浙江新募集基金数量破千支，远超其他省市及地区；山东省新募集基金数量位列第 2，新募基金数量及规模增长迅速，其中包括多支引导基金子基金、大额项目基金，以及生物医药、新能源、工业互联网等领域的产业基金；江苏、广东（除深圳）等地新募基金数量仍保持在全国前列。从募集规模来看，不考虑注册在境外的外币基金的情况下，浙江新募集基金规模同样居全国首位，江苏、上海、北京等地新募集基金规模也超过千亿元。此外，值得关注的是海南近年来出台多项政策支持自贸港建设，在金融领域推动 QFLP（Qualified Foreign Limited Partner，合格境外有限合伙人，以下简称 QFLP）试点工作，政策利好下的 2021 年吸引了红杉中国、真格基金等多家投资机构在琼设立 QFLP 基金，该省新募集基金数量及规模均有大幅上涨，新募集基金数量同比增长了 630%，募集金额是 2020年的近 19 倍。

表 5-4　2021 年股权投资新募集基金数量前 15 名省市情况

序号	基金注册地	2021 年新募基金支数	2020 年新募基金支数	同比	2021 年新募金额（亿元）	2020 年新募金额（亿元）	同比
1	浙江	1513	728	107.8%	2603.46	1186.44	119.4%
2	山东	935	349	167.9%	1907.04	935.92	103.8%
3	江苏	779	374	108.3%	3740.37	1030.39	263.0%
4	广东（除深圳）	764	350	118.30%	1670.47	820.79	103.50%

续表

序号	基金注册地	2021年新募基金支数	2020年新募基金支数	同比	2021年新募金额（亿元）	2020年新募金额（亿元）	同比
5	深圳	570	333	71.20%	1076.9	810.52	32.90%
6	江西	427	253	68.8%	411.05	299.11	37.4%
7	福建	344	191	80.1%	747.22	407.45	83.4%
8	安徽	182	96	89.6%	900.66	357.78	151.7%
9	上海	182	152	19.7%	1098.65	1039.87	5.7%
10	天津	160	77	107.8%	878.00	380.57	130.7%
11	湖南	152	67	126.9%	315.66	268.41	17.6%
12	海南	146	20	630.0%	400.57	21.35	1776.4%
13	北京	119	86	38.4%	802.40	1009.69	−20.5%
14	湖北	93	47	97.9%	402.59	102.25	293.7%
15	四川	86	58	48.3%	562.89	196.05	187.1%
	总计	6979	3478	100.7%	22085	11972	84.50%

数据来源：私募通。

2. 各省市投资情况

从股权投资市场的投资地域分布来看，如表 5-5 所示，2021 年中国股权投资市场的地域集中度持续升高，京、沪、深、苏、浙五大区域的案例集中度从 2020 年的 74.6% 上升至 2021 年的 76.0%。从获投金额来看，北京、上海的获投金额接近 3000 亿元，遥遥领先其他省市，而江苏、深圳、广东（除深圳）的获投金额也高于 1000 亿元，浙江省获投金额接近千亿元，其他省市则差距明显。整体上，南方省市对股权投资的吸引力较强，除北京外，其他北方省市的获投情况排名较为靠后。

表 5-5　2021 年中国股权投资市场投资地区分布前 15 名省市情况

序号	地区	投资案例（个）	投资金额（亿元）
1	北京	2433	2917.2
2	上海	2393	2802.9
3	深圳	1624	1439.42
4	江苏	1619	1861.36
5	浙江	1299	950.22
6	广东（除深圳）	729	1187.69

序号	地区	投资案例（个）	投资金额（亿元）
7	四川	290	302.5
8	湖北	240	226.46
9	安徽	226	272.12
10	山东	216	381.47
11	福建	208	253.76
12	湖南	179	520.63
13	陕西	153	81.92
14	天津	111	122.48
15	河南	89	228.11

数据来源：私募通。

从投资增速来看，沪、苏、浙、鄂地区增长迅速，这主要受益于当地的产业优势和良好的营商环境。例如，在多项产业政策的持续扶持下，上海市战略性新兴产业表现突出，为投资机构提供了众多的优质投资标的，同时优良的经济金融环境也获得了众多投资机构的青睐；江苏省在转型升级持续推动下，先进制造业增势强劲，技术创新步伐也不断加快，为当地股权投资的快速发展奠定了坚实基础。

3. 各省市退出情况

2021年由于注册制改革持续推进，北交所开市，我国上市渠道进一步通畅，全国股权投资市场共发生4532笔退出案例，同比上升18%。分行业来看，排名前3位的是生物技术/医疗健康，有1062笔；IT行业529笔；半导体及电子设备483笔，占全部案例的45.8%。从地域分布来看，我国股权投资市场退出案例分布并不平衡，大部分集中于南方省市。

三、各省市股权投资细分市场发展实践

（一）早期投资市场发展情况

2021年，全国早期投资市场新募集基金149支，同比上升112.9%；新募集基金金额273.9亿元，同比上升109.9%，单支基金平均规模1.84亿元，同比下降1.4%。如图5-1所示，分地区来看，我国早期投资市场的新募基金主要集中于南方省市，排名前4的苏、浙、沪、深新募基金77支，占全国的一半以上；

这四地的新募基金金额总计 96.4 亿元，占全部金额的 35.2%。

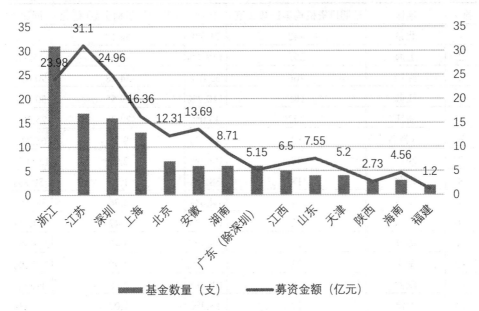

图 5-1　2021 年早期投资市场基金募资地域分布（前 15 名）

数据来源：私募通。

2021 年，我国早期投资市场的投资案例共 1857 起，同比上升 72.6%；投资总金额 229.47 亿元，同比上升 86.4%。从早期投资市场基金的投资地域分布来看，如表 5-6 所示，投资案例主要集中于京、沪、深和苏、浙、粤等发达省市，84.5% 的项目投资于排名前 6 位的省市，吸引了早期投资市场 86% 的投资额。从获投案例数量来看，天津市共获得早期投资机构 17 笔投资，同比增长13.3%，在全国排名第 14 位，占全国投资案例的 0.92%，所占比重较低，增长速度也远远落后于其他省市，在排名前 20 的省市中，仅领先于河北和辽宁，相比之下，排名落后于天津市的省市大多保持了超高速增长，如河南和贵州的增长速度均为 200%，江西为 350%。

从天津市情况来看，天津市在早期投资市场上的募资端排名表现相对较好，虽然相比京、沪、深、苏、浙、粤等发达省市绝对数量上仍存在一定差距，但募资金额占全国比重接近 2%，表现出了一定的投资能力。但相比之下，天津市对早期投资机构的吸引力严重不足，无论从获投案例数量还是获投金额来看，排名相对落后，占全国的比重均不足 1%，而且增长速度也远远落后于其他省市，可见，天津市在早期投资市场上虽然贡献了部分资金来源，但自身对早期投资机构的吸引力不足，需要在投资端采取措施吸引早期投资资金落地。

表 5-6　2021 年早期投资市场基金投资地域分布（前 20 名）

排名	地区	早期投资机构案例数（笔）	同比	早期投资机构金额（亿元）	同比
1	北京	442	71.3%	64.19	93.7%
2	上海	392	139.4%	47.07	115.5%
3	深圳	266	53.8%	34.08	90.6%
4	江苏	185	110.2%	19.55	50.5%
5	浙江	203	45.0%	22.78	75.3%
6	广东（除深圳）	82	49.1%	9.78	68.7%
7	四川	38	100.0%	2.91	130.0%
8	湖北	18	38.5%	1.12	-30.8%
9	安徽	41	64.0%	4.76	38.2%
10	山东	32	166.7%	5.42	124.9%
11	福建	28	100.0%	3.47	228.9%
12	湖南	23	155.6%	3.99	115.2%
13	陕西	20	100.0%	2.08	49.6%
14	天津	17	13.3%	1.07	-53.2%
15	河南	9	200.0%	1.16	184.4%
16	重庆	8	166.7%	0.80	103.7%
17	江西	9	350.0%	1.59	569.5%
18	河北	1	0.0%	0.01	-90.0%
19	辽宁	3	-25.0%	0.02	-83.6%
20	贵州	6	200.0%	1.06	562.3%

数据来源：私募通。

（二）各省市创业投资市场发展情况

2021 年，全国创业投资市场新募集基金 1699 支，同比上升 106.6%；新募集基金金额 5346.76 亿元，同比上升 119.4%，单支基金平均规模 3.20 亿元，同比上升 6.2%。如图 5-2 所示，分地区来看，我国创业投资市场的新募基金也主要集中于南方省市，排名前 5 的苏、浙、粤、深、鲁新募基金 1115 支，占全国的 66%；这五地的新募基金金额总计 2884.74 亿元，占全部金额的 54%。

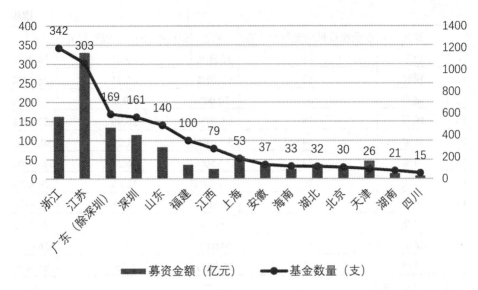

图 5-2　2021 年创业投资市场基金募资地域分布（前 15 名）

数据来源：私募通。

2021 年，我国创业投资市场的投资案例共 5208 起，同比上升 65.1%；投资总金额 3710.91 亿元，同比上升 90.0%。从创业投资市场基金的投资地域分布来看，如表 5-7 所示，投资案例也主要集中于京、沪、深和苏、浙、粤等发达省市，84.2% 的项目投资于排名前 6 位的省市，吸引了创业投资市场 83.1% 的投资额。

表 5-7　2021 年创业投资市场基金投资地域分布（前 20 名）

排名	地区	创业投资机构案例数（笔）	同比	创业投资机构金额（亿元）	同比
1	北京	994	52.70%	709.04	55.00%
2	上海	1015	86.90%	811.08	136.60%
3	深圳	736	71.60%	433.87	76.70%
4	江苏	786	58.10%	540.01	111.80%
5	浙江	555	69.70%	336.49	90.20%
6	广东（除深圳）	298	41.90%	252.62	73.40%
7	四川	107	48.60%	51.17	62.20%
8	湖北	107	62.10%	58.17	75.10%
9	安徽	76	85.40%	31.91	100.80%

排名	地区	创业投资机构案例数（笔）	同比	创业投资机构金额（亿元）	同比
10	山东	81	30.60%	49.67	-14.00%
11	福建	83	62.70%	46.21	128.10%
12	湖南	60	150.00%	149.86	369.50%
13	陕西	58	65.70%	26.99	157.20%
14	天津	44	57.10%	31.29	30.20%
15	河南	34	112.50%	46.24	643.90%
16	重庆	29	107.10%	12.66	-26.80%
17	江西	20	81.80%	8.29	96.50%
18	河北	10	-9.10%	7.7	-43.70%
19	辽宁	14	40.00%	10.81	226.60%
20	贵州	10	25.00%	5.25	-85.40%

数据来源：私募通。

以天津市为例，在创业投资市场上的表现相对好于早期投资市场。从募资端来看，占全国的比重为 3.1%，在全部省市中排名第 7 位；平均单支基金规模为 6.30 亿元，为全国平均水平的近两倍，作为创业投资市场资金来源的重要性相对较高，表明具有一定的投资潜力。然而从投资案例来看，天津市对创业投资市场仍然缺乏吸引力，获投案例数量和获投金额均排名第 14 位，在全国总量中的占比不足 1%，仅为 0.84%，且增长速度相较于其他省市也存在较大差距。可见，天津市在创业投资市场上作为资金来源具有一定贡献，但相比发达省市对创业投资机构的吸引力仍显不足，占全国总量的比重不足 1%，同样需要采取相应措施，挖掘有价值的投资项目，吸引创业投资市场的资金流入。

（三）各省市私募股权投资市场发展情况

2021 年，全国私募股权投资市场新募集基金 5161 支，同比上升 98.5%；新募集基金金额 16464.53 亿元，同比上升 75.1%，单支基金平均规模 3.19 亿元，同比下降 11.8%。如图 5-3 所示，分地区来看，我国私募股权投资市场的新募基金仍主要集中于南方省市，山东省国有资本私募股权机构的募资活跃度升高，使得山东省排名第 2，排名前 4 的浙江、山东、广东、江苏新募基金 2979 支，占全国的 57.72%；这四地的新募基金金额总计 7371.32 亿元，占全部金额的 44.77%。

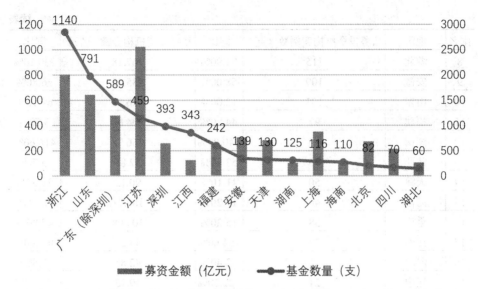

图 5-3　2021 年私募股权投资市场基金募资地域分布（前 15 名）

数据来源：私募通。

2021 年，我国私募股权投资市场的投资案例共 5208 起，同比上升 58.1%；投资总金额 10288.32 亿元，同比上升 51.4%。从私募股权投资市场基金的投资地域分布来看，如表 5-8 所示，投资案例主要集中于京、沪、深和苏、浙、粤等发达省市，80% 的项目投资于排名前 6 位的省市，吸引了私募股权投资市场 61.8% 的投资额。许多中部省市在政策引导下保持了高速增长，如四川、湖北、湖南、江西分别保持了 258.6%、330.1%、416.6%、361% 的增长速度，获投金额排名靠前的上海、深圳、江苏、广东等地也都保持高于 40% 的增长速度。

表 5-8　2021 年私募股权投资市场基金投资地域分布（前 20 名）

排名	地区	私募投资机构案例数（起）	同比	私募投资机构金额（亿元）	同比
1	北京	997	44.90%	2143.97	17.60%
2	上海	986	70.60%	1944.76	47.40%
3	深圳	622	69.00%	971.47	44.80%
4	江苏	648	66.60%	1301.80	156.20%
5	浙江	541	78.00%	590.94	23.60%
6	广东（除深圳）	349	45.40%	925.29	68.10%
7	四川	145	66.70%	248.42	258.60%

排名	地区	私募投资机构案例数（起）	同比	私募投资机构金额（亿元）	同比
8	湖北	115	94.90%	167.18	330.10%
9	安徽	109	58.00%	235.45	-6.80%
10	山东	103	12.00%	326.37	69.10%
11	福建	97	44.80%	204.08	5.70%
12	湖南	96	140.00%	366.78	416.60%
13	陕西	75	53.10%	52.85	-5.70%
14	天津	50	11.10%	90.12	21.60%
15	河南	46	12.20%	180.71	136.90%
16	重庆	38	15.20%	105.08	47.80%
17	江西	37	184.60%	44.26	361.00%
18	河北	32	52.40%	42.85	37.80%
19	辽宁	21	-22.20%	19.12	-26.40%
20	贵州	21	90.90%	27.17	-63.80%

数据来源：私募通。

以天津市为例，在私募股权投资市场上的表现与前两类市场类似。从募资端来看，占全国的比重为 4.31%，在全部省市中排名第 7 位；平均单支基金规模为 5.45 亿元，较全国平均水平高出 71%。然而从投资案例来看，天津市对私募股权投资市场的吸引力仍然不足，获投案例数量和获投金额分列 14、15 位，在全国总量中的占比分别为 0.96% 和 0.88%，均不足 1%，且增长速度相较于其他省市也存在较大差距。可见，天津市是我国私募股权投资市场上较为重要的资金来源地，但相比发达省市以及近年来增长势头迅猛的中部省市，对私募股权投资机构的吸引力仍显不足，获投金额占全国总量的比重不足 1%，同样需要探讨如何通过相关政策支持吸引私募资金流入。

四、股权投资事件分析——以天津市为例

以上从三类细分市场角度，分析了我国股权投资市场支持科创型企业的实践情况，可以从整体了解该市场在募资端、投资端以及退出端的运行特点。接下来将在此基础上，以天津市为例，从微观视角对股权投资市场中获得投资的具体事件进行分析，重点关注投资轮次、投资金额、行业分布尤其是战略性新兴行业分布。

（一）股权投资基金发展概况

自 2014 年私募基金备案登记工作启动以来，至 2021 年底，天津市共备案股权投资基金 1287 支，每年新登记备案的股权投资基金数量和基金金额如图 5-4 所示。由于 2014 年是实施登记管理的首年，因此登记基金数量最多，为 319 支，其后每年新增数量维持在 100 支左右，无论是基金数量还是基金金额都表现出有升有降的波动趋势。具体来看，自 2014 年以来受到"大众创业、万众创新"的激励保持了增长的趋势，同样 2017 年受资管规定影响，天津市股权投资市场的基金数量和金额总体上呈现下降趋势，而自 2020 年以来受到资本市场制度改革、注册制推行以及北交所开市等利好因素影响，基金数量和金额双双攀升。

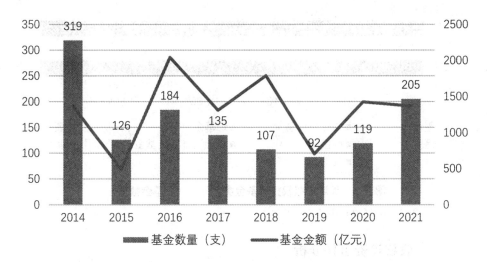

图 5-4　2014—2021 年天津市股权投资市场备案基金新增趋势

数据来源：清科研究 PEDATA MAX 数据库。

从基金规模分布来看，自 2014 年以来，在备案登记的 1287 支股权投资基金中，占比最高的为 1 亿—5 亿的基金，共 513 支，占比 40%；其次为 1000 万—1 亿元的基金（295 支），占比 23%；10 亿元以上的大规模基金（207 支）占比第 3，为 16%；规模在 1000 万元以下的基金 138 支，占总数的 11%。从整体来看，天津市的股权投资基金大于 1 亿元的共 854 支，占比 66%，小规模的基金数量占比较少，表现出大额基金主导市场的特点。

天津市股权投资市场基金类型分布如图 5-5 所示，自 2014 年以来登记注册的全部基金中，成长基金共 764 支，占比最大，为 59%；其次为创业投资基金 240 支，占比 18.62%；母基金（72 支）、房地产投资基金（53 支）分列 3、4 位。从最近两年的数据来看，2020 年和 2021 年成长基金仍为占比最大的基金类型，占比分别为 48.74% 和 52.66%，可见，近两年成长基金占比较总体有所下降；2020 年和 2021 年创业投资基金比重分别为 32.77% 和 28.5%，较整体平均水平有所上升。另外，房地产投资基金数量有所下降，2021 年仅为 1 支，母基金数量有所增长，2020 年为 9 支，2021 年增长至 13 支。天津市股权投资基金的类型分布与全国整体分布略有不同，从募集数量来看，2021 年，占全国基金数量最多的是创业投资基金，占比 51.1%，其次为成长基金，占比 45.5%，二者共占比 96.6%，高于天津市水平。

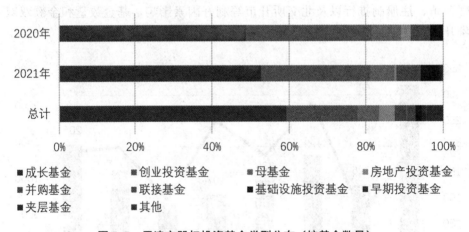

图 5-5　天津市股权投资基金类型分布（按基金数量）

数据来源：清科研究 PEDATA MAX 数据库。

（二）股权投资事件分析

正如前文分析，天津市在股权投资市场募资端表现普遍好于投资端，也就是说，注册于天津市的股权投资基金为市场提供了占比较高的资金来源，但天津市的企业项目在吸引股权投资基金注入资金方面则表现不佳。这一部分将以天津市为例，详细分析 2010 年以来股权投资基金投资的具体事件在投资轮次、投资金额、行业分布尤其是战略性新兴行业分布等具有哪些特点，为后续分析股权投资市场支持科创型企业存在的问题提供微观基础。

如无特别说明，本部分的数据均来自清科研究 PEDATA MAX 数据库对天津市股权投资事件的统计，由于该统计仅限于人民币股权投资，不包括美元投资，且某些投资事件的投资方或投资金额为非公开，因此某些投资事件数量的统计与前文私募通对天津市的统计数据稍有差异。

1. 股权投资事件年度变化趋势

2010 年至 2021 年底，天津市吸引的股权投资基金投资情况如图 5-6 所示，投资事件数量和投资金额保持了相对一致的波动趋势，这一趋势与全国股权投资市场的投资波动趋势基本趋同，究其原因在于无论是全国还是各地区股权投资市场受到共同的宏观经济发展和调控政策的显著影响。

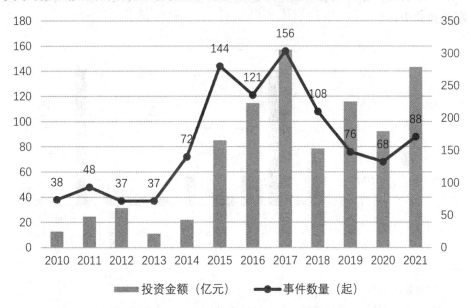

图 5-6　天津市股权投资基金投资趋势

数据来源：清科研究 PEDATA MAX 数据库。

分阶段来看，股权投资市场投资于天津市的事件从 2010 年以来呈现增长趋势，尤其从 2014 年开展"大众创业、万众创新"以来，自 2013 年到 2017年无论是投资事件数量还是投资金额都维持了高速增长，事件数量从 37 起增长至 156 起，投资金额从 21.3 亿元增长至 305.39 亿元，维持了 94.6% 的年均增长率。这一增长趋势至 2017 年"促进金融回归本源和防范金融风险"成为金融环境的主题而出现转折。2017 年 11 月，强资管叠加中美贸易摩擦因素，2018年天津市的股权投资事件数量骤减 31%，投资金额腰斩，2020 年初遭遇新冠疫情，使得股权市场投资复苏乏力，直至 2021 年疫情防控常态化以及资本市场诸多利好因素出现，投资案件和投资金额双双增长。

2. 股权投资事件投资轮次分布

2010—2021 年，天津市全部股权投资事件的投资轮次分布情况如图 5-7 所示，从投资事件数量来看，11 年间股权投资中最多投向的是 A 轮融资，共 370

起，占全部投资事件的 38.54%；其次是天使轮融资，共计 175 起，占比 18.23%；新三板定增和 B 轮融资分列第 3、4 位，分别为 139 起和 105 起，占比 14.48% 和 10.94%。综合来看，天使轮、A 轮、B 轮融资占据了天津市股权投资事件 68% 的比重，对应到企业成长周期上，一般认为天使轮和 A 轮融资对应初创期，B 轮对应成长期，如此来看，天津市绝大多数股权投资事件发生于成长期和初创期的企业中。

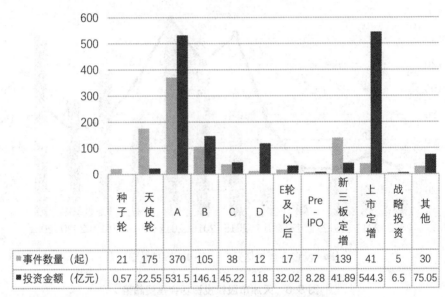

	种子轮	天使轮	A	B	C	D	E轮及以后	Pre-IPO	新三板定增	上市定增	战略投资	其他
■事件数量（起）	21	175	370	105	38	12	17	7	139	41	5	30
■投资金额（亿元）	0.57	22.55	531.5	146.1	45.22	118	32.02	8.28	41.89	544.3	6.5	75.05

■事件数量（起）　■投资金额（亿元）

图 5-7　2010—2021 年天津市股权投资事件投资轮次分布

数据来源：清科研究 PEDATA MAX 数据库。

从投资金额来看，其分布与投资事件的分布有较大差异，如图 5-7 所示，投资金额流向最多的轮次是上市定增，即已上市企业面向股权投资基金的定向增发，占全部投资金额的 34.63%，虽然 11 年间天津市股权投资市场仅发生了 41 起上市定增事件，但投资金额共计 544.3 亿元，所占比重最大，平均每起事件投入 13.28 亿元。相比之下，虽然天使轮共发生了 175 起投资事件，但总投资金额仅为 22.55 亿元，平均每起事件投入 1288 万元。A 轮融资投资金额共计 531.54 亿元，占比 33.81%，居第 2 位，平均每起事件投入 1.44 亿元。由此可见，从投资金额来看，上市定增和 A 轮融资吸引了绝大多数股权投资的资金，占比 68.44%。天津市股权投资市场投资主要集中于初创期企业和成熟期企业。

从近两年的数据来看，如表 5-9 所示，天津市 2020 年和 2021 年股权投资事件的轮次分布发生了较大改变，与过去 11 年间累计的分布情况差异明显。具体来说，从事件数量来看，2021 年 A 轮融资事件占比最大，其次为 B 轮和天使轮，可见股权投资市场中绝大部分投资事件发生在初创期企业中。然而从投资金额来看，近两年上市定增的投资金额都突破 100 亿元，2021 年投资金额为 194.56 亿元，意味着 70% 的股权投资资金流向上市定增，而种子期和初创期企业仅获得 12% 的投资总额。这种情况在 2020 年更为突出，上市定增获投金额 138.23 亿元，占比 77%，对比之下，仅有 7.5% 的股权投资资金投入 A 轮及之前的种子期和初创期企业。

表 5-9　2020 年和 2021 年天津市股权投资事件轮次分布

轮次	2021 年		2020 年	
	事件数量（起）	投资金额（亿元）	事件数量（起）	投资金额（亿元）
种子轮	2	0.06	0	0
天使轮	12	0.35	7	0.67
A 轮	29	31.79	25	12.73
B 轮	13	7.55	7	8.95
C 轮	7	11.63	1	0.8
D 轮	0	0	1	7.05
E 轮及以后	1	20.83	0	0
Pre-IPO	1	3	6	5.28
新三板定增	10	2.14	11	1.68
上市定增	8	194.56	6	138.23
战略投资	5	6.5	0	0
其他	0	0	4	4.22

数据来源：清科研究 PEDATA MAX 数据库。

综上，从投资事件数量来看，天使轮、A 轮、B 轮融资占据了天津市股权投资事件 68% 的比重，可见天津市绝大多数股权投资事件投向了成长期和初创期的企业。然而从投资金额来看，近年来对天津市 A 轮及之前的种子期和初创期企业投入资金仅占股权投资市场全部投资金额的 10% 左右，70% 的资金则通过上市定增方式投入上市公司等成熟期企业，由此可见，股权投资市场支持天津市中小企业创新活动方面明显投入不足。

3. 股权投资事件投资规模分布

2010 年至 2021 年底，天津市股权投资市场的投资事件规模分布如图 5-8 所示，从投资数量来看，大多数股权投资事件都是低于 1000 万元以及 1000 万一

1 亿元的小规模投资，事件数量分别为 386 起、423 起，占全部投资事件的 81.47%；10 亿元及以上的投资事件数量较少，仅 39 起，占比 4%。

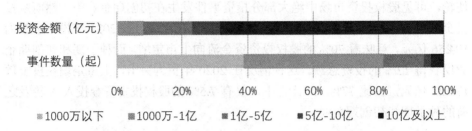

图 5-8　2010—2021 年天津市股权投资事件投资规模分布

数据来源：清科研究 PEDATA MAX 数据库。

　　然而，从投资金额来看，天津市近 11 年间股权投资市场投资总额的 68.5% 投向了 10 亿元及以上的大额投资事件中，投资金额为 1181 亿元；相比之下，1 亿元及以下的小额投资事件共获投 140.62 亿元，占总投资额的比重仅为 8.12%。综合来看，10 亿元及以上的大额投资事件虽然数量较少仅占比 4%，但由于单笔投资金额巨大，共占据了 68.5% 的投资总额。而 1 亿元及以下的小额投资事件虽然数量可观，占比 81%，但由于单笔投资金额有限，仅占据了 8.12% 的投资总额。可见，天津市股权投资市场也呈现出资金集聚于少量大额投资事件等头部案例中，针对种子期和初创期企业的小额投资事件投入资金则相对有限。这一结论也与前一部分对投资轮次的分析结论相一致。

　　4. 战略性新兴行业吸引股权投资情况分析

　　2010 年 10 月，国务院下发《国务院关于加快培育和发展战略性新兴产业的决定》指出，战略性新兴产业是以重大技术突破和重大发展需求为基础，对经济社会全局和长远发展具有重大引领带动作用，知识技术密集、物质资源消耗少、成长潜力大、综合效益好的产业。加快培育和发展战略性新兴产业对推进我国现代化建设具有重要战略意义。该《决定》列出了七大国家战略性新兴产业体系，提出用 20 年时间使节能环保、新一代信息技术、生物、高端装备制造、新能源、新材料、新能源汽车七大产业达到世界先进水平。自此，全国各省市纷纷结合自身优势产业，加大对七大战略性新兴行业的培育力度。

　　以天津市为例，2010 年至 2021 年间天津市股权投资市场每年的投资事件中超过六成投向战略性新兴行业，自 2018 年以来这一比重逐年上升，至 2021 年已达到 69.32%。图 5-9 列出了近 11 年间，天津市战略性新兴行业发生的股权投资事件数量情况，可以发现，天津市新一代信息技术产业对股权投资市场的吸引力最大，共计发生 268 起投资事件，投向战略性新兴行业的股权投资事件中的 41% 投向了该行业；其次为生物产业和数字创意产业，投资事件均超百件，这三个行业均为天津市的优势行业，集聚了股权投资事件的 73%。

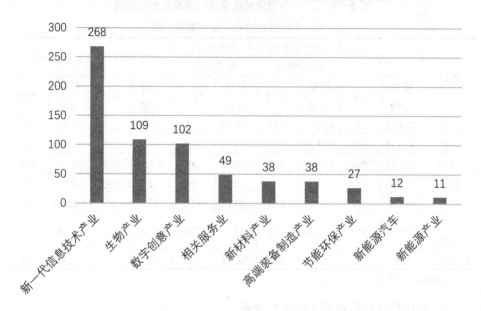

图 5-9　2010—2021 年天津市战略性新兴行业的股权投资事件数量（起）

数据来源：清科研究 PEDATA MAX 数据库。

从表 5-10 可以看出，2021 年，我国多个地区的股权投资行业地域特色明显，与当地的产业优势相关度极高。具体来看，北京的 IT 及互联网产业起步较早，聚集了一批大型知名 IT 及互联网企业，规模优势明显，2021 年投资活跃度及投资规模仍位居全国首位，吸引了 936 起投资案例，投资金额为 794.13 亿元；长三角地区医疗资源丰富，因而上海和江苏医疗健康企业融资案例数长期位居前两位，上海和江苏的生物技术和医疗健康行业获投案例分别为 535 起、498 起，投资金额分别为 489.06 亿元、481.58 亿元；而半导体领域的融资案例则集中分布在江苏、上海和深圳，2021 年江苏半导体行业获投案例 420 起，投资金额 593.09 亿元。

2021 年，根据私募通统计的天津市股权投资基金重点行业投资分布情况，从投资案例数量来看，IT 行业、生物技术和医疗健康、半导体和电子设备、互联网、机械制造分别为 20 起、23 起、18 起、6 起和 12 起；获得的投资金额分别为 9.9 亿元、20.82 亿元、21.54 亿元、7.21 亿元和 7.3 亿元。可见，天津市的生物技术/医疗健康行业、半导体和电子设备行业在天津市的全部行业中具有比较优势，相比其他行业对股权投资的吸引力较强，但与京、沪、深和浙、苏、粤等发达省市横向对比来看，上述行业对股权投资的吸引力仍存在较大差距。

表 5-10　2021 年部分地区重点行业投资分布情况

（投资金额：亿元，案例数量：起）

地区	IT		生物技术和医疗健康		半导体和电子设备		互联网		机械制造	
	投资金额	案例	投资金额	案例	投资金额	案例	投资金额	案例	投资金额	案例
北京	794.13	936	474.62	432	415.39	207	459.99	258	67.44	80
上海	566.33	651	489.06	535	437.42	295	269.32	239	51.29	80
深圳	325.71	496	207.89	275	245.4	289	167.67	149	68.15	118
浙江	175.65	327	234.2	288	112.32	154	135.1	156	40.97	55
江苏	90.29	248	481.58	498	593.09	420	177.2	61	109.64	90
广东（除深圳）	78.07	119	123.51	132	142.33	128	58.38	82	74.08	63
天津	9.9	20	20.82	23	21.54	18	7.21	6	7.3	12

数据来源：私募通。

5. 股权投资市场退出案例情况分析

据清科研究 PEDATA MAX 数据库统计，2010—2021 年间，天津市股权投资市场共发生 364 起退出事件，如图 5-10 所示，退出案例数量也呈现出与新募基金数量、投资案例相似的走势，即自 2014 年"大众创业、万众创新"提出后，进入增长区间，到 2017 年资管规定出台后呈现下降走势，2018 年 IPO 审核从严使得天津市 2018 年 IPO 退出案例为 0。2019 年以来随着股票市场制度环境利好，退出案例数量出现新高，2019 年达到了 66 笔，而且能看出注册制推行和科创板、北交所开市使得自 2019 年以来选择以 IPO 方式退出的案例数量急剧膨胀，占全部退出案例的比重远高于之前的年份。

图 5-10　2010—2021 年天津市股权投资市场退出案例数量

数据来源：清科研究 PEDATA MAX 数据库。

从退出方式来看，如图 5-11 所示，选择用 IPO 方式退出的股权投资事件共 193 笔，占退出总数的 53%，退出案例金额合计 585.98 亿元，占全部金额的56.57%，可见 IPO[①]是天津市股权投资市场占主导地位的退出方式。其次为并购[②]方式，11 年间并购退出案例共 92 笔，退出案例金额 277.51 亿元，占总数的比重分别为 25.27%、26.8%，尤其是 2018 年以来 IPO 审核严格、政策收紧、二级市场持续低迷、债市亦遭遇寒冬、违约频发，并购利好政策大量出台，也推动了股权投资基金的并购退出。第三位的退出方式为借壳，退出案例数和退出金额分别为 37 笔、159.78 亿元，占总数的比重分别为 10.16%、15.43%。综上，过去 11 年间，天津市股权投资市场的主要退出方式依次为 IPO、并购和借壳，占全部退出案例金额的 99%。

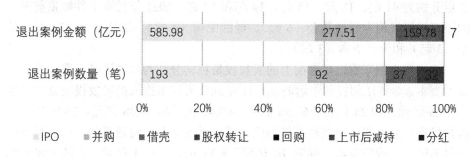

图 5-11　2010—2021 年天津市股权投资市场退出方式分布

数据来源：清科研究 PEDATA MAX 数据库。

2021 年退出方式与过去 11 年间整体退出方式已经发生了改变，从退出案例数量来看，IPO 仍然占比最大，但从退出案例金额来看，并购成为 2021 年最主要的退出方式，这两种退出方式，占全部退出金额的 99%，占全部退出案例数量的 93%。可见，天津市股权投资的退出方式分布与全国 IPO 占绝对主导地

---

① 通常而言，IPO 是私募股权机构最理想的退出方式，因为机构可以通过 IPO 将所持有的不可流通的企业股份转变为可以上市流通的股票，凭借二级市场较好的流动性实现盈利。随着创业板、科创板注册制改革，2020 年，A 股 IPO 数量和融资额较 2019 年几近翻倍。IPO 退出的优势体现在：其一，回报较高。IPO 能彰显企业价值，资本的放大效应往往能使 IPO 退出获得较高的回报，且 IPO 能为企业长期发展筹集资金，对企业有积极而长远的意义。其二，品牌提升。IPO 有助于提升股权投资机构的知名度、市场声誉与社会形象，不仅能够帮助企业赢得更多投资者的关注，顺利募资，也能使股权投资机构更受创业企业的青睐。

② 理论上 IPO 是股权投资机构的最佳退出方式，但是实践中并购是一个更实际、更普遍的退出渠道。并购退出的优势体现在：其一，交易方式高效灵活。相对于 IPO，并购退出程序更简单，时间和资金成本都较低，不确定因素小，交易双方在经过协商谈判达成一致意见后即可执行并购。其二，交易价格及退出回报较为明确。并购交易完成后，股权投资机构可以在较短的交易周期内将资本变现，不会受宏观经济环境或市场周期的影响。

位、股权转让①其次这一分布截然不同，部分原因在于天津市股权投资市场的投资方式与全国投资方式分布不同，IPO 退出方式往往发生在投资于成长初期的中小企业的早期投资市场和创业投资市场中，而据前文分析天津市股权市场投资以大额的上市定增投资为主，小额的初创期企业投资占比较低，因此天津市股权投资通过 IPO 方式退出比重显著低于全国水平。

（三）活跃投资机构和获投企业情况

据清科研究 PEDATA MAX 数据库统计，2010—2021 年间，在天津市进行股权投资的基金机构按事件数量排名前五的分别为天创资本、深创投、红杉中国、深圳市政府投资引导基金和险峰 K2VC，11 年间在天津市开展的股权投资数量分别为 41 起、18 起、15 起、14 起和 13 起。2021 年投资事件数量前五名的股权投资机构为财通基金（6 起）、经纬中国（4 起）、诺德基金（3 起）、瑞银（3 起）和天创资本（3 起）。

按投资金额来看，排名前五的股权投资机构分别为嘉睿汇鑫、腾讯投资、银湖资本、金沙江创投和中远海发，11 年间在天津市投入的股权投资金额分别为 79.5 亿元、79.25 亿元、69.86 亿元、69.48 亿元和 54.48 亿元。2021 年开展股权投资前五位的是中关村发展集团、国泰君安证券、财通基金、珠海科创投和丹丰资本，投资金额分别为 10 亿元、8.33 亿元、7.24 亿元、7 亿元和 6.93 亿元。

获投企业方面，2010—2021 年融资金额排名前五的企业分别为中环股份、贝壳找房、中远海控、摩托罗拉和三六零。如表 5-11 所示，最近 11 年间天津市融资金额最高的 5 起事件中，有 3 次为上市定增，另外两起事件贝壳找房和摩托罗拉进行的 D 轮融资和 A 轮融资均为美元投资。从行业分布来看，三六零所属的信息技术行业为战略性新兴行业，其余均为传统行业。

表 5-11　2010—2021 年天津市股权融资金额排名前五企业情况

企业简称	所属行业	累计融资（亿元）	当前轮次	最新获投时间	最新融资金额
中环股份	能源矿产	167.01	上市定增	2021-11-05	90 亿元
贝壳找房	房产家居	85.81	D 轮	2019-7-18	12.48 亿美元

---

① 除 IPO 以外，股权转让是股权投资退出的另一个重要方式。常见的转让方式如私下协议转让、在区域股权交易中心公开挂牌转让等。股权转让的优势体现在：其一，极大的可操作空间。股权转让在企业的任何发展阶段都能实现，对企业自身的类型、市场规模、资产规模等都没有硬性约束。其二，缓解股权投资机构的流动性压力。私募股权投资基金有期限限制，投资尽快退出回款对投资人和股权投资机构而言都意义重大，且一般天使投资人转让老股的退出回报也比较高。

企业简称	所属行业	累计融资（亿元）	当前轮次	最新获投时间	最新融资金额
中远海控	物流仓储	77.23	上市定增	2019-1-24	77.23 亿元
摩托罗拉	物联网	61.19	A 轮	2015-08-06	10 亿美元
三六零	信息技术	50.55	上市定增	2021-01-04	49.3 亿元

数据来源：清科研究 PEDATA MAX 数据库。

如表 5-12 所示，2021 年，融资金额排名前五企业分别为中环股份、三六零、中国铁物、天津海华、瑞普生物。从所属行业来看，三六零所属的信息技术、天津海华所属的电子信息以及瑞普生物所属的医疗健康均为战略性新兴行业，反映了近年来股权投资基金对于天津市发展战略性新兴行业的支持。从投资轮次来看，除了天津海华为 A 轮融资外，其余 4 起均为上市定增，可以看出天津市股权投资市场的投资偏好成熟期的上市公司，种子期和初创期企业对股权投资的吸引力不足，这也进一步佐证了前文的分析结论。

表 5-12　2021 年天津市股权融资金额排名前五企业情况

企业简称	所属行业	累计融资（亿元）	当前轮次	最新获投时间	最新融资金额（亿元）
中环股份	能源矿产	167.01	上市定增	2021-11-05	90
三六零	信息技术	50.55	上市定增	2021-01-04	49.3
中国铁物	汽车交通	15.74	上市定增	2021-01-08	15.74
天津海华	电子信息	13.97	A 轮	2021-01-25	13.97
瑞普生物	医疗健康	14.34	上市定增	2021-11-19	13.36

数据来源：清科研究 PEDATA MAX 数据库。

第六章　政府在科技金融中的作用分析

熊彼特（代明等，2012）认为，经济发展的实质在于创新，而创新是生产要素的重新组合，银行信用的重要作用是为生产要素重新组合提供购买力，进而推动经济的发展。希克斯（Hicks，1969）也指出，工业革命并不是技术创新的结果，或者至少不是其直接作用的结果，而是金融创新的结果，缺乏大规模的金融资本，早期创新技术就无法大规模产业化，无法引发工业革命。贝尔纳在 2003 年进一步指出："整个科学经费筹措问题所具有的社会经济性质远远大于它所具有的纯科学性质。一旦科学在推动社会进步中起了公认的作用，依照一个合理计划为科学筹措充足经费问题就不应该有什么困难了……进而言之，一旦把科学很好地组织起来，使大众迅速而直接地受益，它的价值就会变得十分显著，把国民收入的百分之一二拨给科学事业使用也就不会遇上什么困难了。"

可见，由于技术创新能够带来产业变革和超额利润，金融资本基于逐利的本性会主动支持技术创新活动，主动流向创新型企业。然而，无论是从理论上还是实践中，技术创新与金融二者的结合并非自然而然，存在着市场这只无形的手无法克服的重重障碍，因此构建完善的科技金融体系还需要有为政府加以积极干预。这一部分将首先对政府干预科技金融的理论基础进行分析，在此基础上，对实践中我国各地区政府在科技金融中发挥的多重作用分别进行具体分析。

一、政府干预科技金融的理论基础

虽然激烈的市场竞争环境与完善的风险投资制度是促进创新的重要因素（Acemoglu，2010；Acemoglu et al.，2012），但政府对创新主体，尤其是高水平研究机构与高等院校的支持，以及在构建国家创新体系中的主导作用，才是欧美等国处于全球科技前沿的根本原因（Zeira，2011；Stiglitz，2015）。对于科技基础薄弱的发展中国家，单纯依靠市场力量显然难以实现科技资源配置最优化，更需要政府在科技创新中发挥支持作用（Chang et al.，2002；Cimoli et al.，2006）。

政府干预企业研发行为的理论依据源于两类市场失灵。一类是艾罗（Arrow，1962）提出的知识具有非竞争性，使得企业无法获得研发投资的全部收益，导致研发投资低于社会最优规模。另一类是资本市场的不完全信息，导致企业获取外部融资的成本过高，从而无法开展创新项目。这两类市场失灵是政府干预企业创新行为的主要理论基础，实际中政府为促进科技金融发展所采取的诸多干预政策也是围绕解决上述两类市场失灵展开的。

（一）研发活动外部性理论

艾罗（Arrow，1962）的研发活动外部性理论支持了政府对研发活动的干预。这一理论认为研发活动具有公共物品的属性，因而个体投资者无法独占其创新成果的全部收益。如果将研发活动完全交给市场，投入就会不足，低于社会理想水平。此时，政府的研发资助可以扩大研发资金的供给，纠正研发的市场失灵现象。格里利克斯（Griliches，1992）为此提供了充分的经验证据，提出尤其是当剽窃研究信息的潜在成本较低时，竞争对手可能对创新者的投资成果坐享其成（Mansfield，1966），而进一步降低研发投资。大量关于研发公共政策的研究普遍认为企业研发行为需要公共政策干预以达到社会最优水平，这些干预主要表现为对企业研发投资进行补贴（Tassey，1997）。

从实践来看，发达国家对企业研发投资普遍存在大规模的补贴。尽管各方都基本认同研发补贴的必要性，但研发补贴政策是否真正矫正了市场失灵，学术界始终存在较大分歧（Audretsch et al.，2002；Acemoglu et al.，2013）。从中国的情况来看，长期以来中央与地方各级政府都十分重视对企业研发行为的鼓励和引导，尤其是近年来"创新驱动战略""大众创业、万众创新"等一系列国家创新战略的实施，政府对企业研发投资的激励与补贴措施逐步系统化与制度化。补贴措施由不定期的"科技项目""科技计划"向制度化的税收政策过渡；补贴范围由国有企业、集体企业覆盖到所有在华企业，补贴强度也不断提高，研发补贴模式逐步由制度化和稳定化的税收政策占主导。

企业获得政府资助以后可能存在两种表现：一方面，由于政府研发资助，企业的研发成本和风险降低，使得企业的研发活动可以继续进行，同时由于政府的研发资助缩短了私人收益与社会收益之间的差距，使得企业的研发活动变得有利可图，进而也激励了企业扩大自身的研发投资（Yager and Schmidt，1997）。此外，政府的研发资助具有选择性，并不是所有的企业都会得到资助，因此获得资助本身就意味着一种肯定，这种信用背书也有利于企业吸引更多的外部私人投资（Kleer，2010）。这些原因都会产生政府研发资助对企业投资的激励效应，即挤入效应。

另一方面，政府的研发资助增加了对研发资源的需求，提高了研发资源的价格，使得企业的研发成本提高，进而可能使企业转向其他的盈利项目，降低了研发投资（Goolsbee，1998），产生挤出效应；特别地，如果政府资助了本可以由企业自身资金就可以实施和完成的研发项目，那么这些企业很可能仅仅用政府的资金来替代自身的投资（解维敏等，2009），产生替代效应。因此从研发补贴的绩效来看，国内学者也存在较多争论，有些学者找到了政府研发补贴促进企业创新与效率提高的证据（陆国庆等，2014），有些认为激励效果不显著（王春元，2017），甚至在某些条件下，由于信息不对称和企业的逆向选择行为，政府直接资助企业创新的政策手段会扭曲企业创新行为（安同良等，2009）。

根据这一理论，某些科技项目、某些企业的研发行为以及某些行业的科技水平提高不仅能够给自身带来利润，还能够产生外部性，提升区域整体创新能力，拉动同一聚集区域或者产业链上的其他企业的发展，此时政府就需要对此类创新活动进行支持引导。据此，实践中产生了利用财政资金对重点行业、企业融资进行补贴、奖励，对其研发投入进行税收优惠，通过政府引导基金投资科创型企业等政策工具。

（二）金融市场不完全信息问题

支持政府干预科技金融的另一类市场失灵是金融市场存在的不完全信息问题，即投资者与企业间关于创新项目质量的非对称信息。实践中，银行、股权投资基金以及意欲并购科创型企业的企业都会遇到信息搜集成本高、实时性差、准确率低，难以对科创型企业进行尽职调查的问题。这一问题最终会导致企业获取外部融资的成本过高，甚至无法获得外部融资，也会引致企业没有内源融资来开展那些有价值的创新项目（Leland and Pyle，1997）。

信息不对称问题的解决，一方面，需要根据科创型企业的特点，构建能够准确评价其创新能力及风险的信用评价体系；另一方面，需要建立一个覆盖范围广、时效性强、有一定公信力的科技金融"信用信息+综合服务"对接平台，提供必需的金融基础设施支持。实践中，政府往往通过以下方式，解决这一类市场失灵：

首先，政府直接从事针对科创型企业的金融活动，利用财政资金缓解其融资约束。投入方式可能表现为通过政府产业引导基金撬动社会资本投入高风险科创型企业；也可能表现为通过贷款贴息、保费补助、融资补贴、政策性担保等方式降低金融机构资金成本，利用财政资金与其共担风险，从而平衡风险和收益，以此引导市场资金流入科创型企业。这种直接干预金融市场的做法，并未消除资本市场投资者与科创型企业之间的不完全信息，本质上是政府与金融机构合作对科创型企业进行投资，政府以财政资金进行劣后级投资，承担了其中的高风险。

其次，政府向企业提供财政补贴时，可以向市场提供关于创新项目质量的信号，这样可以缓解金融市场不完全信息问题，降低其外源融资的难度（Takalo & Tanayama，2010）。这一效应本质上基于以下条件：相较于金融机构，政府对于企业创新能力具有信息优势，对企业创新的市场价值具有更为前瞻性的判断。只有前述条件成立时，政府补贴才会产生这一信号效应，这要求政府对创新具有比金融机构更为敏锐的鉴别能力；或者政府在资助企业或行业时，具有金融机构没有的优势，比如政府能够从全局角度通过产业引导基金或其他财政资金投入的方式进行产业链上下游的资源整合，以构筑全产业链，打造产业生态；又如政府能够基于构建地区或国家创新体系的高度，对产业投资提供政策层面的规范引导，对未来政策偏重的产业方向更具前瞻性，规避单个金融机构间的无序竞争和跟风扎堆投资，等等。

最后，政府承担着构建完善的科技金融基础设施的责任。为金融资本流向科创型企业构建完善的基础设施这一公共物品，包括前面提及的建设"信用信息+综合服务"平台、企业信用信息平台、投融资对接平台、综合产权交易平台等平台建设，构建科创型企业信用评价体系，组织企业评优、企业路演等专项服务；营造良好的科技金融环境也需要政府提供的重要基础设施，包括政策环境、经济环境、文化环境、信用体系等，良好、稳定的科技金融环境是科技与金融结合的外部条件，也是促进科技金融快速发展的必要条件。

（三）我国经济转轨特点及政府宏观规划职能

在我国，科技与金融相结合之所以需要政府的大力推动，除了基于科技与金融对接中存在的市场失灵，从实践来看，一定程度上是因为我国经济发展有从计划经济向市场经济的转轨背景，使得我国科技与金融结合之初，政府就是重要的推动力量（郑南磊，2017）。另一方面，改革开放多年以来，我国经济依靠要素驱动发展，金融体系习惯于服务实物资源密集、重资产、抵质押能力较强的企业，对智力和信息密集、轻资产、抵质押能力较弱的科创型企业进行尽职调查和风险管理，而这并非我国金融体系的强项。因此，科技与金融结合仍然需要政府大力推动。

我国经济实践的另一个特点也呼唤政府对科技金融进行干预，即政府在构建国家创新体系中具有主导地位，从宏观层面上制定并落实产业发展规划是我国经济发展中政府的宏观调控职能所在。具体而言，政府为解决经济社会发展中的紧迫问题，基于科学技术发展的总体目标对科学技术发展进行的统筹安排、整体推进，在此基础上，对重点领域及优先行业进行规划和布局。具体来看，包括推出系列政策措施开展高新区等创新政策试点区域建设；引导各地区错位发展，构建各具特色、优势互补的区域科技创新体系，带动形成一批具有区域优势和地方特色的产业集群；重点支持培育诸如战略性新兴产业、高新技术企业、专精特新"小巨人"企业、科技领军企业等重点产业和企业，等等。

二、政府引导基金支持科创型企业的探索实践

2008 年，国务院出台的《关于创业引导基金规范设立与运作的指导意见》提出，引导基金是由政府设立并按市场化方式运作的政策性基金，主要通过扶持创业投资企业发展，引导社会资金进入创业投资领域。引导基金的宗旨是发挥财政资金的杠杆放大效应，增加创业投资资本的供给，克服单纯通过市场配置创业投资资本的市场失灵问题。特别是通过鼓励创业投资企业投资处于种子期、起步期等创业早期的企业，弥补一般创业投资企业主要投资于成长期、成熟期和重建企业的不足。这一文件中提出的是广义的政府引导基金，包括科技型中小企业创新基金、创业投资引导基金以及产业发展引导基金等政府设立、市场化运作的政策性基金；而狭义的引导基金主要是指创业投资引导基金。本书采用与该文件一致的广义定义。

（一）我国政府引导基金发展概况

1. 顶层设计逐步完善，推动精细化管理

从 2005 年开始，在政府引导基金的发展中，陆续出台的相关政策文件逐步明确了政府引导基金的定位、绩效评价的主体和内容。随着顶层设计的陆续完善，逐步构建起我国的政府引导基金运营体系，政府引导基金也从粗放式管理逐渐向精细化管理转变。

2005 年，我国首次出台政府引导基金的文件《创业投资企业管理暂行办法》明确提出，政府可以设立创业投资引导基金，并通过参股和投融资担保等方式扶持创业投资企业。2008 年，《关于创业引导基金规范设立与运作的指导意见》初步明确了引导基金的运作方式、管理架构和风险控制思路，成为我国政府引导基金合规运作的指导规范，倡导引导基金的优先分配权和清偿权，明确了政府引导基金的优先股身份。2015 年，《政府投资基金暂行管理办法》提出，基

金规模、存续期限、出资方案、投资领域、决策机制、基金管理机构、风险防范、投资退出、管理费用和收益分配等核心条款的细化要求，同时接受引导基金可以亏损的情况，并首次提出政府引导基金可适当让利的机制。2017 年，《政府出资产业投资基金管理暂行办法》提出对全国政府出资的产业投资基金进行及时登记管理，推动政府引导基金向精细化管理方向迈进。2018 年末，《国务院办公厅关于推广第二批支持创新相关改革举措的通知》提出，针对地方股权基金中的种子基金、风险投资基金设置不同比例的容错率。2020 年 2 月，《关于加强政府投资基金管理提高财政出资效益的通知》提出实施政府投资基金全过程绩效管理等六项规定，旨在提高财政出资效益，促进政府引导基金有序运行，以解决政府引导过往运行中存在的政策目标重复、资金闲置和碎片化等问题。

可见，在政府引导基金发展的十余年间，陆续出台的系列政策文件，对于引导基金的管理架构、运作机制、投资限制、政策目标、绩效评价等方面给予明确的界定和约束，政府引导基金运营体系逐步完善，实现精细化管理。近年相关文件的出台，从政府层面降低了对政府引导基金的财务收益追求，实现了从确认政府引导基金的优先股身份到实行让利机制、接受亏损的机制转变。

2. 我国政府引导基金整体发展趋势

2002 年，随着第一支政府引导基金——中关村创业投资的设立，政府引导基金开始了缓慢的发展。2006 年正式揭开政府引导基金发展的序幕，发展速度较之前有所进步。2014 年政府引导基金出现井喷式增长，据赛迪数据统计，2014 年政府引导基金规模达 2879 亿元，同比增长 294%。2015 年，随着国家层面设立两支规模合计达千亿元的引导基金（400 亿元的国家新兴产业创业投资引导基金、600 亿元的国家中小企业发展基金），当年基金规模达到 15090 亿元，同比增长 424%。随后，各地政府纷纷设立引导基金，我国政府引导基金进入高速发展期，基金总规模达到万亿级别。2016 年，政府引导基金规模再次出现井喷式增长，赛迪数据显示，至 2016 年底，新成立政府引导基金 442 家，目标募集资金共 36001 亿元，同比增长 138%。

根据清科研究中心统计，截至 2020 年底，国内已设立 1851 支政府引导基金，目标规模达 11.53 万亿元人民币，已到位募资规模 5.65 万亿元人民币。整体来看，我国引导基金的设立步伐有所放缓，但资金到位率逐年提升。截至 2020 年底，国内私募股权、创业投资基金管理规模约 15.91 万亿元，其中国有控股基金的管理规模约为 5.57 万亿元人民币，占比约 35%，可见，国有创投机构和政府引导基金在中国创投行业中发挥着重要引领作用，扮演着中流砥柱的角色。

根据 CVSource 投中数据，从政府投入资金规模来看，政府引导基金自身规模每年新增情况如图 6-1 所示，政府自身投入资金的规模也呈现出前述年度趋势，无论是从新设立基金数量，还是从新增投入资金规模来看，都在 2015 年和 2016 年出现了爆发式增长，而后出现逐年下滑趋势，直至 2021 年出现同比上升的趋势，设立数量和自身规模较上年分别增长 77% 和 207%。从累计规模来看，截至 2021 年底，我国政府引导基金累计数量为 1437 支，较上年增长 4.51%；自身规模累计达到 2.47 万亿元，较上年增长 11.31%，均保持了较高的增速。

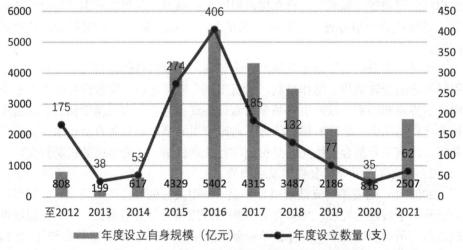

图 6-1　2012—2021 年度新设立政府引导基金情况

数据来源：CVSource 投中数据。

2014 年政府投资基金规模开始出现迅速增长，然而同时也出现了引导基金大量结存的"沉睡"现象：部分引导基金因未吸引到社会资本无法按期设立，导致财政资金滞留在托管账户；子基金募集资金中有较大比重结存未用，部分引导基金从未发生过投资。众多研究认为原因主要有：其一，在政策红利的驱动下，各地区纷纷跟风设立引导基金，但有的政府并未规划好如何利用引导基金发挥引导作用。其二，政府极为重视投资资金的安全性，所以部分引导基金还未有足够的专业能力开展投资。其三，清理存量政府财政资金政策出台推动引导基金规模暴增，以及限定引导基金投向本地项目的比重导致部分基金无项目可投。其四，对引导基金的考核评价制度不合理，阻碍其投向高风险创新项目也是基金"沉睡"的主要因素。

（二）政府引导基金区域和投资分布情况

1. 政府引导基金区域分布情况

根据清科研究中心统计，按政府引导基金注册地来看，如图 6-2 所示，截至 2020 年底，国内已设立政府引导基金注册地数量最高的地区主要集中在东南沿海地区，江苏、浙江、广东、山东、安徽五地注册引导基金数量均已达到百支以上，其中江苏省注册数量摘得全国桂冠，高达 206 支；浙江、广东注册数量也达到 162 支、160 支；山东、安徽两地注册数量分别达到 145 支、124 支。上海、重庆、天津三大直辖市注册数量分别达到 36 支、31 支、20 支。此外，中西部地区基金注册数量大多不足百支，其中，四川、湖北、江西、河南、河北五地注册基金数量相对较多，分别达到 81 支、73 支、71 支、65 支、63 支。

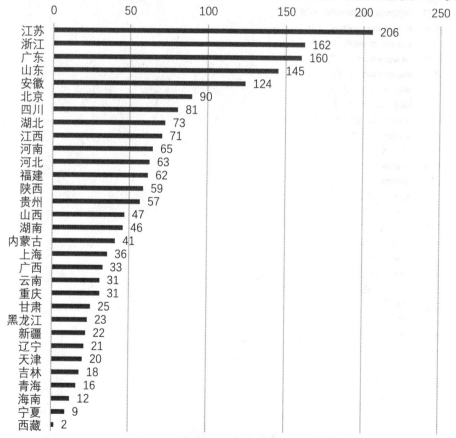

图 6-2　截至 2020 年底中国政府引导基金设立数量按注册地分布（支）

数据来源：清科研究中心。

从政府引导基金的目标募集规模来看，如图 6-3 所示，至 2020 年末，北京注册基金数量位居直辖市首位，达到 90 支，因多数国家级引导基金的注册，总目标规模高达 2.61 万亿元人民币，位居全国首位，已到位资金规模 1.64 万亿元。广东省目标规模也突破了万亿元规模，达到 1.36 万亿元。由于平均单支基金规模存在差异，各省市按规模的排名情况与前述按数量存在一定差异，如北京、河南等，虽然基金数量不十分突出，但目标规模较为领先；而浙江、安徽等虽然基金数量较为领先，但目标规模排名相对落后。

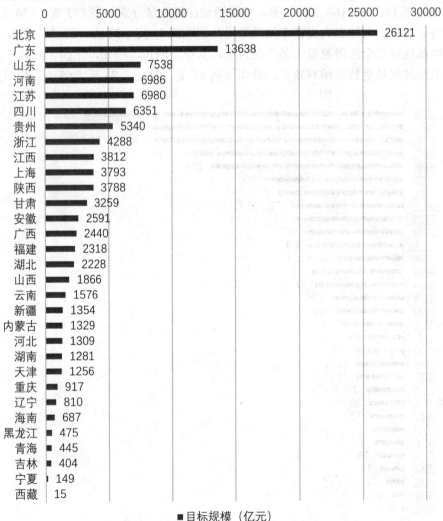

■ 目标规模（亿元）

图 6-3　截至 2020 年底中国政府引导基金目标规模按注册地分布

数据来源：清科研究中心。

以天津市为例，在 2019 年及以前政府引导基金目标规模仅 656 亿元，与领先省市差距明显，2020 年新设立 2 支大规模政府引导基金（包括目标规模 300 亿元的滨海产业基金），目标规模共计 600 亿元，新增规模仅落后于上海的 2577 亿元，居于第二位。得益于此，至 2020 年整体基金目标规模提升至 1256 亿元，但在全部省市中居第 23 位，相比北京、广东、山东等领先省市仍存在较大差距。

从政府引导基金已到位规模来看，据清科研究中心的数据，截至 2021 年底，全国 31 个省市中前 20 位的省市引导基金已到位资金情况如图 6-4 所示，北京居于首位，到位资金高达 1.47 万亿元；广东省和江苏省位于第二、三位，分别为 8406 亿元和 4564 亿元；紧随其后的前几位为上海、浙江、贵州、山东、陕西、四川，到位资金均在 2000 亿元以上，天津市并未进入前 20 位。

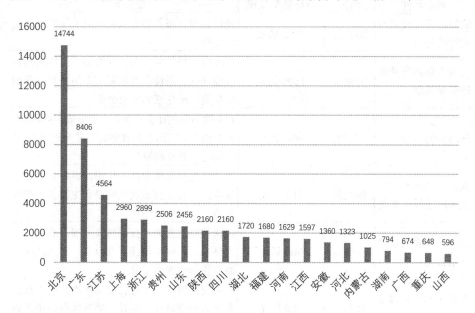

图 6-4　至 2021 年末各省市引导基金已到位规模前 20 位（亿元）

数据来源：清科研究中心。

2021 年，引导基金新设数量显著上升。从数量规模来看，前三位的省份分别为：江苏（新设政府引导基金 17 支，其中有 1 支国家级）、安徽（13 支）、山东（12 支），表现出了强劲的增长趋势；紧随其后的为：江西（7 支）、湖北、广东、福建（均为 6 支）、浙江、湖南、四川（均为 5 支）。从资金规模来看，2021 年江苏新设政府引导基金已认缴规模最高，高达 1340.82 亿，其中有 737.5 亿元国家级基金，剔除国家级政府引导基金，2021 年贵州、江苏和湖北新设政府引导基金已认缴规模位居全国前三，分别为 760.04 亿元、603.32 亿元和 383.80

亿元。天津市新增的 2 支政府引导基金共认缴 41.5 亿元，位于全部 31 个省份的第 14 名。

从新设政府引导基金目标募集规模来看，募集规模前十位的基金情况如表 6-1 所示，武汉市成立的引导基金占据三分之一，引导基金主要集中于中部地区，且募集规模大幅增加。从认缴规模来看，前三位的分别为中国国有企业结构调整基金二期、武汉产业发展基金有限公司、贵州省新型工业化发展股权投资基金合伙企业，认缴规模分别为 737.50 亿元、300.00 亿元、280.01 亿元，南京江北新区投资发展基金（有限合伙）认缴规模刚好为 200 亿元，位于全国第四。

表 6-1 2021 年新设政府引导基金前十位

基金名称	地区	目标募集规模	投资策略
武汉市天使投资产业投资基金	湖北省	3000 亿元	通过领投、跟投等方式强化对天使投资的定向支持
河南省新兴产业投资引导基金	河南省	1500 亿元	重点投向新型显示和智能终端、生物医药、节能环保、新能源及网联汽车等新兴产业的成长期、成熟期创新型企业
常州科创基金	江苏省	400 亿元	1:4 撬动各类社会资本，5 年形成 2000 亿元创新投入，打造出科技创新"常州模式"、智能制造"常州样板"
武汉大健康和生物技术产业投资基金	湖北省	300 亿元	发挥市区财政资金杠杆作用，引导各类社会资本进一步支持武汉大健康和生物技术产业发展
武汉产业发展基金有限公司	湖北省	300 亿元	加快战略性新兴产业跨越式发展，高站位、大格局、高标准对接产业政策，重塑武汉发展新优势的重要举措
中关村科学城城市更新与发展基金	北京市	300 亿元	主要发挥财政资金杠杆撬动作用，引入社会资本共同推进城市建设，解决区属国企建设产业项目资本金不足问题
云南省国企改革发展股权投资合伙企业（有限合伙）	云南省	300 亿元	投向云南省国资资产证券化、混合所有制改革、上市公司并购重组等领域，同时兼顾支持云南省"5+8"万千亿产业
国新中银基金	山东省	300 亿元	投向中央企业、地方国有企业、兼顾优秀民营企业，产业领域涵盖制造业、能源产业和战略性新兴产业等，引导社会资金积极参与市场化债转股，推动实体经济降杠杆

数据来源：CVSource 投中数据，2022 年 1 月。

2. 政府引导基金投资分布情况

从政府引导母基金投资类型来看，根据清科研究中心统计，2020 年获得政府引导母基金投资的股权投资基金共 323 支，投资子基金类型主要为成长基金、创业基金，投资数量占比分别达 47.7%、40.6%，投资金额占比分别达到 82.3%、11.8%；此外，早期基金、并购基金、基础设施基金投资数量相对较少。按投资子基金的管理机构类型来看，投向 PE 机构管理的子基金相对较高，VC、早期机构管理的基金相对次之。

从行业分布来看，截至 2020 年底，我国已设立的政府引导基金以产业基金为主，主要围绕"中国制造 2025"以及七大战略性新兴产业，此类基金数量占比高达 61.3%，目标规模及已到位金额占比分别为 67.9% 和 68.8%。创投类引导基金主要扶持地区中小企业、科创企业、高新技术企业以及七大战略性新兴产业发展，设立数量为 524 支，占比约为 28.3%，但目标规模及到位规模处于较低水平，占比分别为 7.9% 和 10.9%。PPP（Public-Private Partnership，政府和社会资本合作，简称 PPP）基金平均目标规模最高，单支基金达到 149.87 亿元，为产业基金平均目标规模的 2.02 倍，是创投基金平均目标规模的 8.27 倍。

近年来随着大量政府引导基金向退出阶段迈进，一些设立初期埋下的问题逐渐凸显，如基金的投资布局和定位不合理、基金政策目标交叉重叠、政府资金投资效率不佳等。在此背景下，多地政府引导基金开始进行优化整合，从整体来看，当前我国政府引导基金已逐步进入"精耕细作"与"存量优化"阶段，对存量引导基金的投资运作效率以及产业的扶持效果越来越重视，新设立引导基金扶持对象更具针对性，行业特色更明确。

（三）政府引导基金支持科创型企业实践

早在 2008 年，天津市就设立了滨海新区创业风险投资引导基金，探索利用政府引导基金推动区域经济发展；2016 年伴随着全国引导基金大量设立，天津市也设立了目标规模 100 亿元的京津冀产业结构调整引导基金；2017 年设立了目标规模 200 亿元的海河产业基金；2020 年设立了目标规模 300 亿元的滨海产业基金。从投资行业来看，与全国整体趋势一致，主要涉及人工智能、生物医疗、新能源新材料等多个战略性新兴行业领域。可见，天津市政府引导基金的发展历程和特点在我国各省市中具有一定的代表性，因此这一部分将以天津市为例，对政府引导基金群进行分类，具体分析募资和投资科创型企业的实践情况，为后续提炼引导基金存在的共性问题，给出完善建议提供基础。

1. 天津市政府引导基金发展概况

从基金规模来看，据天津市科技工作报告披露，截至 2020 年，天津市 37

支政府引导母基金认缴规模达到 1238 亿元。引导基金累计参股设立天使和创投基金 27 支，基金规模超 50 亿元，开展投资超 26 亿元，带动投融资近 140 亿元；至 2021 年，政府引导基金出资 9.3 亿元，投资科技型企业 259 家，带动投融资 213.6 亿元。

按基金运作模式分类，天津市政府引导基金运作模式分为母基金模式和直投模式，大部分引导基金都采取了母基金模式。表 6-2 列出了天津市具有代表性的部分政府引导基金的基本情况，从投资对象来看，引导基金可分为天使和创业投资、产业投资、产业并购三大类。其中，天使和创业投资类政府引导基金的主要投向为科技领域，包括从初创期到未上市阶段的科技型中小企业。产业投资类政府引导基金①覆盖两类领域：一是高端装备制造、航空航天、石油化工、新能源、生物医药和健康、互联网等支柱产业；二是海洋工程装备、特高压输变电、机器人、集成电路、高性能服务器、国产数据库等战略性新兴产业。产业并购类政府引导基金主要针对天津市战略性新兴产业的结构转型升级。

表 6-2　天津市主要政府引导基金及投资方向

基金名称	成立时间	设立规模	投资方向
滨海新区创业风险投资引导基金	2008 年	注册资本 20 亿元	重点扶植滨海新区电子信息、生物医药、新材料与新能源等高新技术产业
天津市创业投资引导基金	2015 年	总规模 10 亿元	基金主要投资于科技型中小企业，并未规定引导基金投向
天津市天使投资引导基金	2015 年	总规模 5 亿元	没有规定具体投资方向，经营范围为天使投资、创业投资、投资咨询服务等业务
天津市科技"小巨人"企业产业并购引导基金	2016 年	总规模 5 亿元	引导基金强化产业研究，重点支持和引导各类投资主体参与本市潜力优势产业和战略性新兴产业的境内外并购
京津冀产业结构调整引导基金	2016 年	总规模 100 亿元	天津市高端装备制造、新一代信息技术、航空航天、新材料、生物医药、新能源、节能环保、现代石化、现代冶金、现代服务业等产业领域

---

① 《天津市制造业高质量发展"十四五"规划》提出立足全国先进制造研发基地定位，围绕产业基础高级化、产业链现代化，以智能科技产业为引领，着力壮大生物医药、新能源、新材料等新兴产业，巩固提升装备制造、汽车、石油化工、航空航天等优势产业，加快构建"1+3+4"现代工业产业体系，推动冶金、轻纺等传统产业高端化、绿色化、智能化升级。天津市政府产业引导基金的投资行业即围绕这一规划进行布局。

基金名称	成立时间	设立规模	投资方向
天津市海河产业基金	2017 年	财政出资 200 亿元	聚焦天津建设全国先进制造研发基地的定位，围绕先进制造业，推动技术研发和科技创新，促进产业转型升级和提质增效，做优、做强、做大支柱产业，有效培育发展战略性新兴产业
滨海产业基金	2020 年	总规模 300 亿元	重点支持智能科技、生物医药、新能源与新材料等战略性新兴产业，培育发展新动能；重点支持航空航天、装备制造、汽车、石油化工等优势产业以及生产性服务业
京津冀协同发展产业投资基金	2021 年	总规模 500 亿元	北京向外疏解的教育、医疗、培训机构、企业总部等非首都功能转移，支持高端制造业、城乡基础设施、城市轨道交通、区域提质升级等相关领域项目
天使母基金	2022 年	总规模 100 亿元	高新技术产业和战略性新兴产业，重点关注天使类投资项目

对投资行业和企业生命周期阶段进行整理归类，天津市政府引导基金可以分为以下三类：第一，产业投资基金，如海河产业基金、滨海产业基金、京津冀产业结构调整引导基金以及京津冀协同发展产业投资基金，此类基金是典型的产业投资基金，其设立具有明确的产业培育目标，主要投向成熟期的企业，并不局限于创新型企业和行业。第二，天使引导基金和创业投资引导基金，如天津市天使投资引导基金、天使母基金、天津市创业投资引导基金、滨海新区创业风险投资引导基金，主要投向处于企业发展早期的企业，包括萌芽期、种子期和初创期的企业。第三，战略性新兴行业引导基金，如天津智能科技产业母基金、天津未来产业创新基金、天津市海洋经济发展引导基金、天津自贸区高端产业发展母基金、天津市科技"小巨人"企业产业并购引导基金、宽带智汇母基金等，目标为推动构建"1+3+4"现代工业产业体系。下面将分别对天津市这三类政府引导基金中具有代表性的基金为例，对其在支持科创型企业所进行的实践探索进行总结分析。

2. 天津市产业投资基金发展实践

（1）海河产业基金

天津市海河产业基金合伙企业成立于 2017 年 4 月，存续期 10 年，由天津市政府发起设立，分为引导基金、母基金、子基金三级架构，通过市政府出资200亿元设立政府引导基金，再通过政府引导基金注资和市场化募集，吸引其他资本共同发起设立多支产业投资母基金，形成1000亿元左右规模的母基金群。母基金再通过出资发起设立若干子基金或直接投资等方式，撬动各类社会资本，总投资达到5000亿元，用于天津先进制造业和实体经济。在运作制度上，以政府出资所产生的收益为限适当让利，鼓励母基金直接投资于政府主导的投资期长、风险性高、收益率低的项目；同时设置了不低于引导基金出资规模5倍的返投比例要求。

从母基金规模来看，截至2022年4月，海河产业基金成立满5年，共有84支母基金通过核准，52支母基金签署合伙协议，规模达到1453.25亿元，主要架构包括海河系母基金、新一代人工智能科技产业母基金、生物医药产业母基金、天津市乡村振兴基金、天津市高成长初创科技型企业专项投资等。

从基金募资和投资情况来看，截至2022年3月末，海河产业基金实际出资130.75亿元，经多渠道募资，撬动社会资金和民间资本投入，带动母基金实缴529.96亿元，资金放大4.1倍。投资370个项目和子基金，累计投资额406.9亿元。通过投资带动，共实现项目返投230个，计划在津投资2644.07亿元，已到位1647.95亿元，落地项目杠杆撬动达12.6倍，共投资引入规模10亿元以上重点项目51个。此外，已有42家被投企业完成IPO或借壳上市（包含已过会待发行），实现较高的投资收益，还有近30家被投企业正在申报上市过程中。引入创新型领军企业、独角兽企业和瞪羚企业共计50余家。

从基金的投资行业来看，海河产业基金以制造业升级为导向，基于天津产业体系，引育重点领域和目标产业的项目落地平台。打造的产业生态涉及信创、集成电路、生物医药、新能源、新材料等8个重点产业，光伏、5G、半导体材料、合成生物学等25个细分门类，构建以"1+3+4"产业体系为核心的产业生态集群。

具体来看，截至2022年4月，海河产业基金在重点产业链上所投资的项目情况如图6-5所示：信创领域56个项目，包括海光、三六零、金山云、紫光云等；集成电路领域26个项目，包括华海清科、唯捷创芯、韦尔半导体、中电科半导体材料等；生物医疗领域44个项目，包括华熙生物、康希诺、凯莱英、瑞博生物、合源生物等；汽车与新能源汽车领域20个项目，包括G7物联网、国安盟固利、经纬恒润、Cepton激光雷达等；高端装备制造领域26个项目，包括美腾科技、飞旋科技、博迈科、鼎维固等；新能源与新材料领域22个项目，具体包括中环DW、中环叠瓦、爱旭太阳能、电科能源等。

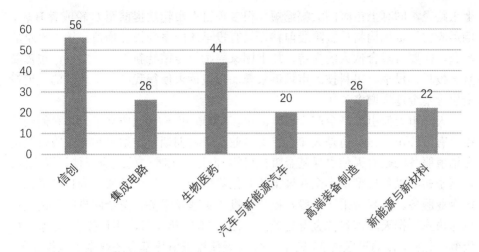

图 6-5　海河产业基金重点产业链投资项目分布（个）

数据来源：投中网。

（2）滨海产业基金

天津市滨海产业基金于 2020 年 8 月设立，全面服务滨海新区产业升级。这一引导基金规模为 300 亿元，由天津市人民政府和滨海新区人民政府各出资 100 亿元、滨海新区各开发区管委会共出资 100 亿元，通过现有基金和市场化方式引导社会资本筹集，吸引国内外金融机构、企业和其他社会资本，5 年达到 1000 亿元以上规模。

从投资行业来看，天津市滨海产业发展基金主要围绕战略性新兴产业重点领域，结合滨海新区产业布局，综合运用股权投资、并购投资、项目投资、风险投资等多种方式，引育战略性新兴产业和高技术产业在滨海新区落户发展；旨在打造一批具有国际竞争力的百亿、千亿级先进产业集群，将重点支持智能科技、生物医药、新能源与新材料等战略性新兴产业，培育发展新动能；重点支持航空航天、装备制造、汽车、石油化工等优势产业以及生产性服务业。

3. 天津市天使和创业引导基金发展实践

与产业投资基金主要关注成熟期的企业不同，天使基金和创业投资基金主要投向处于成长早期的企业，包括萌芽期、种子期和初创期的企业，针对此设立的天使引导基金和创业引导基金更能够体现政府弥补金融市场服务成长初期科创型企业中存在的市场失灵的调控功能。天津市在这两类引导基金的设立上起步较早，以下将对这两类基金的实践探索进行总结。

（1）天津市天使引导基金

近年来，随着注册制加速落地以及科创板和北交所陆续推出，增加了企业上市路径，同时上市时间大幅缩短，很多项目上市轮次提前至 C 轮或者 B 轮，倒逼股权投资机构将投资阶段前移，只有投早才能享受投资增值。这些投早的基金，需要有限合伙人的支持，加上国家鼓励"专精特新"企业发展，也需要基金投早、投小、投科技。市场诉求叠加政策诉求使得我国各个地区的天使投资引导基金逐步增多。

天津市天使引导基金起步较早，早在 2006 年 6 月就成立了天津科创天使投资有限公司，该公司是天津市首家专业从事初创期科技型中小企业股权投资和增值服务的政府天使引导基金直投机构，也是全国唯一的政府天使投资机构。该基金初期以科技型中小企业聚集的孵化器作为主要投资领域，为科技孵化器内企业服务。该基金采取了股权投资、投资管理及服务、资金回收的天使投资运作模式。据天津市科技金融处披露，截至 2022 年 4 月，累计投资 76 家，投资额 3 亿元，带动投融资 33 亿元。此外，天使投资引导基金还探索了直投业务，直接投资初创期科技企业 100 家，投资额 1 亿元。

为引导社会资本投早、投小、投"硬科技"，2022 年 1 月天津市设立了一支百亿元规模的天使母基金。在运作机制上进行了多方面的有益探索，具体表现在以下几个方面：

其一，市场化投资方面，天使母基金 20% 的资金可用于市场化跟投子基金或项目，说明在市场化运作方面先行一步。在存量优化阶段，对基金精细化管理、运营效率提升做出更高要求，以市场化倒逼政府引导基金变革是未来趋势。2021 年以来，许多新设的引导基金管理办法纷纷注重市场化，许多引导基金也修改管理办法，将部分资金用作市场化跟投，提高了市场化运作程度。其二，对子基金的限制方面，放宽了投资子基金的地域限制，子基金选择范围更加广泛和灵活；在子基金返投方面门槛相对较低且认定灵活，为子基金提供了很多提高返投额度认定的原则，同时注重对成长初期的天使类项目的投资。其三，基金让利方面，市级天使母基金以其享有的子基金全部超额收益为上限进行让利，对符合要求的子基金，母基金将投资于天津地区项目所得全部超额收益让渡给子基金管理机构和其他出资人。这一让利原则尺度较大，充分体现了天使投资引导基金非逐利的政策调控角色。

（2）天津创业投资引导基金

天津创业投资引导基金设立于 2001 年 3 月，是天津市设立的第一支市政府引导性母基金。据天津市科技金融处披露，截至 2020 年 6 月，该基金直投、委投项目及管理基金总规模超过 40 亿元人民币，投资近百家高科技、高成长性中小企业，其中多家企业在主板、新三板挂牌上市。天津市创业投资引导基金重点支持成长期科技企业，参股子基金大多投资于高新技术和战略性新兴产业。

投资对象包括赛富成长创业投资基金、天津滨海天使创业投资基金等创业投资企业，还包括多家高新技术企业。

除了天使投资引导基金和创业投资引导基金外，天津市政府还通过天津市科技创新发展中心运作规模为 10 亿元的科技风险投资资金，利用财政资金开展风险投资。截至 2022 年 4 月，该风险投资资金参股 8 支子基金，累计投资 79 家科技企业，投资额 12.5 亿元，培育了中科曙光、长荣股份、建科机械、凯莱英等 8 家上市企业，以及 3 家新三板挂牌企业。此外，该资金还培育了天创资本、天士力资本等一批投资管理机构。

4. 天津市典型战略性新兴产业基金

近年来，天津市致力于构建"1+3+4"的现代工业体系。围绕智能科技、生物医药等战略性新兴行业设立了一批政府引导母基金，如天津智能科技产业母基金、天津未来产业创新基金、天津市海洋经济发展引导基金、天津自贸区高端产业发展母基金、天津市科技"小巨人"企业产业并购引导基金、宽带智汇母基金等，以推动"1+3+4"现代工业产业体系的建设。以下将对此类政府引导基金中具有代表性的百亿元规模的引导基金进行梳理总结。

（1）新一代人工智能科技产业基金

为了抓住智能科技产业发展的重大战略机遇，加大对互联网、云计算、大数据等"软产业"的支持力度，壮大智能科技产业，抢占发展制高点，2018 年天津市多部门联合设立了新一代人工智能科技产业基金。该基金由海河产业基金管理公司通过市场化募集，吸引国内外金融机构、企业和其他社会资本发起设立母基金，再通过设立子基金等方式，进一步放大基金功能，形成总规模 1000 亿元的基金群。该基金重点投向智能机器人、智能软硬件、智能传感器、虚拟现实与增强现实、智能汽车等智能科技新兴产业。其中，设立总规模 300 亿元的子基金群，投向智能制造终端产品、传统产业智能化改造。

截至 2019 年 8 月末，首批 8 支新一代人工智能科技产业母基金设立方案通过核准，总规模 162 亿元，拉动了紫光云、海光信息、辰星自动化、海云数据、唯捷创芯、爱旭科技等 18 个项目落户天津，带动企业在津投资超过 160 亿元。

（2）信创产业母基金

经过 2020 年信创元年的整体布局，信创产业已进入应用落地阶段。然而信创产业的上游核心技术几乎被国外企业垄断，中国信创产业存在巨大的成长空间。政府引导母基金的出现可以很好地作为"耐心资本"赋能产业发展，为信创产业科技创新提供长期资本。

在此背景下，2021 年，天津市出台了《天津市信息技术应用创新产业链工作方案》，将信创产业作为推进自主创新和原始创新、加快新旧动能转换的重要战略引擎。2022 年，天津滨海高新区联合天津市海河产业基金、滨海产业基金共同发起成立总规模 100 亿元的信创产业母基金，首期规模 30 亿元，为"信创谷"①建设奠定了基础。该基金主要投向新一代信息技术、互联网等领域的子基金或项目，其中投资信创领域资金不低于基金规模的 60%，以解决国家自主可控和信息安全重大关切问题为目标，提升创新主体、创新平台、研发源头、核心技术要素的创新能力。

（3）生物医药产业母基金

生物医药产业是天津打造"1+3+4"现代产业体系的重点产业之一。天津市"十四五"规划提出，到 2025 年，天津生物医药产业规模将突破 1000 亿元，年均增长 10%，成为国内领先的生物医药研发转化基地。早在 2009 年，天津市就出台了《京津冀生物医药产业化示范区优惠政策》，吸引国内外生物医药企业和研发机构来示范区落户，提出将设立不少于 50 亿元的"生物医药产业发展基金"。截至 2019 年 8 月末，天津市 4 支生物医药产业母基金设立方案通过管委会核准，总规模 101 亿元。

2018 年，凯莱英与国投创新、海河基金及开发区共同发起成立规模达 100 亿元的全球创新药投资基金，四方在基金运营中各有分工侧重：凯莱英集团作为医药研发生产外包服务企业，为基金承接的创新药项目提供外包服务；天津开发区、海河基金积极争取国家及地方的政策支持；国投创新作为专业私募股权管理机构，对基金进行市场化、专业化的管理。全球创新药投资基金通过购买新药知识产权权益或与海外生物医药公司成立合资公司等灵活多样的投资模式，依托凯莱英的技术服务能力，构建促进创新药发展的一体化服务平台，带动生物医药产业提升。截至 2021 年，基金先后引进了国内小核酸领域的领军企业瑞博生物和有济医疗在内的 8 个项目，形成了"平台+企业+基金合作"的新模式。

（四）苏州市投贷联动引导基金运作经验

2016 年，随着投贷联动的大规模实践，多地开展了政府引导基金推动投贷

---

① 天津市"十四五"规划提出，要以信创产业为主攻方向，增强智能科技产业引领力，全面增强全国先进制造研发基地核心竞争力。立足天津市信创产业龙头集聚、链条完整的基础优势，天津滨海新区以滨海高新区海洋片区为核心承载区聚力打造"中国信创谷"，在全国率先扛起打造国家信创产业示范区的大旗，打造千亿元级信创产业集群。围绕这一规划，构建了"CPU-操作系统-数据库-服务器-整机终端-超级计算-信息安全服务"产研一体、软硬协同的信创产业体系，打造了国内一流的信创产业生态，集聚了中科曙光、三六零、紫光、华为、腾讯、长城等一批领军企业，信创产业上下游创新企业达到了 1000 余家。

联动的探索。在此背景下，苏州市设立投贷联动引导基金，探索以投贷联动方式运作政府引导基金。引导基金按"同股同权、收益共享、风险共担"的原则与金融机构合作设立投贷联动子基金，子基金进行市场化运作，投向符合创新驱动发展方向的未上市企业。为体现投贷联动特色，子基金对单户企业的投资额不高于联动银行对该企业的授信额，授信存续期原则上应与投资期限相匹配。该基金的运作为政府通过投贷联动引导基金方式激励银行发放科技贷款提供了诸多实践经验。

截至 2020 年 12 月末，苏州政府投贷联动引导基金仍在存续的 3 支子基金财政总认缴出资 6000 万元，子基金认缴总规模合计 5.1 亿元，实现放大社会资本效应 8.5 倍。子基金共投资 9 个项目，投资总额为 11001.6 万元，其中苏州项目 5 个，投资总额 5001.6 万元。苏州政府投贷联动引导基金运行过程中出现了诸多问题（王羽，2021），包括子基金存在募资渠道单一；市场化子基金管理人合规性不足；配套贷款难以落实；返投比例过高，降低了对社会资本吸引力等。

实践中，由于银行承担的风险与获得的收益不匹配，即银行贷款实质承担了与创投机构同样的投资失败风险，却仅能获得固定贷款利息收益，无法分享投资成功获取的超额回报，制约了其发放贷款的积极性。加之联动银行为本地银行，受限于无法异地经营，难以为异地被投企业提供信贷支持，使得该引导基金投资项目的配套贷款难以落实。

（五）深圳天使母基金的运作经验

早期投资一直是创投行业最薄弱的环节，许多地方政府引导基金积极介入早期投资。国内首家政府设立的天使投资引导基金可追溯到 2013 年成立的宁波市天使投资引导基金有限公司。2014 年成立的上海市天使引导基金也是较早设立的天使引导基金，是国内为数不多经历从投到退完整周期的政府引导基金。近年来，在国家鼓励投早、投小、投科技的背景下，各省市纷纷设立天使母基金，如 2021 年 1 月成立的苏州市天使投资引导基金；2 月设立的常州市天使投资母基金；11 月成都高新区设立 100 亿元天使母基金。

深圳天使母基金成立于 2018 年，100% 投资种子期、初创期企业孵化发展项目，至 2021 年投资了 567 家高科技企业，培育出 54 家估值超 1 亿美元的企业。该基金首期募集资金 50 亿元，2020 年增加到 100 亿元，是目前国内规模最大的市场化运营的天使母基金，为天使母基金的运作提供了大量的实践经验。

其一，加大对子基金出资比例，提高让利比例，吸引合作投资机构投资早期项目。针对本地天使投资活动不够活跃，资本更偏向于 VC、PE 或二级市场的现状，要求参投子基金所投的必须为早期项目。鉴于早期项目的高风险，该基金设置了优惠的政策吸引投资机构合作：一是对子基金的出资比例可达 40%；二是设置了"即退即分"和基金整体"先回本后分利"的让利机制，各合伙人收回全部实缴出资后，将投资于深圳地区的全部收益让渡给子基金管理机构和基金其他出资人。

其二，充分市场化运作，建立容错机制。在治理模式上，尽可能避免以往政府引导基金出现的过度干预问题。从规划之初，深圳市政府就强调充分尊重创投市场规律，对早期投资的失败给予足够宽容。在母基金的具体运作方面，深圳市政府只规定母基金的制度、办法和细则，具体的项目遴选、尽调、子基金管理等工作都交给专业团队管理，最大程度地避免行政干预。母基金管理公司只是审查子基金的合规性、所投行业和阶段，不干涉子基金的商业决策。

其三，构建天使网络投资平台。天使母基金成立后，吸引了很多一线的早期投资机构落地深圳，母基金的运作模式天然具有平台属性，不同投资机构通过共享母基金投资建立联系，开展交流合作。此外，该基金还充分发挥自身的网络优势，于 2019 年联合参投的子基金发起成立深港澳天使投资联盟。至 2022 年 5 月，联盟有 200 多家会员单位，包括深港澳的投资机构、科研院校、科技成果转化机构、龙头企业和投资服务企业。

其四，关注硬科技，推动成果转化。深圳天使母基金从成立之初就重视通过打造资本支持系统促进科技成果转化，尤其关注硬科技领域的"卡脖子"关键技术。截至 2020 年底，参投的 50 只子基金中，有 7 家具备高校科研院所背景的机构，通过这些子基金加强天使投资机构与科研院校之间的合作，推动高质量的科研成果转化。

其五，在风险高、回报周期长的基础领域开展天使直投。2021 年，该基金进行了更进一步的创新探索，开展天使直投。2021 年 11 月，深圳市天使一号直投基金成立，遴选"卡脖子"关键领域子基金已投或拟投项目，参与到风险相对较高的天使直投领域。在市场无法有效配置资金的风险高、回报周期长的领域，发挥政府基金的补位作用。

三、财政资金对科技金融的其他投入方式

这一部分将以天津市为例，除了引导基金之外，对财政资金对科技金融开展的其他多元化、多层次、多渠道的科技投入探索进行分析。

（一）对企业开展直接补贴

1. 对企业创新活动直接补贴

为了发挥财政政策的引导作用，运用财政资金对企业创新活动开展的扶持方式，主要有税收优惠和直接补贴两种：税收优惠主要表现为对企业研究开发费用采取税前加计扣除政策。直接补贴则有多种形式，常见的有：

其一，对企业研发投入进行直接补助。政府按照企业上一年度享受税前加计扣除的研发费用数额，由市财政按一定比例对企业给予专项资金补助，同时按照研发费用增长率给予增量补贴。以天津市为例，据天津市科技局披露，2021年，通过修订企业研发投入后的补助办法，为 2740 余家企业发放研发投入后补助 3.75 亿元。

其二，针对重点领域、重点行业的创新项目进行无偿资助或奖励。比如：为了加快智能机器人、智能软硬件等新兴产业的培育，2018 年 5 月，天津市设立了总规模 100 亿元的智能制造财政专项资金，支持传统产业实施智能化改造，支持工业互联网发展[①]。2018 年，滨海新区对市级、国家级高新技术企业以及提供咨询服务机构给予 5 万元至 15 万元不等的一次性奖励或补贴。如对科技领军企业和领军培育企业实施重大创新项目，分别给予最高 500 万元和 300 万元财政科技资金补助。2020 年提出对人工智能相关项目直接进行最高 3000 万元的支持[②]。

其三，拨付专项资金支持科技创新服务平台以及奖励企业新产品、新工艺研发。以天津市为例，"十三五"期间，市财政每年统筹安排 15 亿元，5 年合计 75 亿元，统筹用于支持市级产业技术研究院建设，企业引进国家级科研院所及共建研发转化基地等科技创新服务平台建设，以及资助企业组织实施重大创新项目、开发"杀手锏"产品和重点新产品。

---

① 具体来看，对首次购买使用工业机器人等智能装备的企业给予奖励，奖励标准为购买价格的 15%，年度奖励不超过 1000 万元；对纳入国家智能制造试点示范名单或被认定为市级示范智能工厂、数字化车间的企业给予一次性最高 500 万元补贴；对符合条件的企业购置先进设备进行智能化改造的，采取贷款贴息或无偿资助的方式，给予设备总投资 3% 至 5% 的资金支持，总额不超过 5000 万元；对采用融资租赁方式购置先进研发生产设备进行智能化改造的企业，给予融资租赁综合费率中不超过 8 个百分点的补贴；对承担国家级或市级智能制造新模式应用项目的企业，给予不超过 1000 万元资金补助等。

② 具体来看，对列入国家新一代人工智能产业重点任务揭榜计划的项目，给予每个项目总投资 30% 的支持，最高 2000 万元；对获批工业和信息化部人工智能、车联网产业发展及服务支撑等国家试点示范的项目（平台），给予每个项目总投资 30% 的支持，最高 2000 万元。其中，对于国家专项资金支持的试点示范项目（平台），再给予 1000 万元支持。

2. 对企业开展科技金融进行直接补贴

除了上述对企业研发活动的直接投入，财政资金针对企业开展科技金融活动进行扶持的政策主要有以下几类：

其一，对创新型企业商业贷款进行补贴，以降低企业的融资成本。我国各地区广泛采用了这一方式推动科技贷款的发放。早在 2006 年，重庆市就推出了科技贷款贴息政策，对科技贷款项目按年度给予一定利息贴补。贵州省科技厅每年投入人民币 300 万元作为"黔科通宝"科技金融贷款企业的利息补助。2017年，宁夏下达了第一批科技金融专项补贴，投入 1550 万元对 99 家科技型中小微企业开展科技成果转化或产业化项目贷款的费用、利息进行补贴。天津市对满足贷款标准的雏鹰企业，市财政给予一次性 5 万元奖励，据天津市科技局公示，2019—2021 年获得贷款奖励的企业分别为 129 家、324 家和 264 家。

其二，对企业进行股改奖励，对上市融资进行补贴和奖励。以天津市为例，对以上市为目的并完成股改的瞪羚企业、科技领军企业和领军培育企业，市财政给予一次性 30 万元奖励。据天津市科技局公示，2019—2021 年获得股改奖励的分别为 3 家、11 家和 1 家。此外，还对入库企业入库培育后发生的上市费用、贷款担保费用、贷款利息按照 50% 比例予以支持；经培育正式向有权机构提出上市申请的企业，一次性补助 100 万元。对天津 OTC 市场挂牌企业给予10 万元补助；在新三板基础层、创新层挂牌分别给予 100 万元、120 万元补助。

（二）贷款风险补偿、创投补贴及融资租赁补贴等

除了对企业积极参与科技金融活动进行补贴和奖励，财政资金更多对开展科技金融活动的金融机构进行多样化投入，以此撬动更多金融资本支持企业创新活动，这也是政府优化科技资源配置，弥补金融市场服务科技创新活动中存在的市场失灵的重要举措。具体来看，按照不同金融机构类型，政府财政投入可以分为以下几类：

1. 信用贷款风险补偿金

由政府出资设立的贷款风险补偿金作为信用保障资金，用于补偿合作银行在支持科技型中小企业时发生的贷款损失，是多形式财政科技投入的创新方式之一，能够发挥财政科技资金的引导和放大作用，通过分担银行信贷风险，鼓励合作银行向符合条件的科技型中小企业发放贷款。2015 年，《国家科技成果转化引导基金贷款风险补偿管理暂行办法》明确了贷款风险补偿工作的政策导向、运作原则、合作银行的遴选以及具体补偿流程等。

我国各省市也积极开展贷款风险补偿。广州市科技局于 2015 年设立了首期 4 亿元的广州市科技型中小企业信贷风险补偿资金池，对合作银行为科技型

中小企业提供信贷所产生的本金损失进行 50% 风险补偿，合作银行按照科技贷款专营政策，提供不低于 10 倍科技贷款风险补偿金合作额度贷款。福建省科技部门出资成立"科技型中小企业贷款风险补偿金"，银行以不超过风险补偿金的 20 倍数为限发放科技型中小企业贷款，如果科技支行发生不良贷款，风险补偿金给予 2/3 的补偿。2014 年，陕西省科技贷款风险补偿资金以科技贷款逾期最终本金损失金额的 50% 为限，给予银行业金融机构风险补偿，对每家银行业金融机构的补偿总额为 5 年内不超过 1000 万元。河北省对于合作银行向科技型中小企业发放的信用贷款或专利权质押贷款形成的不良贷款，按照不良贷款损失的 70% 进行补助。2014 年，天津市启动了科技型中小企业信用贷款风险补偿金，对合作金融机构向中小微企业新发放的纯信用贷款和首笔贷款，按中小微企业不良贷款实际损失的 50% 给予金融机构、融资性担保机构补贴，对高新技术中小企业、科技"小巨人"企业等贷款本金损失给予 70% 补贴。

多地还结合贷款担保资金池的方式，如青岛建立了信用贷款风险补偿资金池和贷款担保资金池，对银行发放信用贷款予以风险补偿，以及对不符合信用贷款条件的中小微科技型企业予以贷款担保。武汉以汉口银行为代表，创新了商业银行与政府部门合作的风险分担模式，通过政府拨付风险补偿金和企业缴纳担保金，成立担保资金池，为企业融资提供担保的特色小微金融产品，实现了政府与银行之间共同控制风险和损失。

2. 创投奖励、风险补贴及直投风险投资

许多地区为吸引创业投资机构集聚并投资本地企业，纷纷推出对创业投资的多方面补贴。如 2022 年初，北京印发《关于加快建设高质量创业投资集聚区的若干措施》，对创投基金进行募资奖励、税收优惠以及风险补贴等多方面部署详细的支持措施。2022 年 4 月，深圳提出打造具有全球影响力的国际风投创投中心，发布实施《关于促进深圳风投创投持续高质量发展的若干措施》，坚持"人无我有、人有我优"的扶持力度，奖励覆盖创投产业"募投管退"全流程，即创投机构的落户，存量头部机构投资的退出，创投机构对当地种子期、初创期创新企业的投资等。同月，武汉东湖高新区发布《关于打造中部地区风投创投中心的若干措施》，奖励同样覆盖了创投机构的落户、募资、股权投资、投早投小、并购重组等多个方面。

近两年来，北京、广东、江苏、浙江、上海等多地针对创业投资推出风险补贴，分担创业投资基金所承担的高风险。如 2022 年 6 月，郑州市出台的《郑州市促进创业投资发展的实施意见》提出，对直接投资于本地未上市科技型企业的投资机构，按照其年度实际投资的 5%—10% 给予最高 500 万元的投资风险补助。与各地对创投基金进行奖励和补贴不同，针对政府引导基金和国资在股权投资市场上募资端的重要地位，北京首创对有限合伙人的补贴，以吸引社保基金，以及保险资金、银行理财资金等长期资本参与。2022 年 1 月，北京印发《关于加快建设高质量创业投资集聚区的若干措施》，提出引导社保基金、保险资金和银行理财资金等长期资本加大对创投基金、S 基金、并购基金的出资力度，同时也首次提出对出资方给予补贴措施，并明确划定分档补贴标准①。

部分省市探索利用财政资金对风险投资领域进行直接投资，围绕本地创新发展需求，关注天使投资、创业投资等风险投资基金主动投资意愿低的高成长初创科技型企业。通过由政府专项资金承担投向此类企业可能产生的高风险，弥补现有风险投资市场失灵。如 2017 年，辽宁省探索通过产业（创业）投资引导基金直接投资科技项目，以直接或委托直接投资方式，支持科技型企业开展科技研发、创新平台建设、产学研合作、中试放大和成果转化及产业化等。自设立起 9 个月内组织实施了 76 个直投基金项目，直投基金近 8 亿元。2020 年 6 月，天津市出台《天津市高成长初创科技型企业专项投资管理暂行办法》，提出通过政府专项投资引导，专项聚焦智能科技、生物医药、新能源和新材料等产业领域，投资产业发展补链作用明显的高成长初创科技型企业②。

3. 融资租赁和科技保费补贴、融资服务中介奖励

2016 年，为推动企业通过融资租赁方式加快装备改造升级步伐，提高企业设备更新效率，天津市推出融资租赁补贴。经济技术开发区按照科技型企业实际开展的融资租赁业务总额给予补贴，同时对企业承担的融资租赁手续及服务费用给予融资租赁综合费用扶持。

部分地区还对科创型企业的科技保险先行试点开展保费补贴。自 2008 年

---

① 具体来看，对符合相关条件且实际出资金额在 3 亿元以上的社保基金、保险资金和理财资金，市科委、中关村管委会分档给予风险补贴支持。其中，实际出资金额在 3 亿—5（含）亿元的，给予不超过 500 万元风险补贴支持；实际出资金额在 5 亿—10（含）亿元的，给予不超过 800 万元风险补贴支持；实际出资金额在 10 亿元以上的，给予不超过 1000 万元风险补贴支持。对创投基金在朝阳区注册的，朝阳区给予同比例配套资金支持。

② 具体扶持措施如下：1.专项投资对单一企业的投资额一般不超过 1000 万元，不作为企业发起人和第一大股东。对单一企业投资额超过 1000 万元的，应就其必要性做出充分说明。2.创业经营团队有受让意愿的，自投资之日起 3 年（含）内，专项投资以原始价格加管理成本后转让给创业经营团队；自投资后第 4 年起至第 5 年（含），按投资年限以原始价格及利息之和（年利率为退出时中国人民银行公布的 1 年期贷款基础利率，以下简称专项投资本息）转让给创业经营团队；超过 5 年的，各方同股同权。3.备案跟投资本同期跟投的，自投资之日起 3 年（含）内，专项投资可将不超过备案跟投资本同期跟投额且不超过专项投资 30% 部分，以原始价格加管理成本后转让给备案跟投资本，其余部分以原始价格加管理成本后转让给创业经营团队；自投资后第 4 年起至第 5 年（含），专项投资可将不超过备案跟投资本同期跟投额且不超过专项投资 30% 部分，按专项投资本息转让给备案跟投资本，其余部分按专项投资本息转让给创业经营团队；超过 5 年的，各方同股同权。备案跟投资本不与创业经营团队同步受让专项投资的，专项投资可将全部投资份额一并转让给创业经营团队。

以来，重庆、成都、福建、浙江等纷纷出台科技保险补贴资金使用管理暂行办法，对开展科技保险的企业类型、保险品种、保费补贴比例以及申请补贴方式等做了具体规定。

2021 年，天津市雏鹰企业中累计获得贷款的企业比例仅为 20%，为了增加雏鹰企业融资比例，《天津市"政银保"合作机制实施方案》提出通过财政资金对贷款担保机构和中介机构进行补贴的方式，引导银行、担保机构等服务科技型中小企业特别是初创期雏鹰企业。①

（三）政策性融资担保

政策性融资担保机构能够为企业提供包括贷款担保在内的增信服务，解决科创型企业缺少有效抵押物和担保的问题。近年来，我国政府逐渐重视政策性融资担保机构的作用。2018 年，我国首次成立全国层面的政策性融资担保机构——国家融资担保基金。2019 年，国务院印发《关于加强金融服务民营企业的若干意见》，此后，各省市纷纷出台"政策性融资担保体系建设指导意见"，建立政策性融资担保体系。天津市在 1999 年就开展了政策性担保业务，近年来不断扩展完善，至 2021 年，天津市科技担保服务科技型企业达到 1711 家，数量较上一年翻倍，在保余额 30.4 亿元。下面以天津市为例，对典型的政策性融资担保机构和融资担保基金的实践情况进行分析。

1. 天津市中小企业信用融资担保中心

天津市中小企业信用融资担保中心成立于 1999 年，是全国首批为解决中小企业融资难设立的政策性担保机构。至 2020 年末，融资担保在保余额 17.06 亿元，在保企业户数 802 户。该担保中心针对不同类型的科创型企业提供的主要融资担保产品如表 6-3 所示。

表 6-3　中小企业信用融资担保中心担保产品

产品名称	针对企业	具体内容
智能通	针对智能科技企业推出的信用类融资担保产品	疫情期间减半收取担保费，最低费率至 0.5%，承诺该担保产品综合融资成本（包括银行贷款利息）不超过 5%/年

---

① 主要举措包括：其一，为激励担保机构为雏鹰企业提供贷款担保建立奖励机制，对单家担保机构质押担保额在 200 万元（含）以内的部分给予 1% 的奖励。其二，对融资服务中介机构实行奖励机制。选择一家具有融资担保经验、风投管理经验、与银行等金融机构密切联系、对雏鹰企业情况熟悉的中介服务机构，通过各种方式和渠道组合推动雏鹰企业对接各类金融机构，按年度根据绩效对中介服务机构实施奖励。对累计获得贷款的雏鹰企业比例在 20%—30% 部分，每增加 1 家给予中介服务机构 0.3 万元奖励；对超过 30% 部分，每增加 1 家给予中介服务机构 0.35 万元奖励。

产品名称	针对企业	具体内容
科技通	针对天津市高成长、高科技、有核心技术的科技型企业或战略性新兴企业	快捷审批通道，简化反担保措施，减免担保收费
雏鹰融	针对雏鹰或符合雏鹰评价标准的企业	单户最高 500 万元，担保费率低至 0.75%，快捷审批通道，简化反担保措施
瞪企通	针对瞪羚企业或符合瞪羚企业评价标准的企业	单户最高 1500 万元，担保费率低至 0.75%。快捷审批通道，简化反担保措施
高新贷	针对国家级高新技术企业和市级高新技术企业	单户最高 1000 万元，担保费率降至 1%，期限不超过 2 年
专精特新贷	针对专精特新企业	单户最高 500 万元，担保费率降至 1%，期限不超过 2 年

资料来源：天津市科技局官方网站。

以专精特新贷为例，该产品通过新型"政银担"合作模式，为专精特新中小企业实行"一企一策"专项融资担保服务。2021 年天津市第三批专精特新"小巨人"企业共 89 家，其中 15 家为市担保中心扶持企业，该中心为上述企业累计提供融资担保贷款共计 4.6 亿元。

2. 天津市融资担保发展基金

2019 年 12 月，天津市中小企业信用融资担保中心与国家融资担保基金有限公司合作开展再担保业务，成立了规模 50 亿元的天津市融资担保发展基金，对信用空白和轻资产的科创型企业提供贷款再担保，标志着天津市正式纳入国家融资担保体系建设。该基金通过为企业融资提供再担保、风险增信等服务，充分发挥财政资金的积极引导作用。截至 2020 年底，融资担保发展基金已与国家融资担保基金、20 家商业银行、2 家政府性融资担保机构开展业务合作，开展再担保 1450 笔，再担保户数 1274 家，再担保业务规模超过 20 亿元。

该基金主要通过与国家融资担保基金、市区两级政府性融资担保机构开展业务合作，国家融资担保基金、市融资担保发展基金、市区政府性融资担保机构和银行四个主体以"2∶2∶4∶2"的比例分担风险，这一分担机制降低了担保机构和商业银行的风险比例，为贷款信用记录和有效抵质押品不足但产品有市场、项目有前景、技术有竞争力的中小科创型企业融资提供再担保，发挥"增信、分险"作用，引导更多的金融资源流向科创型企业。

2020 年初，担保中心已将 2019 年发生的 17 笔总担保额为 1.129 亿元的原担保项目，纳入国家融资担保基金和市融资担保发展基金的再担保范围。2020

年，市融资担保发展基金与国家融资担保基金签订《银担"总对总"批量再担保合同》，获得国家融资担保基金追加授信 50 亿元，完成全国首笔银担"总对总"批量担保业务，同时与 20 家商业银行开展业务合作，推进银担"二八"风险分担机制落实。

四、政府开展科技金融基础设施建设实践

除了通过减税或以财政资金等形式直接参与金融市场，政府弥补科技金融中市场失灵的另一个重要职能就是提供科技金融相关的基础设施。具体而言，既包括通过建立科技金融对接服务平台、构建科技企业的信用体系，解决企业与金融机构之间的信息不对称问题，还包括重大科技基础设施、创新平台、孵化器等载体建设，构建科技成果评价和评估体系等。这一部分将以天津市为例，着重从科技企业信用体系构建、科技金融对接服务平台两方面，对政府在科技金融基础设施建设中的实践探索进行梳理总结。

（一）科创型企业信用体系构建实践

1. 科创型企业信用体系建设背景

完善的企业征信信用系统是科技金融的重要基础设施，开展科创型企业信用体系建设能够提高企业自身信用水平，有利于解决科创型企业与金融机构间存在的信息不对称问题，从而丰富以信用信息为基础的普惠金融产品，改善科创型企业尤其是科创型中小企业融资困境。实践中，如何整合共享分散在不同部门的涉企信用信息，沟通"政、银、企"之间的信息不对称，是将信用信息资源与企业发展实际衔接的基础所在。

早在 2010 年《促进科技和金融结合试点实施方案》中就提出要开展科技企业信用征信和评级。2015 年，《关于全面推进中小企业和农村信用体系建设的意见》明确了在借鉴试验区经验的基础上，全面推进中小微企业信用体系建设。2021 年底，《加强信用信息共享应用促进中小微企业融资实施方案》要求将中小微企业融资业务急需的纳税、社会保险费等共计 14 大类纳入共享范围，搭建信息共享平台。

实践中，企业信用体系建设存在市场化和政府主导两种方式。市场化方式建设企业信用体系，是依托市场化征信机构对政府部门、公共事业单位等小微企业信贷替代数据进行采集、整理、保存和加工，并向信息使用者提供征信产品的服务模式。既可以促进征信机构的发展壮大，又可以弥补地方政府在资金

投入和专业技术上的短板。而政府在跨部门信息归集，打破"信息竖井和数据孤岛"状态方面具有优势，这方面不少地区都积累了先进经验，如浙江省金融综合服务平台对 54 个政府部门政务信息进行归集，安徽省银保监局通过信用村建设多维度收集涉农主体信息等。因此，如何综合市场化征信机构和政府的力量，建立完善的科创型企业信用体系是实践中需要深入探讨的问题。

2. 企业信用体系建设现状——以天津市为例

天津市结合专业第三方征信机构和政府各部门的综合力量，多渠道汇集信息，在完善对中小微企业以及科创型企业的信用评价体系方面开展了积极探索。通过建设"信用天津"收录了科技企业法人、组织社会信用代码、行政许可、行政处罚等信用信息，在一定程度上实现企业信用公开。

2019 年 1 月，天津市发改委与金电联行、南京莱斯、浪潮集团等 11 家第三方机构签订了合作框架协议，天津市信息中心与京东数字科技、捷信消费金融等 7 家第三方机构签订了信用 APP 观摩活动的合作协议。通过上述两个协议，天津市以市场化手段开展信用大数据开发应用，开启了引入市场化机构参与信用建设的进程。2022 年 4 月，印发《关于加强信用信息共享应用促进中小微企业融资发展的工作方案》，提出依托天津市信用信息共享平台"信用天津"，整合各类主体基本信息、司法判决及执行、行政许可和处罚等公共信用信息，提高数据准确性、完整性和及时性。以中小微企业、个体工商户融资业务需求为导向，将纳税、社保、医保和公积金、进出口、煤水电气、不动产、知识产权、科技研发、政府采购等信用信息纳入共享范围。同时鼓励企业通过"信用天津"网站以"自主申报+信用承诺"等方式补充完善自身信息，实现信息共享。

此外，2021 年 12 月，科技部火炬中心将天津滨海高新区批准为企业创新积分制①第二批试点单位之一。与前述针对所有中小微企业的信用评价体系不同，这一评价体系主要围绕企业全生命周期的成长，从多个维度不同指标针对企业的创新能力进行综合评价。自试点以来，高新区在扶持政策中积极利用企业创新积分指标体系，如 2022 年推出的科技企业梯度支持政策中，借助企业创新积分制工具，根据企业创新能力评分所处档位给予支持，实现对创新能力强、发展潜力高的高新技术企业精准支持。

---

① 企业创新积分制是科技部火炬中心在国家高新区试点推广的一种基于企业创新能力量化评价、精准支持企业创新的新型政策工具。通过构建一套符合区域发展实际的企业创新积分指标体系，从企业全生命周期的成长出发，从多个维度不同指标对企业发展成效及潜力进行定量评价，建立起对研发能力强、成长潜力大的科技企业的主动发现机制，在此基础上，撬动社会资本、金融机构和政府资源等对创新积分排名靠前的企业进行精准支持。

（二）科技金融服务平台建设实践

1. 我国科技金融服务平台建设背景

通过前述分析，可以发现围绕科技金融，我国的政府和金融市场已经建立了初步的服务框架。从金融市场来看，银行科技金融服务不断专业化，多层次、多元化资本市场体系基本形成，股权投资市场逐步完善，科技保险逐渐推广，政府的相关支持政策也逐渐体系化。至此，实践中存在的一个关键问题是如何有效打通各金融服务模块、链接科创型企业形成真正意义上的服务链。

实践中，组成科技金融的各个金融机构之间缺乏内生关联，普遍存在信息不互通、规则不相容、流程不对接的问题。因此，我国科技金融体系的服务虽然日益丰富，但科创型企业或创业团队要花费大量精力才能了解如何获得全面的金融服务，尤其对那些缺少金融经验的技术型创业团队或初创企业而言，难以厘清庞大复杂的科技金融体系。

近年来，我国科创型中小企业服务体系呈现出"三多三少"的特点（郑南磊，2017），即需求金融服务的科创型中小企业多，科创型中小企业的分布行业、区域及其发展方式多，能动员的金融机构和第三方服务机构多；但各机构之间制度化的协作平台较少，将现代信息技术应用于协作效率提升较少，将科创型中小企业作为核心客户的金融及第三方服务机构较少。在技术创新周期不断缩短的大趋势下，科创型企业需要的是高效率的全生命周期整体服务。要将相关的政府、金融和第三方服务机构协调一致，就需要建立一个能有效沟通各方信息、协调各类型服务的系统，实践中往往表现为科技金融服务平台。

2010年，国务院七部门联合发布《关于促进中小企业公共服务平台建设的指导意见》提出，按照"政府引导、市场化运作，面向产业、服务企业，资源共享、注重实效"的原则，建设一批具有信息查询、技术创新、质量管理等功能的中小企业公共服务平台。在此背景下，多地政府纷纷开展科技金融对接服务平台建设的探索。

2. 政府主导科技金融对接服务平台建设效果——以天津市为例

截至2019年底，天津市已建立42家科技金融对接服务平台。科技金融对接服务平台主要采用举办论坛、培训活动、项目路演、挂牌仪式、专业沙龙、评比大赛等形式开展，为科技企业提供面对面的融资对接服务，同时为企业提供人才、法律、财务、股改上市、战略咨询等多方面的服务。通过科技金融服务平台组织"特训营""加速营""投资驿站"等活动，建立企业融资"资本力模型"，为企业融资画像。至2021年，面向科技型企业提供政策解读、资本对接、专业培训等活动2000余场次，服务科技型企业7.8万家次，帮助2000余家科技型企业融资 160 亿元，借助融资路演等系列活动，助力 514 家科技型企业融资 31.5 亿元。

梳理天津市的多家科技金融对接服务平台，可以发现天津市在科技金融组织形式上形成了特色的区级综合服务平台和市级专业化服务平台。一方面，地方科技部门和国家高新区建立区级科技金融服务平台，主要服务本区中小型科技企业；另一方面，市级专业化平台主要通过搭建全市科技金融服务平台，服务全市科技中小企业发展，如天津市科技企业跨境金融服务中心、天津新四板科技金融服务平台、天津科技金融中心等。此外，还有一些由金融机构主导建立的金融服务平台，如北京银行天津分行科技金融综合服务中心、招商银行天津分行"千鹰展翼"科创企业综合服务平台、中信银行天津分行科技金融对接服务平台等。下面对具有代表性的几个平台的建设效果进行详细分析。

（1）"津心融"平台

由天津市金融工作局主导建设和统一管理的"津心融"平台于 2021 年 1 月上线。平台沟通了政府、银行和企业三方，具体来看，税务、社保、司法、市场监管等多个部门在平台上发布政务数据；金融机构借此对企业进行多维度精准画像，优化信贷风险管控水平；企业则可以在平台上发布融资需求，银行抢单，企业通过比较选取服务。

据该平台官方网站披露，截至 2022 年 4 月，"津心融"平台已整合了 66 家金融机构，发布了 293 项金融产品；汇总政策指南 145 条；汇集政务数据 155 项，累计数据量 3600 万条；举办系列活动 124 场，累计参会企业 1199 家；平台已为 13746 家企业提供了及时、高效的融资服务，累计授信金额超过 2048977 万元，其中有不少专精特新企业受益。

据平台官网披露，平台提供了涉及银行、担保、小贷、租赁、保理、保险、股权七大类金融产品，提供的产品数量分别为 205、44、5、10、3、20、4。然而从企业申请情况来看，除了申请担保、保险、小贷的企业数量分别为 8 家、1 家、1 家之外，其余企业的申请全部集中在银行贷款板块。

表 6-4 列出了至 2022 年 4 月，"津心融"平台上企业申请数量过百的 11 款银行贷款产品的情况以及企业申请情况。其中，除了交通银行提供的线上抵押贷，其余均为信用贷款。可以发现，申请数量最多的建设银行提供的云税贷，是建设银行基于小微企业涉税信息，运用大数据技术进行分析评价，采用全线上自助贷款流程办理的可循环人民币信用贷款业务，利率不超过 4.25%，共有 13889 个企业申请，6260 家企业成功放款，成功率高达 45.07%。其余几款银行产品也都是以企业工商、税务、司法等信息为核心，在线审批的流动资金贷款产品，在融资额度、融资期限和利率上略有差别。可见，"津心融"平台以政府

提供的工商、税务、司法等信息为基础，主要沟通了小微企业和银行贷款之间的资金供需。

表 6-4　"津心融"企业申请数量过百的银行产品情况

银行贷款产品					企业申请情况	
名称	银行	参考利率（%）	融资额度（万元）	融资期限（月）	申请企业数量（个）	成功率（%）
云税贷	建设银行	≤4.25	0—300	0—12	13889	45.07
工银税 e 贷	工商银行	系统定价	0—300	0—6	6585	13.91
渤业贷	渤海银行	≥6	0—100	0—12	2679	8.59
银税贷	浦发银行	3.95 左右	0—300	0—12	2229	4.71
渤税贷	渤海银行	6.50—7.00	0—50	0—12	2135	4.4
中银税易贷（个人）	中国银行	3.85	0—50	0—12	1988	8.15
中银企 E 贷·银税贷	中国银行	≤4.35	0—300	0—12	1723	1.33
企业税融通	交通银行	≥4.04	0—200	0—12	1344	10.71
中银税易贷（公司）	中国银行	≤3.85	0—300	0—12	734	1.77
线上抵押贷	交通银行	3.6	0—1000	120	317	21.45
吉祥小微贷	农商银行	综合确定	0—1000	3—60	124	75.81

数据来源："津心融"平台官网。

（2）"信易贷"平台

2020 年底，天津市发改委会同相关部门推出天津市中小微企业融资综合信用服务平台（简称"信易贷"平台），通过建立社会信用体系，基于企业信用提供信用贷款。具体而言，该平台通过汇聚与融资授信密切相关的各类信用信息，帮助入驻的金融机构对企业进行全方位画像，旨在让更多"零信贷"企业获取首贷资金支持，本质上是公共信用信息在银行信贷领域的应用。

"信易贷"平台采用在线交易方式，中小微企业用户在平台上不仅可以看到银行贷款产品的贷款额度、利率、期限、还款方式等详细信息，还能实现征信服务、投融资服务、信用报告服务等一站式线上服务。根据平台官方网站披

露，截至 2022 年 4 月，平台入驻 15 家信用机构，52 家金融机构，已发放贷款
268130 笔，放款户数 108654 户，放款金额达 9735070.5 万元，平均每笔贷款
36.31 万元。

根据"信易贷"平台官方网站披露，自 2022 年初以来平台新注册企业 23458
户，共放款 301.5 亿元，区县分布情况如图 6-6 所示，无论是新注册企业数量
还是放款金额，滨海新区都遥遥领先于其他区，新注册 4954 户企业，通过平台
获得放款 58.73 亿元，分别占全市的 21% 和 19%；从放款金额来看，南开区、
武清区紧随其后，分别获得放款 25.16 亿元和 21.36 亿元。

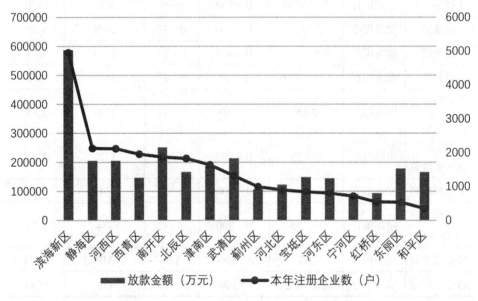

图 6-6　2022 年"信易贷"平台放款区分布情况

数据来源："信易贷"平台官方网站。

据平台官方网站披露，该平台的特色在于引入了微众信科、天津津融等信
用服务机构，通过信用服务机构提供包括企业涉税、工商、司法、行业发展、
关联方、开票、违法违章、知识产权等数据在内的征信报告，应用于信贷融资
审核、商业合作资质审核、企业尽调风险评估等，以此打通企业与银行之间的
信息沟通，提高银行的审批效率，实现中小微企业融资增信。至 2022 年 4 月，
该平台共提供了 133 个贷款产品，表 6-5 列出了"信易贷"平台上几个典型的
银行贷款产品的情况。

表6-5　信易贷平台典型银行贷款产品情况

产品名称	贷款期限	最高额度	日利率（最低）	还款方式
微众银行—小微企业贷款[①]	36个月	300万元	0.01%	随借随还
天津银行—银税e贷[②]	12个月	50万元	0.01%	随借随还
中国银行天津市分行—中银税易贷[③]	12个月	200万元	0.014%	随借随还
北京银行—智权贷	36个月	2000万元	无利息	分期还款
天津农商银行—微小贷	12个月	1500万元	0.01%	先息后本/期供

资料来源："信易贷"平台官方网站。

（3）天津科技金融中心服务平台

2012年，为了搭建多层次资本综合服务体系，为科技型中小企业提供全方位资本综合运营服务，成立了天津科技金融中心。天津科技金融中心平台先后建立新三板科技金融服务中心、四板市场高新区运营中心、深交所天津路演大厅等服务平台，初步建立起涵盖三板、四板、主板的多层次资本服务体系。以2017年成立的天津科技金融路演中心为例，作为天津科技金融中心运营的平台之一，旨在为科技型中小企业提供全方位、全生命周期的融资和综合辅导服务。路演中心与火炬中心、深交所合作，提供投融资对接、路演宣传、业绩说明、信息发布等一系列服务，旨在将企业推向资本市场。

除了通过科技金融对接平台沟通科创型企业和金融机构，天津市政府自2004年起，打造了"金桥之友"服务品牌，为科技企业、金融机构以及中介机构提供信息互通交流平台。活动形式包括每年定期举办国际融资洽谈会、科技金融论坛、创投峰会、项目融资路演、平台开放服务日等。截至2021年，为信创、生物医药、新能源和新材料等领域125家科技型企业搭建融资路演平台，共促成意向融资6.84亿元。

（三）典型科技金融对接服务平台建设经验

从已有的平台建设经验来看，一个完整的科技金融对接服务平台至少要有

---

① 微众银行—小微企业贷款是微众银行为广大中小微企业提供的线上流动资金贷款服务，该产品是结合大数据分析及互联网技术的一款金融创新产品。企业从申请至提款全部在线完成，无须抵质押，额度立等可见，资金分钟到账，按日计息，随借随还，无须任何抵押。截至2022年4月，通过该平台成功申请该贷款的人数为9805人，累计申请金额3594090万元。

② 天津银行—银税e贷是面向依法诚信纳税的小微企业主个人发放的，用于其名下经营实体日常经营周转的纯信用个人经营贷款，成功申请人数949人，累计申请金额1239735万元。

③ 中国银行天津分行—中银税易贷是中国银行天津市分行利用互联网与大数据技术，以企业纳税数据、纳税信用评级等信息为依据，向纳税申报良好、且有良好信用记录的中小企业客户提供的以信用贷款为主的短期授信业务，成功申请人数223人，累计申请金额1093966万元。

三大功能：一是汇集企业融资需求，即要能从多个渠道收集并展示科创型企业以及科技项目的融资及其他金融服务需求信息。二是提供不同类型金融机构的金融服务，即能够汇集银行、股权投资、信托、小贷、担保、资产评估等多种金融机构和第三方服务机构，满足汇集的服务需求。三是能够对供需双方的信用等情况提供描述分析：如果平台只是让汇集的服务需求方和供给方自发对接，那么该平台就会具有很高的可替代性，对供需双方都缺少议价能力，自身很难实现盈亏平衡；同时对接的效率较低，无法有效解决科创型企业融资难问题。为此，完善的平台必须通过对金融服务供需双方的信用等情况进行调查，尤其是对有资金需求的科创型企业的信用情况形成信用报告，解决企业与金融机构之间的信息不对称，主动推动、协助投融资双方对接，这一部分功能是平台可持续发展的关键所在。

实践中，科技金融对接平台可能由银行等金融机构主导建立，如招商银行的"千鹰展翼"计划、中新力合云融资服务平台等。由于政府各部门掌握了众多科创型企业尤其是中小微企业的纳税、工商、司法等数据，因此政府支持是建立科技金融对接服务平台必不可少的。自 2009 年全国首家综合科技金融服务平台——成都市科技金融服务平台启动，我国多省市政府纷纷主导建立本地的科技金融对接平台，其中有不少贯彻互联网思维、高度重视用户体验的优秀案例，如成都创新创业服务平台科创通、苏州市科技金融生态圈平台。

1. 中新力合云融资服务平台

中新力合云融资服务平台是比较有代表性的科技金融服务平台。2010 年，中新力合在整合"浙江省小企业多方服务平台"[①]资源的基础上，以自主研发的"小企业标准表达体系"为核心，构建了云融资服务平台。其主要特点为：

第一，利用互联网技术，将标准规范化的金融服务进行统一管理，构成一个开放的云金融服务池向中小企业客户按需提供金融服务。各个企业都可以定制化地将自己的状况和需求按标准向云融资服务平台展示，各种金融服务资源也都可按接入标准自愿接入，企业与金融服务资源基于双向选择，以信息化的手段快速匹配对接。平台接入的金融机构主要包括三类：银行、投行、担保公司、创投等金融机构；小额贷款公司、天使投资人、民间资本等提供民间资金的机构或投资者；第三方调查机构等信用评价增信服务机构。

第二，平台不仅仅是单纯整合一些金融机构，对金融产品的特征进行梳理和提炼，而是基于不断积累的企业数据和企业信用评估经验，研究一套能够较

---

① 2008 年 5 月，由浙江省中小企业局等共同指导和参与，浙江中新力合担保有限公司、硅谷银行、恩颐投资联合主办，多方机构携手合作的"浙江省小企业多方服务平台"在杭州启动，旨在整合多方资源为科技型中小企业提供投融资服务。

准确描述科技型中小企业状态的标准"语言"，通过这种描述，让金融机构快速读懂企业的信用状况和服务需求，中新力合正式形成并发布了《中小企业表达体系 1.0》。此外，中新力合还在服务平台引入增信系统、交易系统、竞价系统，完善小企业信用体系，积累小企业评估模型研究所需要的数据基础，以此解决小企业评估难问题。

2. 成都创新创业服务平台——科创通

科创通是由成都市科学技术局支持，由成都生产力促进中心建设运营的创新资源服务平台，通过构建"互联网+孵化"服务模式，为科技型企业营造创新创业生态环境的一站式服务。该平台于 2014 年 5 月正式上线，据官网披露，截至 2022 年 4 月，已发放 6218 笔科技贷款，信用贷款金额 167.65 亿元。组建 16 支天使投资基金，基金规模 19.42 亿元，投资项目 128 个，投资金额 9.75 亿元；组建 7 支知识产权运营基金，基金规模 26.9 亿元，投资项目 60 个，投资金额 12.96 亿元。创新券方面，发放企业 6540 家，企业抵扣金额 5324.67 万元，机构抵扣金额 1438.96 万元。

科创通平台通过 O2O 线上线下模式，聚集创新要素资源，面向创业团队、创业企业、创业服务机构、创新创业载体四类主体提供专业化服务，构建创新创业云孵化平台，被业界誉为创业板的"天猫商城"。该平台功能主要有以下几项：一是面向创业团队及创业者：提供创业辅导、创业培训、创业场地、项目对接等服务。二是面向科技型企业：提供以投融资服务（包括贷款、风投、天使基金、知识产权运营基金）、政府补贴、政府项目申报、技术转移服务、检验检测认证服务、知识产权服务、科技专利保险、创业孵化服务、研究开发服务、科技成果评价、科技咨询服务、财税和法律咨询服务等全生命周期的科技服务。三是面向创新创业载体：运用信息技术整合科技服务机构资源，为创新创业载体内的企业提供科技创新服务产品。

3. 苏州市科技金融生态圈平台

苏州市科技金融生态圈平台是由苏州市科技局负责运营的科技金融对接服务平台，历经苏州市科技金融服务平台、科技金融超市的十年创新迭代，于 2020 年 6 月 1 日上线试运行。该平台对政务服务平台数字化改造、智能化升级进行了重要探索，服务对象覆盖科技型中小企业、高新技术企业、瞪羚企业、独角兽企业科技创新全梯次培育。

对科技型企业而言，可以获得投融资服务（包括科贷通贷款、知识产权质押贷款、天使投资阶段参股、姑苏创业天使计划等），还可以获得政府补贴（包括科技贷款贴息、科技保费补贴），以及便捷获取各项政府服务（包括科技企业认证和年审），同时可以自主发布商业计划和核心技术产品，展示自身的科技创新能力。

对金融机构而言，平台集聚了银行、创投、保险、担保、科贷、租赁、券商等机构资源，构建基于不同风险偏好金融机构互相衔接的梯级科技金融产业链。依托平台大数据分析，推进"科贷通—行—品牌"、科技保险创新券、天使投资阶段参股等项目，支持金融机构科技类金融产品服务登录生态圈平台，汇聚成更加契合科技创新研发特征的科技金融创新产品集群。

对政府而言，依托该平台转变财政资金引导方式。苏州实行"拨改贷""拨改投""拨改补"，推出了科技型中小企业信贷风险补偿专项资金"科贷通"等金融创新产品。截至 2021 年 11 月，"科贷通"累计为 8939 家科技企业解决贷款 523.12 亿元。

此外，通过平台实时更新的创新主体分布图、科创指数趋势图、科技金融热力图，缓解科技企业与金融机构信息不对称。其一，通过科技创新主体分布图展示以独角兽企业、高新技术企业、科技领军人才企业、瞪羚计划企业为代表的各类高科技创新主体的区域分布；其二，通过科技创新指数趋势图展示从科技创业、专利授权到研发团队，再到研发投入、高新技术产品收入的成长性科技创新研发指标体系；其三，通过科技金融热力图展示科技信贷、天使投资、科技保险等科技投融资动态，为企业提供参考。

综合上述典型平台的实践经验可见，完善的科技金融平台应该能够服务科技型创业团队与科创型企业，汇总并整合创业创新所需的各项政府服务、载体服务、金融服务、第三方服务以及行业协会服务，并提供统一的受理入口，让科创型企业只需在该平台真实、及时地披露、更新信息，并自主授权服务方查询，就能全面对接科技创新所需的各项服务。此外，平台的核心：一是针对融资企业形成信用评价报告，这需要汇总科创型企业多方面的信息，这一基础设施的搭建需要投入巨大的信息和资金成本，因此决定了科技金融服务平台必然会形成自然垄断，即只搭建一套科创型企业信用评价基础设施，由一个科技金融服务平台汇总全部科创型企业和金融服务是成本最低的。二是对众多金融机构提供的金融服务进行筛选整合，针对不同企业的融资需求提供个性化的金融服务方案，如果只是简单罗列众多金融产品，由企业自行挑选，会给企业带来较高的信息成本，并未有效降低企业的金融知识门槛。

第七章 科技金融体系的实践经验总结

随着全国不断推进科技金融改革创新试验区建设，各地纷纷结合自身禀赋特征，多方面开展科技金融创新探索，形成了各具特色的科技金融发展模式，为我国科技金融体系的完善提供了大量实践经验。前述内容按照不同金融市场类型，分别探讨了商业银行、多层次资本市场、股权投资市场等在支持科创型企业发展中面临的理论和实践困境，同时结合典型案例分析实践中我国各省市的金融机构和政府开展的金融创新探索。这一部分将总结各地开展科技金融创新的实践经验，提出完善区域科技金融体系的具体对策建议。

一、商业银行支持技术创新的实践经验

据银保监会公布，至 2021 年，全国银行业金融机构设立科技支行、科技特色支行、科技金融专营机构共 959 家。科技型企业贷款余额突破 5 万亿元，增速相比贷款平均高 12.1 个百分点。银行业金融机构外部投贷联动项下科创企业贷款余额较年初增长 18.3%。科技贷款除了余额增长外，还表现出期限延长、成本下降等特点。可见，商业银行作为我国社会融资的主要渠道，服务科创型企业发展取得显著成效。

然而总体上看，2021 年末，金融机构人民币各项贷款余额 192.69 万亿元，全年人民币贷款增加 19.95 万亿元，对比之下，面向科技型企业的贷款仅占全部贷款余额的 2.62%。以天津市为例，2021 年社会融资规模增量累计 3184 亿元，其中商业银行各项贷款比年初增加 2194.78 亿元，银行科技型企业贷款方面，银政合作助力科技型企业贷款 1008 亿元，对比银行面向企业的贷款总额仅占比 3.76%。可见，我国商业银行对科技型企业发放的贷款比重较低，仍有待提升。

究其原因，科创型企业面临多重风险，难以避免的信息不对称、逆向选择和道德风险等问题阻碍了商业银行向科创型企业提供金融服务。实践中，多地银行积极探索如何通过政府补贴政策、接受更多类型的抵质押和担保等举措向

各相关方转移科技贷款的风险，并且通过投贷联动及全周期服务提升收益，平衡商业银行在科技贷款中的风险和收益。

（一）多方合作开展模式创新，推广知识产权质押贷款

科技创新型企业大多是轻资产型的企业，知识产权是科技创新型企业重要的信用资源。以天津市为例，截至 2021 年底，有效专利达到 30.8 万件，其中有效发明专利突破 4.3 万件，高价值专利拥有量达到 1.7 万件。2019 年规模以上工业企业中小型企业持有的有效发明专利数量突破了 1 万件，占全部规模以上工业企业的一半。可见，企业尤其是中小企业拥有丰富的知识产权资源，如果能顺利成为质押资产，能够大幅度提高科创型企业的贷款可得性。

从前文对商业银行提供的贷款服务可以发现，许多商业银行探索开展了知识产权质押贷款。如建设银行提供的"知识产权质押贷款"、齐鲁银行的"知融贷"、北京银行提供的"科企贷"、中国银行的"惠如愿·知惠贷"等。然而细究来看，大多数银行贷款时要综合企业纳税信息、科技属性信息、知识产权信息，以及工商、司法、征信等数据确定贷款额度，究其本质，并非仅针对知识产权价值进行的"纯"知识产权质押贷款，知识产权只是诸多考量因素之外的一个附加项。同时，相比知识产权数量以及银行针对企业发放的贷款总额，商业银行开展知识产权贷款的规模微乎其微，各地仍需继续探索具有普适性的知识产权质押模式，大力推进科创型企业知识产权质押贷款。

知识产权质押贷款的关键在于能够为科技创新型企业的知识产权和股权提供公平估值和流转服务。部分银行加大与知识产权服务机构和交易市场的合作，对知识产权进行估值，如 2020 年浦发银行上海分行推出知识产权质押融资产品"智汇赢"，即与上海市知识产权服务中心、上海市技术交易服务中心合作，推出的集专利评估、贷款融资、技术转让、交易处置于一体的专项金融产品。也有部分银行对知识产权评估进行了业务创新探索，引入第三方和第四方演化出新型知识产权质押贷款模式，如连城"评估+担保"模式。再如上海银行首创"专利许可收益权质押融资"模式，企业通过将专利许可的未来收款权质押给银行获得贷款融资。

各地实践中形成的特色模式共同之处在于通过多部门协同合作，转移银行面临的风险，找到银行传统信贷风控原则与难以估值的"无形资产"之间的平衡点。总的来看，多部门通过协同配合共同分担了商业银行面临的贷款风险：科技担保公司通过担保承担；保险公司通过提供保险产品承担；财政资金多形式介入，由政府承担部分贷款风险：如知识产权质押风险补偿资金池、政府出资的政策性担保、政府对相关机构进行财政补贴等。上述金融创新都为各地商

业银行开展知识产权质押贷款，形成符合自身特点的特色模式提供了有益的经验参考。

（二）提升风控和投资能力，独立开展投贷联动

2016 年，我国划定首批开展科创型企业投贷联动试点示范区和试点银行，拉开了银行开展投贷联动探索的序幕。以天津市为例，滨海新区成为首批示范区，同年 9 月底，高新区就出台政策，提出由政府出资 2 亿元利用投贷联动业务奖励、财政补贴、费用补贴、风险分担、贷款贴息等扶持政策，引导试点银行业金融机构在风险可控的前提下，创新信贷产品和服务模式。2018 年初，《关于推动科创企业投贷联动试点工作的指导意见》提出，滨海新区通过设立投贷联动贷款风险专项补偿基金进行逾期贷款本金补偿。

由此可见，在目前商业银行开展的投贷联动中，政府资金起到了关键的推动作用。由政府资金设定风险补偿机制，降低了银行信贷风险。据天津市科技局披露，在政府资金补偿机制的推动下，至 2020 年 4 月，引导地方银行通过内、外部投贷联动，累计向百户科创企业投放资金十几亿元，并由试点投资子公司为企业提供股权融资过亿元。可见，商业银行开展投贷联动业务规模相对较小，且极大程度依赖政府财政资金的风险补偿，商业银行并未探索出一条有效控制风险、投资股权平衡收益的独立开展投贷联动的可持续发展路径。

理论上，商业银行在采取投贷联动模式支持科创型企业时，银行需注意投贷联动的重点在于"投"，核心在于投与贷的风险隔离。因此，银行进一步发展投贷联动等业务模式，关键问题在于做好风险防控，构建全过程的投贷联动风控体系。现有的大多数投贷联动银行依靠政府资金分担风险，这并非基于银行风险管理能力的提升，所开展的投贷联动本质上还是政策性科技金融的延展，并非银行自负盈亏的商业行为。

银行要独立开展投贷联动，这对自身的风险管理能力提出较高要求，需要提高风险识别、预警和管理能力，做好全周期服务的风险防控。如在初创期企业的投贷联动业务中，应对专营机构与投资子公司的风险进行隔离，建立覆盖机构、资金、人员的"防火墙"制度；对成长期企业的表外业务，应围绕企业需求创新金融产品，缩短融资链条，提高服务效率，不搞多层嵌套、期限错配、放大杠杆，防止产生系统性风险。

实践中，投贷联动试点银行还面临探索可行的联动业务模式问题，即采取什么样的业务联动模式、推广什么样的投贷联动产品。众多试点银行尝试了多种业务模式，但真正可以大规模推广、风险较低且切实可行的模式并不多见。当前，试点银行普遍认同以贷款为主、投资为辅的展业模式，投贷联动模式将

主要以认股权和外部联动为主。但在实践中，认股权模式的应用还有一定困难，表现在子公司签订认股权较为审慎、代持机构不明确、银行方面持有期缺乏长期有效管理等方面，同时在行权估值、权益转让、行权后利润分配方面还存在较大的不确定性。

此外，银行还需要解决其他系列问题：如内部考核激励问题；商业银行与投资公司之间的利益分配问题；如何平衡信贷风险和投资风险，在保证投资收益的基础上如何抵补信贷风险，以及合理的不良问责和投资损失问责等问题。

前文分析的招商银行"千鹰展翼"投贷联动模式已初步形成经营体系，成为已被验证成功的服务科技创新型企业的金融创新。在银行同业中形成独占性的领先优势，为其他商业银行开展投贷联动提供了有益的经验参考。具体来看：传统银行多以给政府引导基金配资的方式参与股权投资，扮演的仅仅是 LP（有限合伙人）的角色。而"千鹰展翼"投贷联动开创了通过银行系基金依托母行庞大客户资源进行股权投资业务拓展的先河，进一步加大了银行在一级市场的话语权和主动权。

（三）注重全周期服务，提升首贷、续贷投放力度

正如前文分析，从整体来看，当前银行业支持企业发展存在"结构性失衡"，即对成熟期、衰退期企业供给过剩，对成长期、初创期企业服务不足。实践中，许多银行也开始逐步探索提供全周期服务，如招商银行的"千鹰展翼"注重提供覆盖企业全生命周期的综合金融服务，而非只注重短期通过资本市场获利退出，为向企业提供全方位、综合化的金融服务提供了诸多可参考的经验。处于不同发展阶段的科创企业，银行应根据融资需求和融资方式的侧重点不同，提供差异化服务，具体来看：

其一，对初创期企业以"债权+股权"开拓客户空间。初创期企业资金需求旺盛，但难以达到银行授信门槛。银行服务的目标是帮助企业打破资金瓶颈，摆脱资金困境。然而实践中商业银行除了提供支付结算服务，极少提供其他金融服务。实际上，对于初创期的科创企业，银行不仅可以提供包括市场定位、管理团队整合、商业计划精细化在内的创业指导，还可以探索产品创新，针对抵质押品不足问题，引入资产支持贷款等新的贷款技术。在不依赖政府资金补贴的情况下，调动服务初创企业的内生动力，推动商业银行开展针对科创型企业的首贷。尤其是随着 2016 年投贷联动试点开展，商业银行可以探索与风投机构、中介机构、政府科技部门等合作，发展"债权+股权"的服务模式。

其二，对成长期企业以"表内+表外"开拓盈利空间。银行服务成长期企业的重点应是支持其产业化发展和做大做强。当前银行业对企业服务限于表内

信贷支持，业务种类单一，利润空间有限。相比之下，国际同业则充分挖掘成长期企业潜在金融需求，通过多种产品工具打造一揽子金融服务，如富国银行通过表内外"交叉销售"的方式为成长期企业提供综合化服务方案，做到户均销售 8 个产品，被业界誉为"伟大的八个"。商业银行可以构建综合化业务体系，积极开展理财、结算代理等中间业务，同时利用专业优势对企业成长中的公司治理、战略规划等提供智力支持，为企业经营管理出谋划策，打造"资金支持—业务发展支持—经营管理支持"的全方位、立体化服务模式，提高成长期企业客户黏性和综合贡献度。

其三，对成熟期企业以"商行+投行"开拓业务空间。银行服务成熟期企业的重点应是支持资源整合、发展规模经济，帮助其优化债务结构、降低财务负担，重点开展财务顾问、债券承销、并购贷款等投行业务，同时探索离岸跨境金融业务，为成熟期企业"走出去"和过剩产能转移保驾护航。

（四）参考先进经验，多维度完善科技专营支行

我国科技专营支行并非独立的法人机构，而是在总行的业务体制和监管框架下开展科技金融业务，难以脱离传统商业银行的经营范式，从而无法成为真正的科技银行。尽管不少科技支行都实行"一行两制"政策，科技信贷有专门的贷款评审体系和更高的风险容忍度，但科技专营支行仍然是传统商业银行的下属机构，需要在总行的框架指导下开展信贷业务并决定贷款利率。从实践来看，科技专营支行开展科技金融业务时往往会遇到一系列问题，参考已有的科技支行运行的经验，可以从以下几个方面加以完善：

其一，专营特色不明显。科技专营支行尽管以科技型企业为主要服务对象，但就具体的客户定位和产品定位而言，与传统支行并无本质差异。基于风险和收益的考量，科技专营支行往往倾向于选择生命周期处于成长期，且有稳定现金流的客户，主要以提供传统信贷产品为主，与私募投资基金、政府机构等平台合作不足等。针对这一问题，一方面，商业银行的科技专营支行需要摆脱主要向科创型企业提供贷款服务的单一模式，加大投贷联动、选择权等业务，探索认股权证等模式获取投贷联动中的超额收益；同时，挖掘科创型企业的需求，发挥综合平台价值拓展金融服务范围,通过提供全周期服务方案提高综合收益。另一方面，加强与其他金融机构的合作，既能增加批量获客渠道，找到优质初创企业客户，还能从中学习各个行业的经营特点与投资知识，从而加强自身对贷款客户的判断。

其二，专营银行缺乏差异化的考核机制。大多数专营银行未充分立足专营支行特色，仍旧以存款、不良率等传统考核指标为主，缺乏一定的容错机制和

长效考核机制。针对这一问题，一要优化净增的考核模式，有效核心客户净增在考虑用信企业户数之外，还应考量存量科技型企业通过维护提升综合收益等因素，强化授信企业质量与数量并重的考核模式；二要充分考虑科技型企业的特殊性，优化科技专营支行客户经理的评级体系，向投贷联动、选择权等具有超额收益的产品倾斜，调动员工的能动性。

其三，专营支行的信贷政策往往缺乏系统性，未建立覆盖贷前、贷中、贷后各个环节的体系。具体体现为降低了授信准入门槛，但未建立专业的资信评级体系；设置了独立审批人，但未引入联合评审机制；忽视科技型初创企业特点，按照传统方式要求客户经理进行贷后检查。针对这一问题，建立初创企业专属的贷款审批流程，针对不同成长周期、不同行业的科创型企业制定差异化的信贷政策，注重区分贷前、贷中、贷后不同环节。

其四，专营支行普遍存在风控能力有待提升的问题。科技型小微企业的众多特点，对于客户经理的要求更高，但科技专营支行往往缺乏专业性指导，不熟悉高新技术企业的发展特征。同时，科技成果的评估、定价和交易系统不健全，导致缺乏对科技企业风险把控的专业能力，往往跟随风险投资机构进行跟投，或者依赖政府机构的标识或评级，未能建立适合科技型企业的有效信用评级体系和风控体系。针对这一问题，一要提高专业风控水平，加大对科技行业的学习，同时提高行业、产业前瞻性和客户发展趋势的专业判断，形成对全生命周期客户的风控体系；二要从综合收益的角度看待各项业务，建立风险补偿和利润补偿机制。

二、利用多层次资本市场开展创新活动的建议

随着 2019 年科创板和注册制试点运行，2020 年创业板注册制试点推出，2021 年北交所开市，新三板精选层上市运作，我国的多层次资本市场体系日益完善。然而与服务科技创新发展的要求相比，仍存在结构发展不平衡、资源分布不均衡、融资渠道不畅通、转板机制不健全等突出问题。因此，从顶层设计的角度，探讨如何完善资本市场制度体系建设。本研究则进一步结合企业的微观角度，以天津市为例分析了上市公司利用资本市场开展创新活动的现状，从企业角度提出利用多层次资本市场开展技术创新的完善建议。

（一）完善顶层设计，提升资本市场直接融资规模

据科技部披露，截至 2021 年，全国约有 145 万家科创型企业，其中高新

技术企业数达 33 万家，研发投入占全国企业投入的 70%。专精特新企业 4 万家，科技"小巨人"企业 1.3 万家。在多层次资本市场上市公司共 4684 家，其中深交所 2576 家，上交所 2032 家，北交所 76 家。在四个上市板块中，科创板的整体科技实力最高，其次是创业板，最后是沪深主板。对比我国科创型企业总数与上市公司数量，可以发现能够满足资本市场上市条件，最终得以通过资本市场为创新活动融资的科创型企业占比极低，只有其中的佼佼者才能通过资本市场获取直接融资。

以天津市为例，截至 2021 年底，共有上市公司 63 家，新三板挂牌 132 家，在天津滨海柜台交易市场挂牌的公司 1002 家。而企业法人数量约为 35 万家，占比约为 3.4‰。从筹资金额来看，截至 2021 年底，上市公司累计股票筹资额为 792.72 亿元，而 2021 年社会融资规模存量约为 6.5 万亿元，增量累计 3184 亿元，其中商业银行各项贷款余额 41054.17 亿元，比年初增加 2194.78 亿元，其中面向企业的贷款余额约为 3 万亿元。对比之下，可以发现，企业中仅有极少数优质企业能够通过上市获取融资，而且通过多层次资本市场融资金额相比社会融资规模和商业银行贷款差距悬殊。相比于新增社会融资规模和新增贷款金额，股票市场筹资额相对较低，表明企业利用股票市场进行融资的能力较弱，惠及的企业均为规模较大的成熟期企业，数量十分有限。

在上市公司研发投入方面，从研发投入占营业收入比重这一投入强度指标来看，近年来天津市排名在前三位，仅落后于北京和广东，相比其他省市较为领先。然而从绝对额来看，天津市上市公司近三年的研发投入在 100 亿元左右，相比京、深、沪、杭、广、苏等存在较大差距，位居全国主要省市的十名之外，存在较大提升空间。同样，分行业来看，从研发投入强度来看，计算机、通信设备制造业及信息传输、软件和信息技术服务业等战略性新兴行业领先于其他行业。然而，从研发投入的绝对额来看，采矿业等传统优势行业基于资产规模在研发投入上具有投入优势，表明需完善资本市场，加大对新兴产业的融资支持。

正如前文分析，理论上，相比于债权融资，股权融资更适合高风险高收益的科创型企业，股票市场独特的利益激励、风险分担和投资退出机制，有利于为高风险高回报的创新型项目提供资金支持。然而相比于西方发达国家，我国社会直接融资占比仍然很低，现有的资本市场发展结构也难以满足中小企业的融资需求。实践中，科创型企业往往更多依赖银行贷款等债权融资，融资渠道单一，股权融资占比较低。

要解决这一问题，首要的是完善顶层设计，如推进注册制改革，创造更有利于科创企业上市融资的制度环境；改进创业板、科创板、新三板以及北交所准入标准，加入反映企业创新水平和成长潜力的考核指标，并对企业创新能力和成长潜力进行精细化考察等；加强多层次资本市场信用体系建设，完善资本市场科技创新政策支持体系等。另外，依赖于资本市场整体存在的一级市场不出清和二级市场炒作问题的解决，这需要通过系统性的制度改革，如实施注册制，优化企业展示、路演和信息披露方式，加强对科技型投资者的服务，加强对败德主体的惩戒等。

（二）畅通市场衔接，扩展区域股权市场融资渠道

区域性股权市场主要为当地中小微企业提供资本市场基础服务和综合金融服务，是补齐资本市场结构性短板的重要部分。近年来，在中央加快全国统一大市场的部署下，区域性股权市场创新试点不断推进：约16家市场开设"专精特新"专板，启动浙江省股权交易中心、天津滨海柜台交易市场的制度和业务创新试点，北京、上海区域性股权市场股权投资和创业投资份额转让试点，以及天津等12家区域性股权市场区块链建设试点等。区域性股权市场的重要作用之一就是向全国性资本市场输送优质企业，与新三板、交易所市场在机制、业务等各方面相互衔接，意味着我国逐步建立起从成长培育、规范提升、成熟壮大到上市的中小企业资本市场培育体系。结合各地的实践经验，可以从以下几方面加以完善，更好地助力科创型企业登陆全国性资本市场进行融资：

其一，从统一后台和完善诚信档案切入，从根本上解决市场间的基础设施差异，顺畅四板与其他交易所市场间的对接合作。推进区域性股权市场与中国登记结算系统账户建立对接机制；建立资本市场统一证券账户体系；完善多层次资本市场诚信制度体系，建立各层级资本市场诚信档案的信息共享机制。其二，选取运作比较规范、风险管理水平较高的区域性股权市场，推进综合中介机构试点。其三，围绕实现多层次资本市场间企业培育体系联动，区域性股权市场可与沪深交易所、新三板等市场签署协议，合作探索设立区域企业服务基地，协同开展一体化的企业服务。

从融资服务看，区域性股权市场为中小微企业提供了股权、债权、信贷等多样化的融资工具。以天津市为例，截至2022年2月，天津滨海柜台交易市场融资金额总计702.66亿元，与通过沪深两市融资额较为接近，但沪深两市上市企业仅63家，OTC挂牌企业家数众多，因此单个企业融资额远低于沪深两市。多地交易市场在扩展服务中小微企业融资渠道方面进行创新，提供了丰富的实践经验：

例如，青岛蓝海股权交易中心与中国银行合作推出了中银蓝海贷，将挂牌企业的资产质押率进一步提高到80%以上，提高了增信额度；与交通银行旗下

公司合作推出交银估值贷，以挂牌企业股权价值为抵押进行贷款，并提供多种贷款组合方式。北京股权交易中心试点的股权投资份额转让平台为私募基金提供交易平台，既增加资金流动性，缩短投资周期，又有利于创业公司获得更多资金支持。新疆股权交易中心获得区域性股权市场区块链试点建设资格，探索以科技手段推进交易中心的数字化转型，构建了"区块链+股交中心+市场监督管理局"非上市股份公司股权登记质押平台和"区块链+股交中心+新疆征信"综合金融服务平台。

（三）乘注册制东风，助力企业积极登陆资本市场

注册发行制度是促进科创型企业和资本市场融合发展的突破口。一方面，注册制坚持信息充分披露导向，信息的透明度高；另一方面，股票发行的权力分散在各市场参与主体手中，各市场主体利用各自的专业知识进行判断，有能力对科创企业进行有效的风险识别和价值评估，可以缓解市场对科创企业的信息不对称。因此，注册制的推行使处于成长初期的科技企业获得资本市场的各项服务。2019 年 7 月，科创板开板并进行注册制试点；2020 年深交所创业板改革并试点注册制；2021 年 11 月，北交所开市同步试点注册制。至 2021 年 8 月创业板注册制改革落地一周年，共 184 家公司在创业板注册发行上市，首发募集资金合计 1421 亿元。至 2022 年 6 月已有 428 家企业登录科创板，北交所上市公司总数达到 100 家，为其他科创型企业起到了良好的示范作用。与此同时，各省市的区域股权市场储备了大批量的科创型企业，应该乘注册制改革的东风，配合政府引导政策，为在创业板、科创板及北交所上市进行积极谋划。

从企业角度来看，科创型企业应结合自身发展状况，利用各种渠道积极了解各类资本市场的上市标准，借助注册制的东风，灵活利用各类金融资源，提高技术创新效率，将技术手段与创新成果转化为企业核心竞争力。尤其是新三板挂牌企业和在区域股权市场挂牌企业，是区域科创型企业的佼佼者，也是最有可能转板上市的储备力量，更应该积极谋划注册制上市进程。

从政府角度来看，对于符合创业板、科创板及北交所上市条件的科创型企业，政府应给予各项制度和资金扶持，发挥上述三类资本市场科技创新引领特质和头部企业示范作用，营造良好科技金融环境。对未达到上市条件的科创型企业，要充分发挥区域股权市场在股权挂牌、股权融资、企业培育等方面的作用，促进科创型企业发展壮大。

三、推动股权投资市场投资科创型企业的建议

从我国股权投资市场的整体运行情况来看，三个细分市场，即早期投资市场、创业投资市场以及私募股权投资市场处于相同的制度和宏观环境，募投退端的整体规模表现出类似的波动趋势，分省市来看亦是如此。具体来看，2014年随着双创的推动得到大幅提升，2017年受资本监管叠加和2019年新冠疫情影响呈现下降走势，2020年随着疫情防控举措复现反弹趋势。分区域来看，无论是股权投资市场整体，还是从三个细分市场来看，北京、上海对股权投资基金的吸引力较强，遥遥领先于其他省市，江苏、深圳、广东（除深圳）、浙江紧随其后，其他省市与前述领先省市差距明显。整体上，南方省市对股权投资的吸引力较强，除北京外，其他北方省市的获投情况排名较为靠后。

以天津市为例，2021年，获得股权投资市场投资金额为122.48亿元，仅为排名第一的北京（2917.2亿元）的4%，在各地区中排名第14位，占全部投资金额（14228.7亿元）比重为0.86%。对比我国其他省市，虽然近三年来在募资端表现相对积极，但在投资端，企业获得股权投资的情况不容乐观，无论从获投案例数量还是获投金额来看，在全国整体占比均低于募资端占比，并且近三年占比不断下降，排名也相对靠后。2021年，京、沪、深、苏、浙五大领先省市的案例集中度为76%，其余省市获投案例仅占比24%，因此，天津市的股权投资市场发展情况一定程度上代表了其他相对落后省市的情况，天津市在吸引股权投资基金方面存在的问题具有一定的普遍性。在此，基于前文从微观视角对天津市具体股权投资事件的分析，结合领先省市及增速较快省市的实践经验，可以总结出以下几点利用股权投资市场推动技术创新的建议。

（一）多维度政策引导，吸引投向本地企业

从前文对股权投资三个细分市场的分析来看，以天津市为例，在股权投资市场上虽然贡献了部分资金来源，但相比发达省市以及近年来增长势头迅猛的中部省市，对股权投资机构的吸引力不足，需要采取相应措施，探讨如何通过相关政策挖掘有价值的投资项目，吸引股权投资市场的资金流入。

实际上，除京、沪、深、苏、浙等领先省市，其他省市均存在投资端差强人意的现象，根本上要通过提升本地企业，尤其是中小企业的创新能力，提升自身的投资价值。因此对企业而言，需要摆脱中小企业普遍存在的问题，如自主开发创新的能力不强，风险管理和内部控制能力缺乏，管理效率低下，财务

制度不健全，信用体系不完善，信息披露意识弱，缺乏抗风险能力等。通过不断优化内部控制制度，提升风险管理水平，加强信用体系建设，健全财务管理体制，优化资本结构，改革内部治理体系，学习和借鉴同类型优质企业的先进管理经验，向着"专精特新"型企业发展，多方面降低企业风险，给市场注入更多信心，进而为获取股权融资打下坚实的基础。

对政府而言，一方面，加大对股权投资的支持力度，通过给予一定的政策优惠，引导更多的股权投资本地企业；另一方面，政府应完善企业信用体系等基础设施，同时联合相关金融机构，充分利用科技金融平台，组织相关的培训会或座谈会，沟通本地企业和股权投资机构，缓解二者之间的信息不对称，协助中小企业树立对早期投资、风险投资和私募股权融资的清晰认知。重要的是，政府应充分发挥引导基金的作用，通过参股子基金的运作，以及设置相应的返投比例等举措，推动子基金投资本地企业。

近十年来，合肥市在吸引股权基金投资方面探索形成了"以投带引"的合肥模式，引入并培育系列新兴产业集群，被称为"风投之城"，为其他省市提供了先进的实践经验。合肥模式的成功取决于诸多因素，是有为政府推动有效市场的典型案例，为其他地区带来的可借鉴之处主要有以下几点：

其一，政府明确区域产业布局重点，把握投资战略方向。近年来，诸多地方政府围绕战略性新兴产业设立了多支引导基金，但对比来看，各地产业布局存在重合度高，重点不明晰等问题，广撒网式投资效果不佳，无法与本地企业形成有机联动。合肥模式成功的首要之处在于找准产业方向，明确产业布局，将有限的国有资本集中于关键项目，抓住重点加以突破。其二，投资于战略性新兴产业的头部企业，辅以多项举措推动其落户本地，从而吸引整个产业链聚集本地形成产业集群。头部企业意味着产业链的掌控权，产业链能够带来产业集群，从而让区域成为新的产业基地。此外，注重对产业链上小企业支持，促进产业集群有效发展，加速产业升级。其三，发挥国资引领的作用，在产业培育初期通过财政资金成立市场化运作的产业投资基金，联合头部投资机构设立产业基金群，形成国资领投、社会资本参与的新型投融资模式。此外，注重国有资本的有序退出，这一方面实现了国有资本保值增值，另一方面为下一轮投资积蓄资金，实现了良性循环。

（二）多主体配合，推动投资初创期中小企业

如前文分析，中国股权投资市场大多投资于成长中后期企业，对成长初期企业投资不足。据清科数据显示，2021 年股权投资市场中高达 62.6% 的投资案例集中于扩张期和成熟期企业，获投金额占全部投资金额的 78.1%。投资金额

前 100 的案例为 2021 年股权投资市场贡献了 34.5% 的投资金额，这也进一步佐证了我国股权投资市场偏好成长中后期企业，对成长初期企业的小额投资不足。此外，从股权投资基金的募资端来看，单支基金规模过低以及单项目基金大量存在，使得股权投资基金难以通过投资多个项目分散风险，因此投资中小企业的能力不足，加大了科创型中小企业获得股权融资的难度。

以天津市为例，对 2011 年以来的股权投资市场投资事件进行分析，可以发现：一方面，从投资事件数量来看，虽然天使轮、A 轮、B 轮融资占据了全部投资事件的 68%，即绝大多数股权投资事件投向了成长期和初创期的企业，然而从投资金额来看，近年来，对 A 轮及之前的种子期和初创期企业投入资金仅占全部投资金额的 10% 左右，70% 的资金通过上市定增方式投入上市公司等成熟期企业。另一方面，从投资金额来看，10 亿元及以上的大额投资事件虽然数量较少，仅占比 4%，但由于单笔投资金额巨大，占据了 68.5% 的投资总额。而 1 亿元及以下的小额投资事件虽然数量可观，占比 81%，但由于单笔投资金额有限，仅占 8.12% 的投资总额。可见，股权投资资金集聚于少量大额投资事件等头部案例中，针对种子期和初创期企业的小额投资事件的投入资金则相对有限，存在着投早、投小比重偏低的问题。股权投资市场投资偏好处于成熟期的上市公司，种子期和初创期科创型企业，尤其是中小企业对股权投资的吸引力不足。

针对上述问题，从股权投资基金的角度来看，可以借助政府母基金参股设立子基金，利用政府引导基金分担风险提升收益，从而提高参与早期投资的内生动力。政府母基金通过参股设立子基金的方式，降低了股权投资基金的投资风险，并且政府母基金往往在投资收益上有让利的优惠政策，因此对股权投资基金而言，还可以提高投资收益。此外，股权投资基金在充分的政策及市场评估基础上，通过积极与政府部门沟通，以适宜的规模和方式参与早期投资，长期来看，还能够加强前瞻性和战略性投资布局，提高潜在经济收益与自身品牌价值。近年来，多地政府纷纷设立大规模天使母基金，引导社会资本投早、投小，为股权投资基金扩大对成长初期企业和中小企业的投资提供了难得的契机。因此，对股权投资基金而言，应该加强与产业平台的沟通对接，因地制宜制定投资策略，与政府母基金合作设立子基金，积极参与早期投资，占领"投早、投小、投科技"的先机。

从处于成长初期的科创型企业来看，应积极利用政府政策支持，注重拓展股权投资的融资渠道。科创型企业在成长初期不仅需要获得外部资金以平衡开支，更需要对接产业上下游资源推进技术市场化应用。通过获取知名股权投资机构或政府投资基金的股权投资，可以获取信用背书，从而降低信息不对称带来的不利影响。因此，初创企业应当积极对接股权投资机构，一方面获取资金、管理经验以及行业资源方面的有力支持；另一方面通过获得信用背书，提升社会认可度，从而开拓更广泛的融资渠道。

从政府角度来看，参考其他地区天使母基金，如深圳天使母基金的运营经验，充分利用本地的天使母基金，提升本地对早期投资的吸引力。具体来看：其一，通过设立天使投资项目库、科创型中小企业种子库等，强化早期基金与本地产业发展的紧密结合。其二，探索差异化的行业监管和资金支持体系、完善创新生态、建立运营天使投资人联盟、成立天使投资人之家等，完善本地早期投资的行业生态。其三，探索开展政府引导基金 S 基金、SPAC 基金业务，有效解决天使投资退出周期长、退出渠道窄等问题。其四，借鉴先行先试经验，探索直投模式，直接投资培育初创企业。至 2022 年 5 月，国内超过 50% 的政府引导基金已开展直投业务，2016 年设立的山东省级政府引导基金直投基金、2021 年设立的深圳市天使一号直投基金等均为政府引导基金开展直投业务提供了实践经验。

（三）打造绝对优势，引导投资战略性新兴行业

从投资行业来看，无论是细分市场还是各省市，近年来股权投资基金均表现出对战略性新兴产业的浓厚兴趣，如 IT/互联网、生物技术/医疗健康、半导体及电子设备、机械制造、清洁技术等与核心科技创新关联较强的行业。以天津市为例，自 2011 年以来，从战略性新兴行业发生的股权投资事件可以发现：天津市新一代信息技术产业对股权投资市场的吸引力最大，共计发生 268 起投资事件，投向战略性新兴行业的股权投资事件中的 41% 投向了该行业；其次为生物产业和数字创意产业，投资事件均超百件。上述三个行业均为天津市重点发展的优势产业，集聚了股权投资事件数量的 73%。从股权投资基金投资的行业分布来看，生物技术、医疗健康行业，以及半导体及电子设备行业在天津市的全部行业中具有比较优势，因此相比其他行业具有更大的吸引力。但从横向对比来看，无论是投资金额还是获投案例数量，天津市上述行业对股权投资的吸引力与京、沪、深以及浙、苏、粤等领先省市均差距悬殊，存在较大提升空间，这也是几乎所有相对落后省市所面临的共同问题。

上述问题的根本原因在于，落后省市的优势战略性新兴行业相对自身的其他行业具有比较优势，因而吸引了绝大部分股权投资，然而与其他发达省市相比，则不具有绝对优势，故从横向对比来看，与领先省市获得的股权投资差距悬殊。由此，多角度发力提升本区域战略性新兴行业在全国的竞争力，在重点布局的行业上谋求优势，是吸引股权投资的关键所在。具体来看，可以通过多

角度举措共同发力：依托战略性新兴行业中的头部企业，建立行业创新链；依托重大科技基础设施和科技创新平台，加快推动创新聚集区和标志区的建设；以创新试点区域为载体，优化区域市场环境，为战略性新兴产业与股权投资的有效结合提供条件；充分利用政府引导基金等，正视区域间在行业技术创新中存在的竞争局面，尤其在战略性新兴行业中，技术领先者往往是"赢家通吃"，集聚多方资源抢占行业创新高地，推动本省市形成在重点战略性新兴行业上的绝对优势是突破区域经济发展瓶颈迫在眉睫的关键所在。

（四）注重投后管理，提升被投企业创新能力

根据前文分析，股权投资基金不同于普通的投资机构，是科创型企业重要的战略性股东，除了对企业提供资金支持外，还会在整个投资过程中为企业提供增值服务，如给予资金运作、发展规划、财务管理建议等，解决后续在运营中遇到的融资难等问题。诸多研究表明，股权投资能在一定程度上提升企业的创新能力。企业在获取股权投资之后，要充分利用股权投资带来的资金之外的资源，提升自身的创新能力。从股权投资基金的角度来看，注重对企业的投后管理，能够减少信息不对称，降低投资风险，在推动企业创新的同时也可以提高投资收益。因此，加强投后管理，对被投企业和股权投资机构而言能够带来双赢的局面。

然而，实践中股权投资开展投后管理工作时存在诸多困难，主要表现在：其一，我国民营企业具有典型的"家长文化"情结带来的企业内部阻碍；其二，发达国家优秀的股权投资机构通常组建专业的运营团队甚至子公司，专门向被投资企业提供增值服务，我国股权投资机构大多将有限的人力资源投入前期投资环节，缺乏相关投后管理经验。实践中，投资团队不仅缺乏必要的管理知识和经验，而且无法将时间和精力转移到投后管理环节，最终造成投后管理大多流于形式，为被投企业提供的增值服务微乎其微。

近年来，股权投资机构开始重视回归价值投资，建立专门的投后管理团队。据投中集团数据显示，2015 年，有 42% 的股权投资机构开始扩充现有投后管理团队，5% 的机构新设投后管理团队。例如，九鼎投资借助资金实力成立了专门的投后管理委员会，同伟创业设置了投后项目管理部和增值服务部，天图资本和浙商创投都设置了投后管理部门，硅谷天堂和中科招商设置了相应的增值服务部门，履行了投后管理的职责，为我国股权投资机构开展投后管理提供了一定的实践经验；从被投科创型企业的角度来看，要积极利用股权投资基金提供的投后赋能增值服务，利用股权投资资本的影响力和带动力，在自身战略定向、政策协调、产业协同、多轮融资、战略合作、团队建设、技术支持等方

面利用股权投资基金的资源。从股权投资机构角度来看，根据被投企业的不同特点和需求，制定专门的赋能计划，精准解决难题，提升投资价值。

四、完善政府在科技金融中作用的对策建议

理论上，知识生产具有正外部性和资本市场的不完全信息这两类市场失灵的存在，会导致科创型企业难以获得足够的外源性融资，此时就需要政府干预企业的创新行为。具体来看，针对第一类市场失灵，需要政府通过多元化财政投入方式，对创新活动进行资金投入，弥补创新投入不足。针对第二类市场失灵，一方面，政府可以直接利用财政资金从事针对科创型企业的金融活动，平衡金融机构的风险和收益；另一方面，需要政府提供科技金融基础设施，包括建立科技金融综合服务平台、建立企业信用评价体系等缓解投融资双方的信息不对称。此外，政府肩负的宏观职能需要开展创新试点区域建设、构建错位发展的区域创新体系、培育战略性新兴产业、梯度培育科创型企业等。可见，完善的科技金融体系需要有效市场和有为政府二者相互配合，其中明确政府干预的行为边界尤为重要。根据前文对政府在科技金融中的作用分析，这一部分将分析存在的主要问题并提出完善建议。

（一）兼顾市场化和政策目标，完善引导基金管理机制

根据前文对股权投资市场及政府引导基金整体规模的分析，政府引导基金已经成为我国资本市场的主导力量，引导基金一方面是私募股权领域的出资主力，另一方面又对引领产业投资方向起到关键作用，承载了促进国家和区域科技创新、产业转型的重任。以天津市为例，对政府引导基金支持科创型企业的实践情况进行分析，发现其存在的问题在各地政府引导基金中较为普遍，对此，借鉴各地区的创新经验，可以从以下几个方面加以完善：

其一，通过推广容错机制，对早期子基金及成长早期项目的投资进行松绑。2018 年末，《国务院办公厅关于推广第二批支持创新相关改革举措》中提出了对引导基金的容错机制，江苏省、青岛市、广州市纷纷对容错机制开展先行先试。例如，《江苏省政府投资基金管理办法》规定基金管理应当坚持保护改革、鼓励探索、宽容失误、纠正偏差，建立和实行容错纠错机制，对满足特定条件但没有实现预期目标或造成损失的，不作负面评价，并依法免除相关责任。《青岛市新旧动能转换引导基金管理办法》《广州市科技成果产业化引导基金管理办法》均提出，对已履行规定程序做出决策的投资，如因政策或市场风险等造成

投资损失，不追究决策机构、受托管理机构责任。而对于投资阶段更早，或投资行业受支持的天使引导基金或特定行业引导基金，容错的范围可能会从"不追究责任"扩大到"引导基金可以优先承担风险"，如深圳市天使母基金最高会承担子基金投资具体项目40%的风险，即能够劣后承担40%的损失。但具体来看，当前各地相关政策并没有对容错机制的实施做出清晰界定，各地方政府需自行探索容错机制的适用对象和容错边界，对政府引导基金管理团队履职尽责的边界进行明确划分，可从容错机制适用的基金类型、主要以程序适当确定具体容错边界等方面着手。

其二，以容错机制为契机，优化政府引导基金评价体系。2018年，《关于做好政府出资产业投资基金绩效评价有关工作的通知》作为政府引导基金的指导文件，主要从政策效应、管理效能、信用水平、经济效益等维度对政府引导基金进行绩效考核评价。据此，部分地区在建立容错机制的同时，还尝试优化引导基金的绩效评价机制。具体来看，监管部门对于投资早中期的政府引导基金进行单独的绩效考核，且弱化其经济效益维度的权重设置和投资业绩指标的设置，并且从政府引导基金的整体效能出发，对政府引导基金的政策目标、政策效果进行综合绩效评价，不对单支基金或单个项目盈亏进行考核。

其三，围绕区域产业规划，避免基金目标重叠和重复设立。当前多省市普遍存在不同政府引导基金政策目标交叉重叠，造成基金重复设立，数量过多，资金使用分散的问题。自2010年发布《国务院关于加快培育和发展战略性新兴产业的决定》以来，地方政府、企业纷纷抢先布局战略性新兴产业，各个省份先后出台省级战略性新兴产业规划，着力打造包括光伏、核能、新能源、新材料、生物医药等行业在内的新兴产业。梳理全国各省市的政府引导基金可以发现，各省份都会设有一只创业引导基金，涵盖中央政府确定的七大战略性新兴产业，重合度90%以上。还有一些省份将七大战略性新兴产业中的一些产业单独成立产业基金，如新能源、大数据、云计算等，其中生物医药产业基金在各省重合度最高。针对这一问题，各地应结合自身产业布局的重点领域和薄弱环节，适时调整和明确不同政府引导基金的作用领域，不在同一行业或领域重复设立基金，以天津市为例，应围绕自身产业规划的"1+3+4"现代工业产业体系着重发力。此外，要合理扩大政府引导基金规模，制定政府引导基金发展的长期规划，确保财政资金支持的持续性。同时整合地区内存量引导基金形成基金体系，解决基金重复设立、资金分散的问题。

其四，探求市场和政府行为的平衡，以兼顾效率和政策目标的实现。政府引导基金一方面以基金形式进行项目投资，具备市场化属性，另一方面又具有推动本地产业发展、拉动早期企业成长等政策目标，使得引导基金的运作又区别于一般的投资基金。引导基金参与设立的子基金中各参与人的目标存在矛盾：政府追求政策目标的实现，希望引导基金投向符合本地产业规划发展的领域，投向创业企业发展的种子期、起步期等早期阶段；而社会资本和创投机构追求收益最大化，更倾向于投资处于成熟期的风险较小的企业。如何协调上述二者的目标，如何平衡市场与政府行为就成为各地政府引导基金运作实践中不可避免要面对的问题。

　　具体来看，一方面，市场化政府引导基金的主要原则，但不以营利为目的的特有属性，让地方政府在实际操作中容易变形。当前实践中，政府引导基金往往是由政府委托给某家国有公司或事业单位，负责引导基金的日常管理，政府在管理引导基金时，依旧沿用传统的国有资产管理方式，在投资决策过程中发挥主导作用，对具体业务的干预和控制，使得投资决策的市场化程度不足，导致投资效率低下，这与投资基金需要的灵活性相违背。而市场化运作能够提高大型金融机构参与积极性，扩大融资来源，也更有利于政府引导基金发挥作用。从这个意义上讲，政府引导基金的市场化运作应当体现在更加尊重普通合伙人投资决策的自主性，减少不合理干预，以追求效率目标的实现。另一方面，从众多政府引导基金的经验来看，单纯市场化政府引导基金并不能满足地方政府解决市场问题的全部需求，需要充分发挥政府"有形之手"的作用，采用多种手段保障引导基金政策目标的实现。例如，通过设立专项子基金、完善本地团队要求、锁定关键人、明确过往业绩标准及政策性一票否决权等条款；通过探索股权份额转让、提前转让退出、针对性收益让渡等方式，鼓励基金管理人"投本地、投早期、投特色"，实现引导基金的政策目标。

（二）借鉴创新积分制，推动信用体系市场化建设

　　随着大数据、云计算等技术在金融领域的广泛应用，企业信用信息数据对于金融产品和金融服务创新的作用越来越重要，获客平台化、产品场景化、风控智能化、系统模块化已经成为趋势所在，然而缺乏相关领域数据的支撑，金融机构的线上业务将难以持续。对科创型企业而言，信息不对称是制约其融资的核心问题，这一问题必然需要完善的信用体系建设才能解决。以天津市为例，近年来天津市在系统建设、信息共享、信用评价、配套政策等方面开展社会信用体系建设，同时与第三方机构合作探索引入市场化机构，但从最终效果上看存在相关数据整合及服务产品的专业性不强、市场应用价值不高等问题，使得当前企业信用体系建设成果难以满足金融产品和金融服务创新需要。参考各地区的经验，可以从以下几个方面着手构建更为完善的科创型企业信用体系：

　　其一，完善汇总科创型企业信用信息的顶层制度设计。目前，企业信用信

息数据的采集主要依赖与地方政府部门签订的《信用信息报送合作协议》，缺少制度保障、监督主体和法律效力，对于信息报送机构的约束性不强，造成数据质量不高、更新频率较低、异议处理和修复渠道不畅等问题，一定程度上制约了企业信用体系建设的持续性和有效性。

其二，参考国家高新区试点创新积分制的经验，推广科创型企业的创新积分评价体系。企业创新积分制是以企业创新能力量化评价为手段，精准识别和有效发现研发能力强、成长潜力大的科技初创企业，通过创新积分主动为企业增信授信，引导技术、资本、人才、公共服务等各类创新要素向科技企业集聚。2020 年 12 月，火炬中心在杭州等 13 家国家高新区率先启动了首批企业创新积分制试点工作。试点以来，各地高新区共计将 2.2 万家企业纳入积分试点。2021年底，科技部火炬中心又在天津滨海高新区、武汉东湖高新区等 46 家国家高新区启动了第二批企业创新积分制试点，并与工商银行、中国银行等金融机构建立合作机制，开发"企业创新积分贷"专项金融产品。自此，试点区域扩增至20 省市的 59 家高新区。经过近两年的试点，科技部火炬中心形成了可复制、可推广的"积分制"典型政策经验。

具体来看，针对科创型企业制定全面客观反映创新能力和发展潜力的 20项核心积分指标，各试点高新区结合地方实际，在 20 项核心指标的基础上，完善并扩充形成地方积分指标，进一步提升创新积分指标评价精准度。另外，试点高新区还建立企业创新积分制信息平台，协调并从地方科技、税务、市场监管等部门政务系统中直接"抓取"企业积分指标数据，做到企业"零填报"。

其三，依靠市场化力量推动企业信用体系建设。从多地的建设效果来看，在披露的科技企业信息中，多为政府提供的行政许可、行政处罚等信息，企业信用信息较少，缺乏科技企业借款、担保等债权债务信息，以及与经营活动等相关内容的信息。针对这一问题，各地政府可以借鉴其他地区的经验，如"江门模式"，在市场需求和相关政策的引导下，加大与市场化征信机构的合作，对政府部门、公共事业单位等小微企业信贷替代数据进行采集、整理、保存和加工。对政府而言，企业信用体系建设市场化可以缓解政府承担的资金成本压力，弥补地方政府在资金投入和专业技术上的短板。此外，发挥征信机构的专业优势，能够提升信息安全管理水平，有助于征信产品的开发和应用，推动中小微企业信用体系长效机制的构建，为金融机构产品创新和政府信用监管提供信息支撑。

此外，可以参考广东、福建、浙江、重庆等省市的经验，从促进"数字经济"发展的高度成立大数据管理局，通过赋予相关机构对政务大数据行使管理权，改变原来数据报送合作协议约束性不强的弊端，对数据资源进行统筹规划和综合开发，为相关数据向征信市场开放创造有利条件。

（三）加强非银机构参与，完善对接服务平台

对照各省市的实践经验，可以发现完整的科技金融服务平台需要汇集企业融资需求并提供不同类型金融机构的金融服务，同时能对供需双方的情况提供描述分析，从而加以撮合。因此，完善的科技金融对接服务平台涉及政府、科技企业、金融机构、中介服务机构等各类主体，汇集了政策发布推广、融资需求挖掘、融资能力评价、企业分类分级管理、政策精准匹配、融资对接服务、融资辅导服务、金融产品发布、数据信息统计等多重科技金融服务功能，并非简单地罗列出金融产品和企业需求，由双方自行匹配。而实践中多地的科技金融服务平台往往存在以下问题：

其一，线上科技金融对接平台局限于沟通企业获取银行贷款服务，应加强非银机构的参与，为科创型企业提供多元的金融服务。如前文所述，从金融服务的供给角度来看，一个完善的对接平台应能汇集银行、PE/VC、信托、小贷、担保、资产评估等多种金融机构和第三方服务机构，以满足企业多种多样的金融服务需求。然而多地的线上平台往往主要向企业提供不同的银行贷款产品，在提供其他金融机构的多种金融服务方面较为匮乏。以天津市的"津心融"平台为例，虽然平台提供了涉及银行、担保、小贷、租赁、保理、保险、股权七大类金融产品，企业申请的服务绝大部分集中于银行贷款，其余产品种类较少，企业申请获取的数量微乎其微，甚至为零。针对这一问题，平台建设过程中应该参考经验，注重为平台汇总路演、展示、挂牌、贷款、VC/PE、担保、保险、互联网金融、知识产权以及行业协会等金融和第三方服务，并且在实际操作中，政府应为平台引入投资引导、贴息担保、科研资助等服务，吸引企业和金融机构使用平台。

其二，存在企业信用评价基础设施重复建设和信息割裂问题，应由政府进行统一规范，共享一套企业基础资料。如前文分析，针对融资企业形成信用评价报告是平台的核心所在，需要汇总各科创型企业的多方面信息，这一基础设施的搭建需要投入巨大的信息和资金成本，因此决定了一个地区的科技金融服务平台必然会形成自然垄断，即只搭建一套科创型企业信用评价基础设施，由一个科技金融服务平台汇总全部科创型企业和金融服务是成本最低的。然而以天津市为例，可以发现每个对接平台都分别搭建了一套自己的企业信用评价设施，各自掌握了关于部分企业的部分信息，相互之间也未共享，存在重复建设和信息割裂问题。

针对这一问题，应坚持"一个用户账户、一套基础资料、一站式服务"的

原则，对申请任何一项服务的企业，政府应自动抓取、整合、比对各部门拥有的企业信息，形成企业"客观"信息清单，作为企业统一数据库的基础，既减轻企业办理业务时的信息填报工作量，也协助金融机构做好尽职调查。各服务机构掌握的企业信息，也可汇总到企业数据库，最终由政府主导形成企业全生命周期统一数据库，包括企业自愿披露的信息、政府部门掌握的企业客观信息、企业金融服务办理信息、行业协会掌握的企业相关信息、各方对企业的评价等。基于该数据库，搭建科技金融对接服务平台。

这一数据库的搭建，对企业而言，只需在一个网上平台真实、及时地披露、更新信息，并自主授权服务方查询，就能全面对接创业创新所需的各项服务；对政府而言，能全面、及时地掌握辖区企业信息，更有针对性地推送政府服务，更精准地分析政策实施效果，更科学地制定和优化科技、产业、财政和金融政策；对参与平台的金融机构和第三方服务机构而言，可降低客户搜寻成本和降低自身业务推广成本，可借助政府权威数据做好尽职调查，从整体来看，通过避免平台重复建设，还可节省大量资金，最终带来一个多方共赢的局面。

其三，缺乏对众多金融机构提供的金融服务进行筛选整合，针对不同企业的融资需求提供个性化的金融服务方案。一个完善的对接平台能提供信用信息产品或进行一定程度的撮合，即精准双向推送。既包括对企业的信用情况形成报告，推送给金融机构；也包括对金融机构提供的多样化金融服务进行整合，形成个性化方案精准推送给企业。

以天津市为例，从前文分析来看，现有的对接平台往往更注重对企业画像，面向金融机构推送企业的信用情况，而对企业来说，平台往往只是简单罗列出众多金融产品，由企业自行挑选，会给企业带来较高的信息搜集成本，并未有效降低企业的金融知识门槛。比如"信易贷"平台通过信用服务机构提供包括企业涉税、工商、司法、行业发展、关联方、开票、违法违章、知识产权等数据在内的征信报告，只是单方面向银行提供了企业的信息。对企业而言，则需要在网站上罗列出的众多的信贷产品间自行挑选，平台并未对企业提供个性化的金融服务方案。由此，从线上平台公布的数据可以看到，由于企业缺乏相关金融知识，大多数企业申请的贷款产品集中于几种，对其他产品难以完全了解，进而难以挑选出最适合自身的产品。再如"津心融"平台虽然发布了293项金融产品，但企业申请量集中在11款银行贷款商品中，"信易贷"平台亦是如此，这并不利于调动企业获取金融服务的积极性，极大限制了企业和金融机构对接的效率。

针对这一问题，对接平台既要注重针对科创型企业的评价，加强与外部评级机构、金融机构、担保机构以及中国人民银行的合作，以大数据算法构建科技企业融资评估构架，并对数据库中的数据深度挖掘和分析，构建科技金融融资指标体系，引导金融机构在提供科技企业融资服务时应用评价结果。与此同时，平台应构建专家团队，搭建金融服务方案推荐系统，针对企业自身的特定情况，给出个性化金融服务方案，减低企业获取金融服务的知识门槛，更好地实现金融服务面向企业的对接效率。

结　语

科技金融的诸多特点决定了任何单一金融业务、单一金融机构都不足以独立承担科技金融的重任，而是需要财税和金融政策紧密协同，积极整合社会各方力量。完善的科技金融终将是一个有效市场为主、有为政府为辅的综合金融服务体系。要承担起为科技创新型企业提供全生命周期服务的重任，需要结合证券、银行、保险、担保、租赁、信托、评估、审计等多方金融机构的力量，并且要与政府的财税政策、产业政策、地方经济政策、社会政策相互配合，才能有效地推进技术创新及其产业化。实践中，我国各省市的金融机构和政府针对科创型企业获取金融服务所面临的理论和实践困境，开展了一系列金融创新探索，为各地构建完善的科技金融体系形成了众多可推广的经验。具体来看：

对商业银行而言，应全面提升服务科创型企业的专业能力，包括对知识产权价值的识别、科创型企业评价体系的建立、更高的风险容忍度以及合理的风险识别和处理机制等，从推广知识产权质押贷款、独立开展投贷联动、注重全周期服务、完善科技专营支行等方面着手，推动贷款服务向科创型企业倾斜。多层次资本市场则应注重完善顶层制度设计、充分发挥区域股权交易市场作用，鼓励科创型企业积极谋划登录创业板、科创板及北交所，以充分利用多层次资本市场开展创新活动。在利用股权投资市场方面，可以通过多维度政策引导，吸引股权投资基金投向本地企业，尤其是初创期中小企业和战略性新兴行业；同时注重投后管理，充分利用股权投资机构的资源优势提升被投企业创新能力。最后，对政府而言，应在尊重市场的前提下注重自身行为边界，从完善引导基金管理机制、推动企业信用体系市场化建设、统一完善科技金融对接服务平台等多方面发力，在科技金融体系中充分发挥"有为政府"这一不可或缺的力量。

参考文献

［1］ ACEMOGLU D. When does labor scarcity encourage innovation?［J］. Journal of Political Economy, 2010, 118(06): 1037-1078.

［2］ ACEMOGLU D, AKCIGIT U, BLOOM N, KERR W R. Innovation, reallocation and growth［R］. NBER Working Paper, 2013: No. w18993.

［3］ ACEMOGLU D, ROBINSON J, VERDIER T. Can't we all be more like Scandinavians?［R］. NBER Working Paper, 2012: No. 18441.

［4］ ACEMOGLU D, ZILIBOTTI F. Was Prometheus unbound by chance? risk, diversification and growth［J］. Journal of Political Economy, 1997(04): 709-775.

［5］ AGHION P, BOND S, KLEMM A, ET AL. Technology and financial structure: are innovative firms different?［J］. Journal of the European Economic Association, 2004, 2(2-3): 277-288.

［6］ AGHION P, VAN REENEN J, ZINGALES L. Innovation and institutional ownership［J］. American Economic Review, 2013, 103(01): 277-304.

［7］ ALLEN F, GALE D. Diversity of opinion and financing of new technologies［J］. Journal of Financial Intermediation, 1999, 8(1-2): 68-89.

［8］ ALLEN F, SANTOMERO A M. A theory of financial intermediation［J］. Journal of Banking & Finance, 1997, 21(11-12): 1461-1485.

［9］ AMORE M D, SCHNEIDER C, ALDOKAS A. Credit supply and corporate innovation［J］. Journal of Financial Economics, 2013, 109(03): 835-855.

［10］ ARROW K J. The economic implications of learning by doing［J］. Review of Economic Studies, 1962, 29(03): 155-173.

［11］ AUDRETSCH D B, LINK A N, SCOTT J T. Public /private technology partnerships: evaluating SBIR-supported research［J］. Research Policy, 2002, 31(01): 145-158.

［12］ AYYAGARI M A, DEMIRGUC-KUNT A, MAKSIMOVIC V. Firm innovation in emerging markets: the role of finance, governance, and competition[J]. Journal of Financial and Quantitative Analysis, 2011, 46(06): 1545-1580.

[13] BAGEHOT W. Lombard Street: A description of the money market[M]. London: Henry S. King and Co, 1873.

[14] BAH R, DUMONTIER P. R&D intensity and corporate financial policy: some international evidence[J]. Journal of Business Finance and Accounting, 2011, 28(5-6): 672-692.

[15] BECK T, DEMIRGUC-KUNT A, LEVINE R, ET AL. Financial structure and economic development: firm, industry, and country evidence[J]. Policy Research Working Paper Series, World Bank, 2000:No. 2423.

[16] BECK T, LEVINE R. Industry growth and capital allocation: does having a market- or bank-based system matter?[J]. Journal of Financial Economics, 2002, 64(02): 147-180.

[17] BECK T, LEVINE R, LOAYZA N. Finance and the sources of growth[J]. Journal of Financial Economics, 2004, 58(01): 261-300.

[18] BENCIVENGA V R, SMITH B D. Financial Intermediation and Endogenous Growth[J]. Review of Economic Studies, 1991, 58(02): 195-209.

[19] BERGER A N, UDELL G F. The economics of small business finance: The roles of private equity and debt markets in the financial growth cycle[J]. Journal of Financial Economics, 2005(02): 237-269.

[20] BROWN J R, FAZZARI S M, PETERSEN B C. Financing innovation and growth: cash flow, external equity, and the 1990s R&D boom[J]. Journal of Finance, 2009, 64(01): 151-185.

[21] BROWN J R, MARTINSSON G, PETERSEN B C. Law, stock markets, and innovation[J]. The Journal of Finance, 2013, 68(04): 1517-1549.

[22] BRUNO V P D L P, ROMAIN A. The economic impact of venture capital[J]. Discussion Paper, 2004.

[23] BOYD J. PRESCOTT E. Financial intermediary-coalitions[J]. Journal of Economic Theory, 1986, 38(02): 211-232.

[24] CARPENTER R E, PETERSEN B C. Capital market imperfections, high-tech investment, and new equity financing[J]. The Economic Journal, 2002, 112(477): 54-72.

[25] CHANG H J, CHEEMA A. Conditions for successful technology in developing countries[J]. Economics of Innovation and New Technology, 2002,

11(4-5), 369-398.

［26］ CIMOLI M, DOSI G, NELSON R, STIGLITZ J. Institutions and policies shaping industrial development: an introductory note［R］. LEW Working Paper, 2006, No. 02.

［27］ CLAESSENS S, LAEVEN L. Financial development, property rights, and growth［J］. Journal of Finance, 2003, 58(06): 2401-2436.

［28］ DELA F, MARIN J Innovation, bank monitoring, and endogenous financial development［J］. Journal of Monetary Economics, Elsevier, 1996 38(02): 269-301.

［29］ DEMIRGUC-KUNT A, MAKSIMOVIC V. Stock market development and firm financing choices［R］. Policy Research Working Paper Series, 1998(10): 341-369.

［30］ DEMIRGUC-KUNT A, FEYEN E, LEVINE R. Optimal financial structures and development: the evolve importance of banks and markets［J］. World Bank Working Paper, 2011.

［31］ DIAMOND D W. Financial intermediation and delegated monitoring［J］. Review of Economic Studies, 1984(51): 393 – 414.

［32］ ENGEL D, KEILBACH M. Firm level implications of early stage venture capital investment-an empirical investigation［J］. Journal of Empirical Finance, 2007, 14(02): 150-167.

［33］ GOOLSBEE A. Does government R&D policy mainly benefit scientist and engineers ?［J］. American Economic Review, 1998, 88(02): 298-302.

［34］ GREENWOOD J, JOVANOVIC B. Financial development, growth, and the distribution of income［J］. Journal of Political Economy, 1990, 98(5, Part 1): 1076-1107.

［35］ GREENWOOD J, SMITH B D. Financial markets in development, and the development of financial markets［J］. Journal of Economic Dynamics & Control, 1997, 21(01): 145-181.

［36］ GRILICHES Z. The search for R&D spillovers［J］. Scandinavian Journal of Economics, 1992(94): 29-47.

［37］ GROSFELD I. Financial systems in transition: the role of banks in corporate governance［J］. ed by K. L. Gupta, Experiences with Financial Liberalization, Boston/Dordrecht/London: Kluwer Academic Publishers, 1997.

［38］ GUO D, JIANG K. Venture capital investment and the performance of entrepreneurial firms: evidence from China[J]. Journal of Corporate Finance, 2013(22): 375-395.

[39] HALL B H. The financing of research and development[J]. Oxford Review of Economic Policy, 2002, 18(01): 35-51.

[40] HALL B H, LERNER J. The financing of R&D and innovation[J]. Handbook of the Economics of Innovation, Amsterdam: Elsevier, 2010:610-638.

[41] HICKS J. A theory of economic history[M]. Oxford: Clarendon Press. 1969.

[42] HSUPO-HSUAN, XUAN T, YAN X. Financial development and innovation: cross-country evidence[J]. Journal of Financial Economics, 2014, 112(1): 116-135.

[43] KING R G, LEVINE R. Finance, entrepreneurship and growth[J]. Journal of Monetary Economics, 1993, 32(03): 513-542.

[44] KLEER R. Government R&D subsidies as a signal for private investors[J]. Research Policy, 2010, 39(10): 1361-1374.

[45] KORTUM S, LERNER J. Does venture capital spur innovation?[R]. Nber Working Papers, 1998, 28(01): 1-44.

[46] KORTUM S, LERNER J. Assessing the contribution of venture capital to innovation[J]. Rand Journal of Economics, 2000, 31(04): 674-692.

[47] LELAND H, PYLE. Information asymmetries, financial structure and financial intermediation[J]. Journal of Finance, 1997(03): 371-387.

[48] LEVINE R. Financial development and economic growth: views and agenda[J]. Journal of Economic Literature, 1997, 35(02): 688-726.

[49] LEVINE R. Finance and growth: theory and evidence[J]. Handbook of Economic Growth, 2005, 1(02): 865-934.

[50] LEVINE R, LOAYZA N, BECK T. Financial international and growth: causality and cause[J]. Journal of Monetary Economics, 2000(46): 31-77.

[51] MANSFIELD E. National science police: issues and problems[J]. American Economic Review, 1966, 56(1-2): 476-488.

[52] MICHALOPOULOS S, LAEVEN L, LEVINE R. Financial innovation and endogenous growth[R]. NBER Working Paper, 2009, No. 15356.

[53] RAJAN R G, ZINGALES L. Financial dependence and growth[J]. American Economic Review, 1998, 88(03): 559-586.

[54] RAJAN R G, ZINGALES L. Financial systems, industrial structure,

and growth[J]. Oxford Review of Economic Policy, 2001, 17(04): 467-482.

[55] SAINT-PAUL G. Technological choice, financial markets and economic development[J]. European Economic Review, 1992, 36(04): 763-781.

[56] SINGH M, FAIRELOTH S. The impact of corporate of debt on long term investment and firm performance[J]. Applied Economics, 2005(37): 875-883.

[57] STIGLITZ E. Leaders and followers: perspectives on the Nordic model and the economics of innovation[J]. Journal of Public Economics, 2015, 127(07): 3-16.

[58] TADESSE S. Financial architecture and economic performance: international evidence[J]. Journal of Financial Intermediation, 2002, 11(04): 429-454.

[59] TAKALO T, TANAYAMA T. Adverse selection and financing of innovation: is there a need for R&D subsidies?[J]. Journal of Technology Transfer, 2010, 35(01), 16-41.

[60] TASSEY G. The economics of R&D policy[M]. Westport: Greenwood Publishing Group, Inc, 1997.

[61] TASSEY G. Policy issues for R&D investment in a knowledge-based economy[J]. Journal of Technology Transfer, 2004, 29(02): 153-185.

[62] TEE L T, LOW S W, KEW S R, ET AL. Financial development and innovation activity: evidence from selected east Asian countries[J]. Prague Economic Papers, 2014, 2(02): 162-180.

[63] WESTON J F, BRIGHAM E F. Essentials of managerial finance[M]. Orlando Florida: Dryden Press, 1979.

[64] YAGER L, SCHMIDT R. The advanced technology program: a case study in federal technology policy [M] . Washington, D. C. :AEI Press, 1997.

[65] YU H C, PHAN T T. Debt maturity and corporate R&D investment - the empirical study of US listed firms[J]. Banks and Bank Systems, 2018, 13:1-16.

[66] ZEIRA J. Innovations, patent races and endogenous growth[J]. Journal of Economic Growth, 2011, 16(02): 135-156.

[67] ZHANG N, WANG Y, YAN X. Political connections, debt financing and firms' R&D investment - evidence from listed companies in China[M]// Proceedings of 20th International Conference on Industrial Engineering and Engineering Management. Springer Berlin Heidelberg, 2013.

[68] 艾伦·格林斯潘. 动荡的世界[M]. 余江，译. 北京：中信出版社，

2014.

[69] 安同良，周绍东，皮建才. R&D 补贴对中国企业自主创新的激励效应[J]. 经济研究，2009（10）：87-98，120.

[70] 白俊红. 中国的政府 R&D 资助有效吗？来自大中型工业企业的经验证据[J]. 经济学（季刊），2011, 10（04）：224-229.

[71] 贝尔纳. 科学的社会功能[M]. 陈体芳，译. 桂林：广西师范大学出版社，2003.

[72] 蔡金汉. 资本市场和创业投资对自主创新的价值创造研究[J]. 经济问题探索，2009（05）：73-79.

[73] 蔡竞，董艳. 银行业竞争与企业创新——来自中国工业企业的经验证据[J]. 金融研究，2016（11）：96-111.

[74] 陈映希，马文斌，凌江怀，等. 基于面板数据回归模型的金融发展对我国技术创新影响研究[J]. 当代经济，2016（22）：106-109.

[75] 陈志武. 金融的逻辑[M]. 西安：西北大学出版社，2014.

[76] 陈治，张所地. 我国风险投资对技术创新的效率研究[J]. 科技进步与对策，2010（07）：14-17.

[77] 成思危. 风险投资与技术创新[J]. 求是，1999, 17（24）：23-26.

[78] 代明，殷仪金，戴谢尔. 创新理论：1912—2012——纪念熊彼特"经济发展理论"首版 100 周年[J]. 经济学动态，2012（04）：143-150.

[79] 邓乐平. 效率与公平——有关中国资本市场发展中几个问题的探索[J]. 财贸经济，2001（08）：11-16.

[80] 杜传忠，冯晶，张咪. 中国三大经济圈技术转移绩效评价研究[J]. 财经问题研究，2017（07）：95-101.

[81] 方福前，邢炜. 经济波动、金融发展与工业企业技术进步模式的转变[J]. 经济研究，2017, 52（12）：76-90.

[82] 方世建，俞青. 中国风险投资对技术创新影响的实证研究[J]. 西北工业大学学报（社会科学版），2012（04）：63-68.

[83] 辜胜阻，曹冬梅，李睿. 让"互联网+"行动计划引领新一轮创业浪潮[J]. 科学学研究，2016, 34（02）：161-165.

[84] 郭菊娥，熊洁. 股权众筹支持创业企业融资问题研究[J]. 华东经济管理，2016，30（01）：179-184.

[85] 郝项超，梁琪，李政. 融资融券与企业创新：基于数量与质量视角的分析[J]. 经济研究，2018（06）：127-141.

[86] 何国华，刘林涛，常鑫鑫. 中国金融结构与企业自主创新的关系研

究[J]. 经济管理，2011（03）：1-7.

[87] 洪银兴. 科技创新体系的完善与协同发展探讨[J]. 经济学动态，2016（02）：4-9.

[88] 黄宇虹，黄霖. 金融知识与小微企业创新意识、创新活力——基于中国小微企业调查（CMES）的实证研究[J]. 金融研究，2019（04）：149-167.

[89] 贾俊生，伦晓波，林树. 金融发展、微观企业创新产出与经济增长基于上市公司专利视角的实证分析[J]. 金融研究，2017（01）：99-113.

[90] 鞠晓生，卢荻，黄朝峰，等. 正规金融体系改革、内部资金乘数效应与中国企业总资产增长[J]. 经济学（季刊），2015（02）：507-534.

[91] 康志勇，张杰. 中国金融结构对自主创新能力影响研究[J]. 统计与决策，2008（19）：130-133.

[92] 黎文靖，郑曼妮. 实质性创新还是策略性创新？——宏观产业政策对微观企业创新的影响[J]. 经济研究，2016（04）：60-73.

[93] 李汇东，唐跃军，左晶晶. 用自己的钱还是用别人的钱创新？——基于中国上市公司融资结构与公司创新的研究[J]. 金融研究，2013（02）：170-183.

[94] 李井林，阳镇. 董事会性别多元化、企业社会责任与企业技术创新——基于中国上市公司的实证研究[J]. 科学学与科学技术管理，2019, 40（05）：34-51.

[95] 李连发，辛晓岱. 外部融资依赖、金融发展与经济增长：来自非上市企业的证据[J]. 金融研究，2009（02）：166-178.

[96] 李苗苗，肖洪钧，傅吉新. 财政政策、企业R&D投入与技术创新能力——基于战略性新兴产业上市公司的实证研究[J]. 管理评论，2014（08）：135-144.

[97] 李心丹，束兰根. 科技金融——理论与实践[M]. 南京：南京大学出版社，2013.

[98] 梁琳. 金融体系对技术创新的影响机制问题研究[J]. 税务与经济，2017（06）：44-48.

[99] 林志帆，龙晓旋. 卖空威胁能否激励中国企业创新[J]. 世界经济，2019（09）：126-150.

[100] 刘畅，曹光宇，马光荣. 地方政府融资平台挤出了中小企业贷款吗？[J]. 经济研究，2020, 55（03）：50-64.

[101] 柳春，张一，姚炜. 金融发展、地方政府帮助和私营企业银行贷款[J]. 经济学（季刊），2020, 20（05）：107-130.

［102］龙勇，杨晓燕. 风险投资对技术创新能力的作用研究［J］. 科技进步与对策，2009（23）：16-20.

［103］陆国庆，王舟，张春宇. 中国战略性新兴产业政府创新补贴的绩效研究［J］. 经济研究，2014（07）：44-55.

［104］吕炜. 论风险投资机制的技术创新原理［J］. 经济研究，2002（02）：48-56.

［105］马希良，刘弟久. 对建立科技金融市场的构想［J］. 科学管理研究，1988（04）：4-9.

［106］苗文龙，何德旭，周潮. 企业创新行为差异与政府技术创新支出效应［J］. 经济研究，2019（01）：85-99.

［107］盛天翔，范从来. 金融科技、最优银行业市场结构与小微企业信贷供给［J］. 金融研究，2020（06）：114-132.

［108］宋献中，刘振. 高新技术企业技术创新融资效率研究［J］. 财会月刊，2008（08）：10-12.

［109］孙立梅，高硕. 我国金融发展对技术创新效率作用的实证［J］. 统计与决策，2015（08）：110-113.

［110］孙伍琴，王培. 中国金融发展促进技术创新研究［J］. 管理世界，2013（06）：172-173.

［111］孙伍琴. 金融发展促进技术创新研究［M］. 北京：科学出版社，2014：1-6.

［112］孙伍琴. 论不同金融结构对技术创新的影响［J］. 经济地理，2004，24（02）：182-186.

［113］孙晓华，王昀，徐冉. 金融发展、融资约束缓解与企业研发投资［J］. 科研管理，2015，36（05）：47-54.

［114］孙早，肖利平. 产业特征、公司治理与企业研发投入——来自中国战略性新兴产业 A 股上市公司的经验证据［J］. 经济管理，2015，37（08）：23-34.

［115］唐清泉，巫岑. 银行业结构与企业创新活动的融资约束［J］. 金融研究，2015（07）：116-134.

［116］唐士奇，李凯南. 股权众筹的理论、实践和未来展望［J］. 西南金融，2015（12）：54-57.

［117］汪泉，史先诚. 科技金融的定义、内涵与实践浅析［J］. 上海金融，2013（09）：112-114.

［118］王朝晖，孙伍琴. 不同金融体系下技术创新的跨国比较［J］. 工业技术经济，2009（04）：52-54.

[119] 王春元. 税收优惠刺激了企业 R&D 投资吗？[J]. 科学学研究，2017, 35（02）：255-263.

[120] 王莉. 基于技术创新的金融结构比较研究[D]. 杭州：浙江大学，2004.

[121] 王羽. 投贷联动引导基金的问题与优化[J]. 国际商务财会，2021（13）：64-68.

[122] 王志超. 谈谈建立地方科技金融机构的问题[J]. 银行与企业，1987（08）：9-11.

[123] 魏玮，郝威亚. 收入水平、金融结构与国家技术创新研究[J]. 科技进步与对策，2017（14）：1-8.

[124] 温军，冯根福，刘志勇. 异质债务、企业规模与 R&D 投入[J]. 金融研究，2011（01）：167-181.

[125] 温军，冯根福. 风险投资与企业创新："增值"与"攫取"的权衡视角[J]. 经济研究，2018（02）：185-199.

[126] 吴勇民，纪玉山，吕永刚. 技术进步与金融结构的协同演化研究——来自中国的经验证据[J]. 现代财经（天津财经大学学报），2014, 34（07）：33-44.

[127] 解维敏，方红星. 金融发展，融资约束与企业研发投入[J]. 金融研究，2011（05），171-183.

[128] 解维敏，唐清泉，陆姗姗. 政府 R&D 资助，企业 R&D 支出与自主创新——来自中国上市公司的经验证据[J]. 金融研究，2009（06）：86-99.

[129] 夏冠军，陆根尧. 资本市场促进了高新技术企业研发投入吗——基于中国上市公司动态面板数据的证据[J]. 科学学研究，2012（09）：1370-1377.

[130] 肖仁桥，钱丽，陈忠卫. 中国高技术产业创新效率及其影响因素研究[J]. 管理科学，2012（05）：85-98.

[131] 徐宁. 高科技公司高管股权激励对 R&D 投入的促进效应——一个非线性视角的实证研究[J]. 科学学与科学技术管理，2013, 34（02）：12-19.

[132] 许治，何悦，王晗. 政府 R&D 资助与企业 R&D 行为的影响因素——基于系统动力学研究[J]. 管理评论，2012（04）：67-75.

[133] 姚耀军，董钢锋. 中小企业融资约束缓解：金融发展水平重要抑或金融结构重要？——来自中小企业板上市公司的经验证据[J]. 金融研究，2015（04）：148-161.

[134] 叶祥松，刘敏. 异质性研发、政府支持与中国科技创新困境[J]. 经济研究，2018（09）：116-132.

[135] 岳中刚，周勤，杨小军. 众筹融资、信息甄别与市场效率——基于

人人贷的实证研究[J]. 经济学动态，2016（01）：54-62.

[136] 张杰，陈志远，杨连星，等. 中国创新补贴政策的绩效评估：理论与证据[J]. 经济研究，2015（10）：4-17，33.

[137] 张杰，芦哲，郑文平，等. 融资约束、融资渠道与企业 R&D 投入[J]. 世界经济，2012（10）：66-90.

[138] 张劲帆，李汉涯，何晖. 企业上市与企业创新——基于中国企业专利申请的研究[J]. 金融研究，2017（05）：160-175.

[139] 张学勇，张叶青. 风险投资、创新能力与公司 IPO 的市场表现[J]. 经济研究，2016, 51（10）：112-125.

[140] 张一林，龚强，荣昭. 技术创新、股权融资与金融结构转型[J]. 管理世界，2016（11）：65-80.

[141] 赵昌文，陈春发，唐英凯. 科技金融[M]. 北京：科学出版社，2009.

[142] 赵登峰，唐杰，陈勇. 人力资本、内部股权激励与创新企业长期产出的增长路径[J]. 南开经济研究，2015（02）：3-23.

[143] 赵静梅，傅立立，申宇. 风险投资与企业生产效率：助力还是阻力？[J]. 金融研究，2015（11）：159-174.

[144] 郑海超，黄宇梦，王涛，等. 创新项目股权众筹融资绩效的影响因素研究[J]. 中国软科学，2015（01）：130-138.

[145] 郑南磊. 科技金融：起源、措施与发展逻辑（上）[J]. 公司金融研究，2017（01）：59-101.

[146] 郑南磊. 科技金融：起源、措施与发展逻辑（下）[J]. 公司金融研究，2017（Z1）：574-112.

[147] 郑世林，张美晨. 科技进步对中国经济增长的贡献率估计：1990—2017 年[J]. 世界经济，2019（10）：73-97.

[148] 钟腾，汪昌云. 金融发展与企业创新产出——基于不同融资模式对比视角[J]. 金融研究，2017（12）：127-142.

[149] 周铭山，张倩倩，杨丹. 创业板上市公司创新投入与市场表现：基于公司内外部的视角[J]. 经济研究，2017（11）：135-149.

[150] 庄毓敏，储青青，马勇. 金融发展、企业创新与经济增长[J]. 金融研究，2020（04）：11-30.